"十二五"普通高等教育本科国家级规划教材

大学生安全教育

（第4版）

主　编　原彦飞
副主编　孙旭东　徐承俊

国防工业出版社

·北京·

内 容 简 介

本书是面向高校在校大学生的安全教育教材，是多名长期在一线的教育工作者和安全管理专家总结经验，广泛调研，探索规律，团结攻关，运用集体智慧编写而成的。

本书共分11章，针对大学生的特点，分别从国家安全，公共安全，人身财产安全，网络信息安全，生活、消防、交通、教学、环境安全等方面，全面系统地向大学生介绍成长成才过程中的危险辨识、安全保护、事故防范、救援组织的知识和方法，目的在于引导大学生关注安全形势，提高安全意识，拓展安全知识，培养安全技能，养成安全习惯，升华安全自觉，以帮助其大学学业顺利完成，为投身社会和报效祖国做好积极准备。

本书融科学性、知识性、实践性于一体，案例丰富，图文并茂，通俗易懂，既可作为高校开设安全教育课的教材，也可作为高校班主任、辅导员、保卫干部的常用工具书、重要参考书。

图书在版编目(CIP)数据

大学生安全教育/原彦飞主编. —4版. —北京：
国防工业出版社,2022.7 重印
ISBN 978-7-118-12312-8

Ⅰ.①大… Ⅱ.①原… Ⅲ.①大学生—安全教育—高等学校—教材 Ⅳ.①G641

中国版本图书馆 CIP 数据核字(2021)第 047247 号

※

*国防工业出版社*出版发行
(北京市海淀区紫竹院南路23号 邮政编码100048)
山西相敦印业有限公司印刷
新华书店经售

*

开本 787×1092 1/16 插页2 印张 12¾ 字数 330 千字
2022 年7月第4版第3次印刷 印数 100001—150000 册 定价 30.00 元

(本书如有印装错误，我社负责调换)

国防书店：(010)88540777　　　　书店传真：(010)88540776
发行业务：(010)88540717　　　　发行传真：(010)88540762

编写委员会

主　编　原彦飞

副主编　孙旭东　徐承俊

编　委　（按姓氏笔画排序）

　　　　　王　锋　尹建平　史志强　杨　湖　李秀玲
　　　　　李　斌　沈沛汝　张丽花　郑智贞　赵正杰
　　　　　荆伟伟　闻利群　夏志丽　高宏图　郭薇薇
　　　　　曹凤才　常旭青　廖海洪　薛艳霞

序

有西方犯罪学专家指出："人之一生，或有七灾八难。"中国古书中更有："过桥须下马，有路莫登舟"的防范箴言。

近年，大学校园似不平静，涉及学生的人身伤害、财物诈骗、火灾水灾、交通事故、电梯事故、实验室事故等，常见诸于媒体。教师忧心，家长担心，学生茫然。如何破解？干部教师专注于此，成果显著，更有共识，即教育为本，防范在先。

国家对学生安全倍加关注，教育行政部门三令五申。安全教育渐进课堂，部分高校敢为人先，教材涌现尝试颇丰。以国防工业出版社组织出版的《大学生安全教育》为先导，被教育部列入"十二五"普通高等教育本科国家级规划教材，标志教育部对此明确肯定。

本人关注青少年的安全久矣，拜读之余，耳目一新。此教材有的放矢，未雨绸缪。教材内容丰富，大到国家安全稳定、自然灾害规律、大学生社会责任和历史使命等高大命题，小到人身保护、财物保全、受伤包扎、火场逃生、野外救援等具体技能，梳理之细，涵盖之全，用心良苦，处处体现了一线教师和安全工作者的教育情怀，可谓良心之作，应时之作。

本书与当前高校安全形势结合紧密，对具体问题把握准确，适应国家关于高校安全稳定工作的需要，符合高校人才培养目标和教育目的，满足高校安全教育教学大纲要求，切合大学生实际情况和素质培养提高的需求。

作者团队从维护国家安全、培养新时代人才的视角，立足当前，对诸多热点全面剖析。既系统介绍了危险辨识、安全保护、事故防范、救援组织的知识方法，又及时敦促学生认清安全形势，提高防范意识，拓展基础知识，培养安全技能，全面提高安全素质。

本书注重提高学生实际能力，言简意赅，少空洞说教，少冗繁铺陈，强调防范，侧重应用。通过发生在大学生身边的真实的典型案例，分析了大学生处理安全事件的得失，警钟长鸣。

配套课件与课时对应性好，教师讲解、学生学习亦得心应手。作者团队还顺应大学生的生活规律和学习需求，适时开发微信公众号、慕课平台，或延伸阅读，或自主学习，时效性强，普及面广，喜闻乐见。

"送你一支小灯笼，平安嘱托在心中；记得有人祝福你，默默送你去远行。"

愿《大学生安全教育》，成为开启安全教育之门的金钥匙，成为照亮大学生漫漫征程的平安小灯笼。

乐为此序，长揖平安。

王大伟

前言

近年,多数高等学校开设了大学生安全教育课程,目的是学习贯彻习近平总书记提出的总体国家安全观,坚持以人民安全为宗旨,通过课堂教学形式,增强大学生的安全意识,普及大学生的安全知识,提高大学生的安全防范能力,应对日益严峻的校园安全形势,确保校园的安全稳定和大学生人身财产安全,帮助大学生顺利成长成才。

为了配合安全教育进课堂工作进程,2012年我们组织编写了《大学生安全教育》一书。本书应用于大学生安全教育课堂教学后,受到基层教学单位的认可和师生的好评。入选"十二五"普通高等教育本科国家级规划教材书目后,在教育部"做好教材选用工作,确保优质教材进课堂"指示的影响下,本书已被数十所高校使用。当前,国际国内安全形势和高校校园安全特点不断发生新的变化,为了及时反映党的理论创新成果、科学技术最新突破、学术研究最新进展,编委会对本书进行了第3次修订。

本书在编写及修订过程中,紧扣教学大纲,强调对危险的辨识技巧和防范要领,侧重于在实际中的应用。书中列举了一些大学生中发生的典型案例,用身边的事实增强感染力,以引起大学生的重视和警觉;穿插了一些图片和表格数据,方便读者对安全常识和科学知识的正确理解;还对应编制了教学课件和网络课程,供课堂教学参考选用。书中二维码网络课程与实际内容一致,但因与其他版本共享,所以可能与本书章节名称序号不完全对应,请使用师生给予谅解。

本次修订任务分工如下:第一章由原彦飞编写;第二章由郭薇薇编写;第三章由李秀玲编写;第四章由张丽花编写;第五章由常旭青编写;第六章由荆伟伟编写;第七章由孙旭东编写;第八章由高宏图编写;第九章由赵正杰编写;第十章由夏志丽编写;第十一章由薛艳霞编写。全书由原彦飞统稿,孙旭东、徐承俊协助统筹编写工作,其他编委在资料整理、案例筛选、技术验证等环节做了许多具体工作。

本书承蒙高校安全保卫工作的同仁和任课教师信任采用,并对失误疏漏之处及时反馈、提醒指正,为本次修订完善提供了很大帮助,一并表示诚挚感谢。

目 录

第一章　概述　　/1
第一节　大学生安全教育基本内涵　　/1
第二节　大学生安全教育的必要性　　/3
第三节　大学生安全教育的内容和方法　　/6

第二章　国家安全　　/8
第一节　国家安全概要　　/8
第二节　保守国家秘密　　/16
第三节　抵制邪教　　/20

第三章　公共安全　　/26
第一节　公共舆论安全　　/26
第二节　公共卫生安全　　/34
第三节　群体活动安全　　/40
第四节　反恐防暴　　/44

第四章　人身财产安全　　/49
第一节　大学生人身安全　　/49
第二节　人际交往安全　　/57
第三节　大学生财产安全　　/60

第五章　网络信息安全　　/73
第一节　大学生与互联网　　/73
第二节　网络身心健康　　/75
第三节　网络信息保护　　/79
第四节　预防网络犯罪　　/84

第六章　生活与食品安全　　/87

　　第一节　日常生活安全　　/87
　　第二节　兼职安全　　/100
　　第三节　就业安全　　/103
　　第四节　食品安全　　/108

第七章　消防安全　　/111

　　第一节　火灾概述　　/111
　　第二节　火灾风险控制　　/114
　　第三节　火灾预防　　/116
　　第四节　初起火灾应急处置　　/121
　　第五节　火场逃生自救　　/127

第八章　交通安全与户外运动　　/131

　　第一节　道路交通安全　　/131
　　第二节　水运和航运安全　　/136
　　第三节　户外运动安全　　/138

第九章　教学安全　　/148

　　第一节　课堂教学安全　　/148
　　第二节　实践教学安全　　/152
　　第三节　第二课堂活动安全　　/160

第十章　环境安全与自然灾害　　/163

　　第一节　环境安全　　/163
　　第二节　自然灾害　　/169

第十一章　其他安全常识　　/181

　　第一节　各民族互相尊重　　/181
　　第二节　外籍教师与外国留学生　　/182
　　第三节　出境安全常识　　/184
　　第四节　核安全与边境安全　　/185

附录一　疏散逃生应急演练实践课指导书　　/187
附录二　公寓火灾应急演练实践课指导书　　/189
附录三　现场急救应急演练实践课指导书　　/191
附录四　大学生常用法律法规目录　　/193

参考文献　　/194

第一章 概述

安全是什么？这是一个由来已久而又与时更新的基本命题，各行各业有着广泛差异而又大同小异的定义。总体来说，安全是一种相对稳定的状态，我们这里可以理解为：人和物不受威胁、没有危险和损失、免受非预期损害的状态。关联至人的思想行为和社会事务时，安全就被赋予了十分具体而更加丰富的含义，如安全生产、安全管理、安全规章；如食品安全、消防安全、交通安全；如维护国家安全、维护公共安全、维护人民群众生命财产安全，等等。

安全，是一切生活、工作、学习的基础。

安全，是世界和平、民族复兴、国家强盛、社会稳定、家庭美满、个人幸福最基本的保障。

没有一个词汇，像"安全"一样

覆盖范围最宽：古今中外、男女老幼、工农学商。

关联含义最广：无所不包、无处不有、无时不在。

受到歌颂最多：生命之本、幸福之源、事业之基。

社会贡献最大：人民幸福、社会稳定、经济发展。

名言警句最多：居安思危、有备无患、曲突徙薪、亡羊补牢、防微杜渐、前车之鉴……

2014年4月15日，习近平总书记主持召开中央国家安全委员会第一次会议。在讲话中他首次提出总体国家安全观，并阐述了总体国家安全观的基本内涵、指导思想和贯彻原则等。他深刻指出："必须坚持总体国家安全观，以人民安全为宗旨，以政治安全为根本，以经济安全为基础，以军事、文化、社会安全为保障，以促进国际安全为依托，走出一条中国特色国家安全道路。"总体国家安全观一经提出，立刻引起国内外舆论高度关注和强烈反响。总体国家安全观立意高远、思想深刻、内涵丰富，是顶层设计的"大安全观"。习近平总书记总体国家安全观的提出，将我们对安全的认识提升到一个新阶段、新高度、新层次。我们应该认真学习领会，准确理解其核心要义和精神实质，着力把握其中蕴含的思想方法和工作方法，运用到各项事业的安全教育管理工作当中。

第一节 大学生安全教育基本内涵

一、大学生安全教育课程

大学生安全教育是指高等学校依照国家有关法律法规和教育行政部门的有关文件要求，以大学生安全为主题，以提高大学生安全素质为目标，以增强安全防范意识、完善安全知识结构、

提高安全实践技能为主要内容的一系列教育活动。

大学生安全教育由来已久。早期的大学生安全教育以入学教育、主题班会、专题讲座、文体活动等为主要形式。新时期以来,随着校园安全形势的变化,教育行政部门和高等学校不断加强大学生安全教育工作力度,部分高校率先开设大学生安全教育课程,对大学生开展系统规范的课堂教学和实践教学,取得了良好的效果。大学生安全教育课程的成功经验得到很快推广,当前,多数高校都开设了安全教育必修课或选修课,大学生安全教育已开启新的教育形式,进入新的历史阶段。

高校大学生安全教育课程,遵循大学生身心发展规律,围绕大学生安全的主题,主要开展校园安全形势特点分析、基础安全知识理论讲解、应急避险疏散演练、自救互救技能实训等形式的教育教学活动,并拓展到相关的法制教育、校规校纪、心理健康、就业求职等教育内容,是以提高大学生基本安全素质为主要目标的综合素质教育重要组成部分,是思政教育、专业教育的必要补充,对大学生的健康成长成才具有重要意义。

二、对安全素质的解读

关于"素质",人们可以有多维度、多层次的理解。基于诸多学者从安全视角对素质的研究结果,我们综合理解为:安全素质就是在先天遗传生理基础上,通过后天教育实践形成的人的安全意识、安全知识、安全技能等方面要素的总和。从这一定义来说,人的安全素质具有自然基础性、内在差异性、相对稳定性、时代发展性等特点。经过系统地理论学习和实践训练,安全素质较为完善的人能形成正确的安全观念、牢固的安全意识、高度的安全自觉、良好的安全习惯,能促进人们自觉远离危险、维护个人和社会的安全。

简化理论模型后,人的安全素质包括三个要素:即安全意识、安全知识、安全技能。通过系统的学习训练,人们可以获得基本安全知识并提高安全技能水平,而安全意识属于生理学和心理学范畴,需要经历长时间的自我认同和积累沉淀过程,才能得以内化稳定,是安全素质提高的重点和难点。

(一)安全意识

安全意识,简单说就是人们头脑中建立起来的,在工作、学习、生活中必须安全的观念,可以进一步反向理解为,人们在生产生活中,对各种各样有可能造成人身伤害或财产损失的内外在环境条件的一种戒备和警觉的心理状态。例如,善待生命、珍惜财物的保全意识,事故严重、灾害频发的风险意识,预防识别、防范在先的避险意识,行为规范、遵章守纪的科学意识,每时每刻、每地每处的警觉意识等。安全意识是人对所处时空安全感的定位和认知,人的安全意识以生理发展为基础,受人的心理活动所支配。

(二)安全知识

安全知识,是人们在长期的生产生活实践中认识到的,关于保障安全的活动经验、科学原理、基本规律的总和。例如自然安全知识、生产安全知识、生活安全知识、环境安全知识等。

人们获得知识的方式和渠道很多,安全知识可以通过亲身经历、自身体验、领悟总结的方式直接获得,可以通过人际交流、耳濡目染、名言警句等一般性学习方式获得,也可以通过组织教育、培训讲座、课程讲授等专门学习方式获得。一般来说,人通过直接方式亲身体验而获得的安全知识记忆较为深刻牢固,通过专门学习方式而获得的安全知识较为系统全面。安全教育课就是通过课程教学,为大学生系统讲授必要的安全知识。

(三) 安全技能

安全技能是通过练习形成的能够运用安全知识、解决安全问题的动作系统或智力活动方式。例如，遇到突发性安全事件、灾害事故时的预判、应变、应急能力，避免人身和财产受到侵害的防范避险能力，遇到人身伤害时的自我保护、防卫和自救能力，对自然灾害事件、公共安全事故的组织救援能力等。

安全技能按其熟练程度可分为初级安全技能和技巧性安全技能。初级安全技能仅保证自己能基本做到防范伤害和脱离危险，而未达到熟练的程度，层次较低；技巧性安全技能则具有熟练化、自动化、规范化的特点，能帮助他人完成一定的防范危险、排除危害的安全任务。安全技能是安全意识、安全知识在行为上的体现，安全技能的培养和训练一定是以安全知识为基础的。初级安全技能经过有目的、有组织的反复练习，动作就会趋向稳定，达到技巧性安全技能。

第二节　大学生安全教育的必要性

一、大学生安全面临的形势

当前教育背景下，基础教育不同程度地存在着重升学轻素质、重分数轻能力，安全方面重管理轻引导、重处理轻防范的现象。中小学文化建设相对不足，其中安全文化建设更是欠缺，很多学生在基础教育阶段极难得到系统的安全教育和训练，缺乏必要的安全知识、自我保护意识和安全防范能力，成为学习上的佼佼者，生活中的低能儿。很多大学生患上了安全淡漠症，对安全隐患不敏感，对安全问题不重视，对自身面临的安全形势认识不足。

(一) 大学生违法犯罪代价沉痛

大学生本来是一个走在社会前沿、肩负国家未来的高智商、高素质群体，多年的教育要求大学生不仅要具有专业知识和能力，更要有社会责任和担当。而现今，一些大学生个体在社会中所扮演的角色似乎难付重托，"马加爵"事件、"药家鑫"事件、"复旦投毒"案件骇人听闻，引起社会巨大反响。在高校，大学生宿舍内盗、斗殴伤人、破坏公物、国考作弊、买卖答案等违规、违纪、违法、犯罪行为屡见不鲜，这些学生由此受到的校纪处分、法律处理代价十分沉重。

(二) 高校各类事故损失惨重

近年来，受社会大环境的影响，大学校园内也经常发生各类事故。除一般性火灾事故、交通事故、电梯事故外，还常常出现教学设施设备事故、科学研究实验室事故、后勤事故、工地事故、爆炸事故、溺水事故、踩踏事故、食物中毒事故等，这些事故发生在大学校园这种高学历人群密集的场所，往往造成比较惨痛的人身财产损失和国家人才损失，社会影响比较大。

(三) 人身财产类案件居高不下

当前，我国高校在校学生达 3000 万人以上，但专门针对大学校园安全的法律法规基本处于空白状态，高校安全缺乏适当法律予以规制，这就造成高校安全工作难以统一协调和系统规划，大学生缺乏必要的专门性法律予以保护。随着时代的发展，高校由原来的封闭型校园转变成为全方位、多功能、开放式的"小社会"，校园内除教学、实验、科研设施外，咖啡厅、饭店、银行、超市、宾馆等生活服务设施一应俱全，越来越多的社会人员进入校园活动，学校治安环境复杂、管理难度增大，校园治安形势严峻。社会上的一些不良习气如黄、赌、毒、暴力、欺诈等通过各种渠道逐渐渗入大学校园，侵蚀当代大学生，对大学生形成比较强烈的刺激，使得大学校园和大学生难以再有平静单纯的学习环境。学校及周边的盗窃、诈骗、抢劫等案件发案率居高不下，许多大学生成为作案对象。在案件类型中,各类诈骗相对突出,网络诈骗尤其猖狂;在受害者类型中,女大学生成为主要侵害对象。

(四) 大学生自杀自伤令人唏嘘

大学生中,因环境、家庭、学业、心理等原因,无法正确面对学习生活中的困难,选择自杀的方式解脱者,正在逐渐增多。据某普通高校的报告,该校平均每半年就会有一名学生自杀或自杀未遂造成终身残疾,给家庭、学校、社会造成沉重的负担。大学生自杀,已成为越来越广泛的话题,专家指出:自杀,已取代突发疾病和交通意外,成为大学生意外死亡的第一原因,需引起社会各界的持续关注。一个大学生的背后,是一个或几个家庭的牵挂和期望,任何一个家庭,把孩子从嘤嘤学语的孩童培养成高学历人才都需要付出巨大的心血和财力。大学生轻生不仅对个人、对家庭,乃至对社会都是极大的损失和伤害,减少大学生自杀,我们还任重道远。

二、安全视角下当代大学生特点

从整体上看,大学生属于高学历人群,知识丰富,素质较高,应该可以从容应对成长成才过程中的各类问题。然而,从安全视角来看,当代大学生的人生经历简单,独立生活经验缺乏,在真正面对具体的安全问题时,大学生的一些弱点非常不利,应该引起足够重视。

(一) 价值观念存在偏差

由于家庭来源复杂、信息获取丰富、文化交流频繁等原因,大学生信仰多元化,观念多样化,价值取向容易模糊。一些错误的思想意识和观念导致部分大学生对接触到的文化碎片化认识,断章取义,并以此否定主流文化传承,对现行法律法规和校内规章制度抱着嘲笑和蔑视心态,有的消极颓废、沾染恶习、游戏人生,更有的灵魂扭曲、言行失范、违法犯罪,最终走上不归之路。

(二) 负面情绪伤人害己

当今大学生中,很多独生子女在父母溺爱中长大,上大学前可能涉及到的生活难题基本上都由父母亲解决,除了学习和分数,他们几乎不用考虑任何事情。在成长过程中,热情、善良、坚定等优秀品质得以培养,但自私、狭隘、任性等负面气质不易得到纠正。在生活中独立面对困难和问题时,大学生往往表现出心理脆弱、思想偏激、容易冲动的特点,很容易情绪失控,国际国内政治事件或人际交往的一些小事就容易引起情绪波动、行为失控,常常会在不经意间伤害到自己或别人。

(三) 定力不足难抵诱惑

相对于中小学而言,大学是开放的系统和环境,大学又多数处于大中城市,在当前车水马龙、琳琅满目的各种强刺激下,大学不平静,大学生也不平静。一些大学生从简单的环境进入复杂的大城市生活,面对诸多负面诱惑,便眼花缭乱,应接不暇,迷失堕落。有的嗜烟酗酒、赌球斗富、声色犬马,有的贪慕虚荣、贷款网购、消费青春,导致学业荒废、一事无成、人生失败。

(四) 安全防护缺乏常识

应试教育的最大损失是只问成绩不及其余,在长达十余年的中小学教育过程中,学生匆匆来往于封闭校园和各种强化班、兴趣班、特长班中,教师和父母都忽视了其实比学习成绩更重要的生活常识、安全知识。很多学生成绩优异却不会处理生活琐事,琴棋书画样样精通却不懂待人接物之道,一肚子数理化公式却不懂水火电气如何正确使用,满脑子唐诗宋词却不懂人生真谛和要义,自我保护常识、基本安全知识和应急经验极度匮乏,为宝贵的青春蒙上厚厚的阴影。

三、开设安全教育课的意义

(一) 维护国家安全,促进国家长治久安,推进民族伟大复兴

国家安全是安邦定国的重要基石,维护国家安全是全国各民族人民根本利益所在。

经过长期不懈奋斗,我国改革开放和社会主义现代化建设取得了历史性成就,中国特色社会主义进入了新时代,我们迎来了实现中华民族伟大复兴的光明前景。党的十九大报告提出:"中华民族伟大复兴,绝不是轻轻松松、敲锣打鼓就能实现的。"越是靠近世界舞台的中央,越是接近实现中华民族伟大复兴的目标,我们面临的前进阻力和战略压力就越大,就越要清醒地认识到:国家安全面临的压力和风险因素不会自动减少,必然会遇到更多新情况、新问题。从外部风险看,我国周边安全环境日趋复杂多变;从内部风险看,我国社会深刻变革,各种矛盾持续聚积,诱发社会动荡的风险点增多。来自内外部不同领域的安全风险相互交织、高度联动,需要高度警惕,防止引发系统性安全风险。

当前,我国正面临着难得的发展机遇,要切实防范国际国内各种敌对势力利用各种机会、手段和方式对我国进行破坏、渗透和演变活动,防范借助于现代科学技术和全球化发展对我国进行腐朽思想和生活方式的侵袭,防范利用邪教组织、伪宗教等对我国进行思想领域的腐蚀。历史教训表明,失去国家安全保障,中华民族就无法掌握自己的命运。大学生是国家和民族的未来,肩负着维护国家安全,促进国家长治久安,推进民族伟大复兴的重大历史使命,对大学生进行总体国家安全观教育十分重要。

(二) 构筑平安人生,完善综合素质,全面成长成才

社会发展到今天,教育体制正在积极由应试教育向素质教育转变。安全问题不仅是学生在校学习、生活中经常遇到的问题,也是今后毕业走向社会必须要面对并解决的问题。当前,大学生知识结构不平衡、能力结构不合理的现象依然十分严重,大学生特定的年龄结构、生活环境、文化背景等因素,决定了他们客观上面临诸多安全问题的困扰,加上社会快速发展,对大学生的综合素质要求越来越高。这不仅要求大学生具备完善的知识体系,更要具备较完整的能力结构,当然也包括应对和处置各种安全问题的能力。高校安全教育课的开设就是增强大学生遵纪守法的观念,提高大学生重视安全的意识,拓展大学生识别风险的知识和处理安全问题的能力,从而不断提高自身安全素质,完善个体综合素质,为顺利成长、全面成才和长远构筑平安人生奠定坚实的基础。

(三) 创建平安校园,优化育人环境,保障教育事业健康发展

随着高校招生规模扩大和后勤社会化的深入,在校大学生人数大幅增加,校园社会化现象日趋明显。随着社会就业压力增大,校园周边环境的复杂化,大学生自杀自伤事件,盗窃、火灾、伤害等案件的不断发生以及其他不安全因素的存在,大学校园安全形势日益严峻,平安校园建设任务日益艰巨。让大学生对社会治安形势和安全生产形势有清醒的认识和理解,自觉地学习安全知识技能,做好自身的安全防范工作,不仅可以预防和减少高校中违法犯罪案件的发生,同时更是保障大学生生命财产安全的重要措施。因此,高校需要通过对大学生进行及时必要的安全教育,让大学生自觉加入到平安校园的创建当中,从而不断优化育人环境,营造安全稳定的良好氛围,保障高等教育事业健康发展。

第三节 大学生安全教育的内容和方法

一、大学生安全教育主要内容

安全教育课程是大学生通过集中课堂学习获得安全知识的载体。为适应课堂教学的规律，我们从研究的角度，对大学生可能遇到的主要安全问题进行了梳理总结，按照其表现特征分类归纳为几个专题逐一讲述。这些专题包括国家安全、公共安全、人身财产安全、网络信息安全、生活与食品安全、消防安全、交通安全、教学安全、环境安全，还包括心理健康、户外运动、兼职就业、自然灾害等相关知识穿插在各个章节之中。其中，国家安全、人身财产安全是安全知识的核心主题，其他所有专题都是围绕这个核心主题，从不同的角度展开阐述的。

现实中，我们遇到的安全问题往往具有复杂性、交叉性、综合性等特点，我们既无法准确预知安全事件具体发生的时间和地点，更无法预知所遇到的安全问题属于哪种类型。因此，虽然课堂学习分类分步讲授，但生活实践更需要灵活综合运用。

二、大学生安全知识结构体系

本书中，对某一类安全知识的基本结构体系，一般按照以下要素和逻辑进行阐述。

（1）安全概念。即某一类安全的内涵和外延，简要基本原理、问题表现及后果，在大学生活、职业生涯、日常生活中的重要性和发生可能性。

（2）特征识别。某类安全问题及其对应的隐患、风险都有其各自的特点，危险发生时会有具体的征兆、规律，我们应掌握其识别的具体途径、要领和技巧。

（3）风险预判。安全隐患在某些外力作用下，或某些特定条件成熟时，就会演变为伤害、灾难或事故，我们应熟知风险演变的基本条件因素、关联因素，以便对风险作出正确研判。

（4）安全防范。人类通过长期的生产生活实践和科学研究，掌握了众多的控制和抵御风险转化为事故灾难的方法规律，在多个领域形成了系统规范的安全防范理论，制定了一系列保障安全的规章制度和法律法规，我们应认真学习掌握这些用于主动事先防范、减少危害损失的措施要领，培养良好的安全习惯。

（5）应急处置。从安全管理经验来说，即使我们在安全防范方面做了充足的工作，但由于个体的疏忽或一些不可抗拒的因素等，一些人为事故或自然灾害还是时有发生。这些事故灾害在发生初期应采取哪些避险避难、应急处置的基本原则和措施，化解方法和途径，必须在平时就注意学习掌握，关键时刻运用得当，才能有效降低事故灾难造成的人身伤害和经济财产损失。

上述要素和逻辑结构在具体章节中的表述顺序不是一成不变的，可能会统筹做一些融合调整，有些章节为了便于学生理解领会，还会穿插一些典型案例、图表分析等，任课教师在教学过程中可灵活处理、适当增减内容，同学们在自主学习过程中也应根据自身情况进行必要的拓展阅读。

人类对自身和大自然的认识需要不断地深入和完善，任何一门科学都会不断发展和进步。安全也一样，现有的安全知识不能覆盖所有的安全问题，有些安全问题我们至今也无法完全掌握其科学机理，需要在学习实践中继续探讨研究。

三、学习方法建议

安全教育课是理论知识学习和实践技能训练相结合的课程,虽然有课堂的要求和课时方面的保证,但生活中的学习更重要,因为课堂的时间和老师的讲述远不能解决大学生全部的安全问题,很多课堂讲授的内容也必须经过实际的经历或训练才能逐步内化为自身的能力和素质。

(一)增强安全意识,培养安全习惯

"生命至上,安全第一""居安思危,有备无患""隐患险于明火,防范胜于救灾,责任重于泰山",这些耳熟能详的口号和随处可见的标语,浸透了无数事故的损失和无数血泪的教训,其目的无非都是提醒人们增强安全意识,不可轻心大意,时时处处养成良好习惯。学习也应重视安全意识的确立和增强,首先从主观上端正态度,解决思想认识问题,真正重视理解安全,才能在知识学习和技能训练上有所成效,做到知行统一。

(二)牢记防范要领,多看多听多想

安全知识是人们在长期实践中的经验总结,安全规章是无数专家学者多年科学研究的成果,书本的总结仅是其中的一小部分,是对大学生最常见的安全问题和难题的探讨,需要认真学习领会,牢记危险识别和风险防范的要领。同时,生活中还有大量未被总结成书的小问题、小窍门、小技巧,需要养成多观察、善发现、勤思考、常总结的好习惯,举一反三,推此及彼,才能真正实现安全教育课抛砖引玉、普及推广的目的。

(三)主动参加演练,提高自身技能

安全教育的终极目标,最终要落实到行为上,让大家在遇到安全隐患、安全难题、风险危机时有办法、有行动、能避免、能化解。强烈的安全意识、丰富的安全知识最终要想转化为优秀的安全技能,必须经过大量反复的练习。大学生要注意改变眼高手低、漠然置之的错误态度,主动参加危险辨识、应急演练、自救互救、技能训练等实践实训,切实达到学以致用、提高技能的学习目标。

思考题

1. 回顾自己的经历,有什么安全方面的经验和教训?
2. 总结发现自己身上的优点和缺点哪些与安全有关,如何扬长避短?
3. 想想应该以什么样的态度对待安全教育课的学习?

第二章
国家安全

国家安全是安邦定国的重要基石,维护国家安全是全国各族人民根本利益所在。2015年5月19日,在全国国家安全机关总结表彰大会上,习近平总书记发表讲话时强调,当前,我国正处在全面建成小康社会、全面深化改革、全面依法治国、全面从严治党的重要时期,面临复杂多变的安全和发展环境,各种可以预见和难以预见的风险因素明显增多,维护国家安全和社会稳定任务繁重艰巨,要高度重视加强国家安全工作,把思想和行动统一到党中央对国家安全工作的决策部署上来。依法防范、制止、打击危害国家安全和利益的违法犯罪活动。

在国家安全问题越来越复杂的今天,青年大学生肩负着实现中华民族伟大复兴的时代使命,必须提高国家安全意识,学习国家安全法律知识,树立总体国家安全观,正确地观察分析当代中国国情及安全环境,正确认识政治、社会、宗教等各方面的问题,增强抵御西方势力政治渗透、不良文化思潮及腐朽堕落价值观的冲击和影响的能力,增强自觉维护国家安全的责任感。这对国家的稳定发展和长治久安有深远的现实意义和战略意义。

第一节 国家安全概要

据古籍的记载,在中国很早以前人们就大致形成"国家安全"的概念认知。《周易·系辞下》中提到"是故君子安而不忘危,存而不忘亡,治而不忘乱,是以身安而国家可保也"。中国古代的国家安全思想多是依附于皇权,以其为轴心的治国安邦思想。新中国成立后,"国家安全"一词在一些条例、法律中频频出现,但并没有真正意义上去定义,更多是以反间谍工作为主要内容、以危害中华人民共和国国家安全的行为界定的。进入21世纪以来,国家对于国家安全的重视程度也越来越高。2014年4月15日,习近平总书记在中央国家安全委员会第一次会议上首次提出"总体国家安全观"概念。

一、国家安全的内涵

国家安全关系到国家的生死存亡,是全国各族人民的根本利益所在,也是国家和民族的命运所在。2015年7月1日,《中华人民共和国国家安全法》(简称新《国家安全法》)颁布实施。新《国家安全法》第二条规定:"国家安全是指国家政权、主权、统一和领土完整、人民福祉、经济社会可持续发展和国家其他重大利益相对处于没有危险和不受内外威胁的状态,以及保障持续安全状态的能力。"

在党的十九大报告中,习近平总书记把坚持总体国家安全观作为新时代坚持和发展中国特色社会主义基本方略之一加以强调。他指出:"坚持总体国家安全观。统筹发展和安全,增强忧患意识,做到居安思危,是我们党治国理政的一个重大原则。必须坚持国家利益至上,以人民安全为宗旨,以政治安全为根本,统筹外部安全和内部安全、国土安全和国民安全、传统安全和非传统安全、自身安全和共同安全,完善国家安全制度体系,加强国家安全能力建设,坚决维护国家主权、安全、发展利益。"(图2.1)

图2.1　总体国家安全观

二、总体国家安全观及其意义

习近平总书记在2014年4月15日主持召开中央国家安全委员会第一次会议时提出:"要准确把握国家安全形势变化新特点新趋势,坚持总体国家安全观,走出一条中国特色国家安全道路。"明确提出要构建集政治安全、国土安全、军事安全、经济安全、文化安全、社会安全、科技安全、信息安全、生态安全、资源安全、核安全等于一体的国家安全体系。总体国家安全观是对新中国成立以来国家安全战略思想的发展和升华,承载着为实现中华民族伟大复兴提供坚强保障的历史使命,具有鲜明的时代特色。

总体国家安全观是我们党关于国家安全理论的重大创新,揭示了国家安全的本质和内涵,科学回答了中国这样一个发展中的社会主义大国如何维护和塑造国家安全的基本问题,标志着我们党对国家安全的认识提升到了新高度新境界。总体国家安全观作为习近平新时代中国特色社会主义思想的重要组成部分,成为指导新时代国家安全工作的强大思想武器,是维护和塑造中国特色大国安全的行动指南。

总体国家安全观倡导构建人类命运共同体,具有广泛的包容性,产生了深远的国际影响,中国的国家安全和世界的和平发展息息相关。总体国家安全观强调以促进国际安全为依托,实现自身安全与共同安全相统一,共同构建人类命运共同体。这一观念体现了中国智慧、中国经验、中国胸襟和中国情怀,表明了中国态度和中国主张。

(一)总体国家安全观与大学生安全素养的关系

大学生不仅要有保护自身安全的意识、能力、权利、义务、责任,也有保护他人、集体、社会、国家乃至更大范围安全的责任和义务。

国家安全的目标和宗旨是为了人民,同样国家安全也要依靠人民。作为新时代大学生要在享受安全稳定和繁荣成果的同时,相应地付出应有劳动,而不能只索取不付出,只享受权利不履行义务。总体国家安全观指导个人要从哪些方面去实现国家安全这个总目标,个人安全是国家安全的基础和前提,国家的大安全都是由每一个个体安全构建起来的,只有国家和个人大小安全都兼顾,才算真正的安全。

我国将每年的4月15日定为国家安全日,号召各大中专学校开展学习教育活动,让国家安全思想深深扎根心中。教育每个大学生要有使命、责任、担当,将个人的前途命运与国家的前途命运紧密相连,责权利三者有机统一起来,形成良好的氛围和行为习惯。做一个有益于党、有益于国家、有益于人民、有益于社会的有用之才。总而言之,大学生安全素养要服从服务于总体国家安全的需要,同时,国家安全也会保障个体安全的需要。

(二)总体国家安全观下大学生安全素养的构成要素

大学生要以国家安全的基本内容、基本原则为依据,应关注与我们生活密切相关的安全内容,比如生命安全、生活安全等个人安全问题,要具备符合一般安全规律性的四个能力素养。

1. 政治素养

政治影响着安全的对象和范围。政治素养起着把关定向的作用,它统领人的总能力素养。通常考核评价一个人的素养从德、能、勤、绩、廉五个方面进行,德居于首位,如果德有问题,那么这样的人才就是歪才,能力越大,危害越大。品德对安全问题影响深远,品德靠不住,安全也就无从谈起。大学生要增强中国特色社会主义道路自信、理论自信、制度自信、文化自信,厚植爱国主义情怀,把爱国情、强国志、报国行自觉融入坚持和发展中国特色社会主义事业、建设社会主义现代化强国、实现中华民族伟大复兴的奋斗之中。

2. 人文素养

人文影响着安全的发展方向和思想理念。五千年的灿烂中华文化,人文荟萃,人文素养积淀非常深厚,人文精神对人的思想和社会发展的影响力巨大,可以直接或间接影响社会的安定、发展、繁荣。大学生要有人文思想,且应该是建立在社会主义核心价值观下的人文思想,其中尤其要提倡"爱"和"善"两个方面素养。构建"人类命运共同体",肩负"大国责任与担当",这些大爱和大善,大学生需要极其深厚的人文素养和人文情怀,才能深刻理解领悟,才能积极身体力行,才能在维护国家安全和世界和平发展的实践中做出应有的贡献。

3. 科学素养

科技影响着安全的发展速度和发展高度。当今世界正处在科技高度发达的时代,置身其中,安全不可避免地受科技的影响。当代大学生应该具备两种基本素质,即爱国的情怀和科学的风采,尤其是具有安全科学技术素养,用科技手段解决安全问题。当前的安全防范很大程度上就是依靠科技手段,世界最领先的科学技术都首先用于军事和国防,如果不掌握科学技术的应用,就会失去安全平台和依托,最终无论是在国家安全角度还是个人安全角度上都会存在漏洞和隐患。所以,要攻克科技难关,大学生基本的科学技术素养培养至关重要。

4. 法治素养

法治决定秩序和规则,较大程度影响着安全的走向。安全工作既是一个技术问题,也是一个法治问题,新中国成立至今,制定了许多的法律法规,大多数都与安全工作有关,《中华人民共和国国家安全法》就是其中之一,其对国家安全提供法治保障。法治是维护人类公平正义的最后一道屏障,只有通过法治才可以有效调节国与国之间、人与人之间的矛盾纠纷问题。大学生要注重安全的法治能力素养建设。要学习法律、遵守法律、运用法律、尊崇法律、敬畏法律,依法办事,以提高法治素养,为安全工作保驾护航。

三、我国面临的国家安全挑战

新时期的总体国家安全观是一种综合安全观,主要由国家外部环境的安全和内部环境的安全两个维度构成,其内涵十分丰富,外延十分广泛,涉及政治、军事、经济、信息、文化等多个领域。(图2.2)

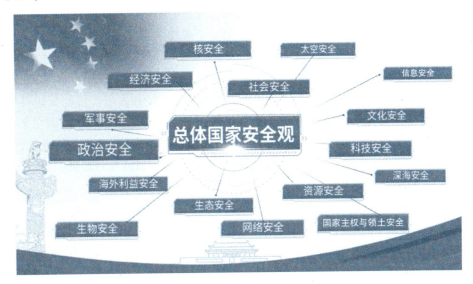

图 2.2　国家安全涉及多个重点领域

新形势下,我国国家安全面临诸多方面的挑战,大学生应主要从以下几个角度提高认识。

(一) 国家主权与领土安全

国家主权与领土安全是国家安全的核心内容。随着经济全球化的迅猛发展,我国国际空间和国际利益的不断拓展,国内一些分裂势力的滋长与相互勾结,我国在国家主权与领土安全领域面临的挑战越来越大;经济全球化从不同角度、不同层面对我国的国家主权产生一定程度的冲击;台湾问题依然是我国国家安全面临的不稳定因素;边界领土争端,尤其是海洋权益争端对我国主权和安全的影响在增大。

(二) 政治安全

政治安全是国家安全的重要内容,是国家安全的根本。经济全球化的深入发展、西方全球战略的演变以及国际社会对我国和平崛起的不同心态,都对我国的政治制度和政治发展产生着某种程度的影响或冲击。政治安全更多的是通过外交斗争和政府行为来维护,但也离不开经济实力和军事实力的支撑。近年来,经济全球化凸显,国际关系中经济政治化、政治经济化的趋势愈加明显。经济活动背后往往有政治背景,而政治斗争的背后往往是经济利益的纠葛。其次,以美国为首的西方国家是影响我国政治安全的重要因素。由于意识形态、社会制度和历史文化的差异，西方国家长期以来一直把中国作为防范、遏制与演变的对象，经常通过一些直接或间接的方式表现出来。再次，国际社会对中国和平崛起的矛盾心态也是影响我国政治安全的因素之一。

（三）军事安全

军事安全是一个国家受其他国家或国家集团的军事力量制约的现实状态，是国家安全诸因素中的保障性因素。目前的国际形势要求我们不能忽视军事安全问题的挑战。当今世界总体形势虽然趋于缓和，但不稳定因素很多。仅仅从纯军事角度看，我国也面临着新一轮军事革命和高科技局部战争可能性的挑战。

（四）经济安全

经济安全在国家安全诸要素中起着基础性作用。在经济全球化和日益复杂的国际环境大背景下，我国在经济安全领域也面临着国际挑战：我国与外部世界的经济关系越来越复杂，各种矛盾与冲突在所难免；外部世界对我国经济的影响与压力越来越明显；我国经济在融入世界的进程中面临的风险越来越突出。根据我国实际，国家经济安全所面临的威胁主要包括经济制度安全威胁、民族经济安全威胁、金融安全威胁、贸易安全威胁、粮食安全威胁及合作安全威胁等。

（五）文化安全

文化安全在国家安全中的地位是独特的。它是指一个主权国家的文化价值体系，特别是主流文化价值体系。文化安全为一个国家提供了稳定的政治环境和发展经济与促进科学技术发展所需要的强大精神动力，为人民大众的幸福生活提供了深厚的道德基础。中国在文化安全领域面临的挑战主要集中在西方政治文化的渗透和反华舆论的鼓噪两个方面。除此之外，大众文化安全意识淡薄，国民主流信仰出现危机，国外文化通过交流项目或项目援助、文化产品的输出来进行文化扩张和文化入侵，都对文化安全形成不同程度的冲击。

（六）信息安全

信息安全是近年来网络技术迅速发展而产生的一个独立的安全概念，也可以说是国家安全概念延伸到计算机网络空间的结果。信息安全既可以在计算机网络空间直接提供国家安全保障，也可以通过经济、军事、政治和社会等因素对国家安全产生重大影响。目前，我国信息化建设飞速发展，但是各类相关法律还不够健全，尤其是网络实名制未完全实现，各类软件良莠不齐，容易造成青少年沉迷网络虚拟世界，被误导、被利用。网络传媒的开放性、多元性和隐蔽性对政治安全提出了新的挑战，网络也成为了意识形态斗争新阵地。信息化的高速发展还使我国的安全保密工作面临不少新的课题，政府上网、政务信息化增加了泄密的可能性。在我国加入世界贸易组织后，许多人的保密观念在淡化，认为加入世界贸易组织就意味着全面开放，文化传播没有底线，这种错误的观念也很容易使人们在频繁的对外交往活动中放松警惕，有意无意地泄露国家或单位机密。

（七）生物安全

基于现代生物技术开发应用对人类健康有可能带来的不利影响，人们提出了生物安全的概念，当前，生物安全问题已经成为全世界、全人类面临的重大生存和发展威胁之一。习近平总书记在中央全面深化改革委员会第十二次会议上强调："要从保护人民健康、保障国家安全、维护国家长治久安的高度，把生物安全纳入国家安全体系，系统规划国家生物安全风险防控和治理体系建设，全面提高国家生物安全治理能力。"重大传染病和生物安全风险是事关国家安全和发展、事关社会大局稳定的重大风险挑战。生命安全和生物安全领域的重大科技成果也是国之重器，疫病防控和公共卫生应急体系是国家战略体系的重要组成部分。

四、危害国家安全的行为表现

（一）法律对危害国家安全行为的界定

新《国家安全法》规定，危害国家安全的行为，是指境外机构、组织、个人实施或者指使、资助他人实施的，或者境内组织、个人与境外机构、组织、个人勾结实施的，危害中华人民共和国国家安全的下列行为：

（1）阴谋颠覆政府，分裂国家，推翻社会主义制度的行为。例如"台独"分子一直没有放弃"两个中国"的阴谋；达赖集团在境外成立了"流亡政府"；境外"东突"势力也在国内外大搞破坏、谋杀和爆炸等活动。

（2）参加间谍组织或者接受间谍组织及其代理人的任务的行为。无论行为人是否接受了间谍组织的任务，是否进行了窃取、刺探、收买、非法提供情报或其他破坏活动，只要参加了间谍组织，即可构成间谍犯罪。未参加间谍组织，却接受了间谍组织或其代理人的任务，不管其任务实现与否，都不影响间谍犯罪的成立。

（3）窃取、刺探、收买、非法提供国家秘密的行为。该行为一般指在未参加间谍组织，也没接受其代理人任务的情况下，主动为间谍机构窃取、刺探、收买、提供情报，不管情报是否到了间谍手中，都不影响间谍犯罪成立，都属于危害国家安全的行为。

（4）策动、勾引、收买国家工作人员叛变，或者将国防设施、武器装备交付他国或敌方的行为。

（5）进行危害国家安全的其他破坏活动的行为。例如，组织、策划或者实施危害国家安全的恐怖活动的；捏造、歪曲事实危害国家安全的；发表散布文字或言论危害国家安全的；制作、传播音像制品，危害国家安全的；利用设立的社会团体或者企业事业组织，危害国家安全的；利用宗教危害国家安全的；制造民族纠纷，煽动民族分裂，危害国家安全的；境外个人违反有关规定，不听劝阻，擅自会见境内有危害国家安全行为或者有危害国家安全行为重大嫌疑的人员的。

【典型案例2.1】

2014年5月，广东省国家安全机关公布了一起境外情报机构通过网络策反境内人员、窃取中国军事机密的案件，徐某被判处有期徒刑10年。据悉，这一境外情报机构近年来针对中国学生实施了数十次网络策反活动，他们以金钱使涉世不深的学生参与情报搜集分析和传递。

事件开始于2012年8月底，当时徐某由于家庭条件不宽裕，在QQ群里发了一条"寻求学费资助2000元"的求助帖。不久，一网名为"Miss Q"的人回帖，询问了徐某的具体信息，然后表示愿意提供帮助。第二天徐某就收到2000元人民币汇款，"Miss Q"告诉徐某，他是一家境外投资咨询公司的研究员，需要为客户搜集解放军装备采购方面的期刊资料，希望徐某予以协助。作为资助学费的回报，徐某痛快地答应了。2012年9月，对方向他提供了一份"田野调研员"的兼职，月薪2000元。徐某所在的广东省某城市有一个军港码头和一家历史悠久的造船厂，他的"调研"工作就是到军港拍摄军事设施和军舰，到船厂观察、记录在造和在修船舰的情况，并将有船舰方位标识的电子地图做成文档，提供给"Miss Q"。双方约定用手机短信约好时间，然后徐某把加密文档上传至网络硬盘，而"Miss Q"立即从境外登录下载。

一年后案发，徐某承认做"调研员"不久，他就意识到对方是搜集我国军事情报的境外间谍，但利诱当前，他感到难以拒绝。2013年5月，徐某被国家安全机关依法审查。

案例分析：境外情报机构最初与学生接触时，只提简单要求，如到图书馆查找资料、订阅学术期刊等,这些公开信息大多难以具备情报价值,但持续联系的过程,尤其是定期酬金支付极易让年轻学生形成依赖。随着要求具体深入,多数学生会觉察到对方身份,一些学生主动终止联系,一些人被威胁,也有人因贪利而继续配合。当学生对这种快速的收益上瘾后,该间谍机构将进一步安排更有针对性和机密性的信息搜集任务。如果学生不从,对方会威胁将此前的联系内容和金钱交易报给中国安全部门。在这一过程中,一些学生被发展为"情报员",构成了危害国家安全的行为,触犯了国家法律法规。

(二)危害国家安全的法律责任

危害国家安全的人员或组织要承担刑事法律责任或者行政法律责任。《中华人民共和国刑法》专门规定了危害国家安全罪,根据其危害的结果进行处罚,具体有管制、拘役、判刑、罚金、剥夺政治权利、没收财产、行政处分(警告至开除等)、行政拘留、没收(如非法持有的属于国家秘密的文件等)、限期离境和驱逐出境(对境外人员的行政处罚)等。(图2.3)

图2.3 境外人员违反新《国家安全法》的,处以限期离境或者驱逐出境

五、大学生如何维护国家安全与稳定

(一)树立正确的国家安全观

总体国家安全观是对国家安全一般对象及具体问题的综合性、全面性的反映和认识,是对国家安全及其国家安全相关问题的历史、现状、发展、规律、本质等的认知、评价和预防。其既具有内包性,也具有外涉性,在内包括经济安全、政治安全、军事安全、文化安全、科技安全等内容的同时,又外涉他国安全、地区安全、国际安全、全球安全,甚至太空安全。

在经济全球化时代,面对国家安全这项社会系统工程,大学生必须要学会运用系统的观点、原则和方法来认识和分析国家安全、国家安全活动以及各种安全要素之间的关系。认真从国际安全和全球安全的广阔视野中审视国家安全。在追求自己国家的安全和利益时,处理好与其他国家的安全及利益的关系,坚持系统共赢思维方式,打造命运共同体,保证世界的和平与稳定,推动各方朝着互利互惠、共同安全的目标相向而行。

(二)明确国家安全的义务与权利

1. 义务

公民和组织应当履行下列维护国家安全的义务:遵守宪法、法律法规关于国家安全的有关规定;及时报告危害国家安全活动的线索;如实提供所知悉的涉及危害国家安全活动的证据;为国家安全工作提供便利条件或者其他协助;向国家安全机关、公安机关和有关军事机关提供必要的支持和协助;保守所知悉的国家秘密;法律、行政法规规定的其他义务。任何个人和组织不得有危害国家安全的行为,不得向危害国家安全的个人或者组织提供任何资助或者协助。

2. 权利

任何公民对于任何国家机关和国家工作人员,有提出批评和建议的权利;对于任何国家机关和国家工作人员的失职行为,有向有关国家机关提出申诉、控告或者检举的权利;因支持、协助国家安全工作,本人或者其近亲属的人身安全面临危险的,可以向公安机关、国家安全机关请求予以保护;因支持、协助国家安全工作导致财产损失的,按照国家有关规定给予补偿;造成人身伤害或者死亡的,按照国家有关规定给予抚恤优待。权利是法律赋予的,只有依法行使,才能受到保护。

(三) 自觉维护国家安全与稳定

1. 熟悉有关法律法规,增强国家安全意识

青年学生要认真学习《中华人民共和国宪法》《中华人民共和国国家安全法》《中华人民共和国保守国家秘密法》《中华人民共和国反间谍法》等,增强国家安全意识。虽然我们身处和平年代,但隐蔽战线的斗争依然硝烟弥漫。因此,要提高思想认识,增强忧患意识,强化国家安全观念,做到居安思危,坚决抵制西方意识形态、价值观念和腐朽生活方式的渗透,把维护国家安全和社会政治稳定当作自己的神圣职责,筑牢维护国家安全的坚实防线。

2. 自觉抵制、善于识别破坏因素

高校历来是各种信息的聚集地,各种思潮的汇合点。大学生要学会识别各种错误思潮,要增强抵制错误思潮的能力,要加强时事政治学习,用正确的思想武装自己。发现有散布极端个人主义和无政府主义思潮,要及时向有关部门报告,并积极配合国家安全机关的工作。

3. 严守外事纪律,维护国家稳定

大学生在涉外活动中要严格遵守外事纪律,自觉抵制各种诱惑,保守国家秘密。要树立稳定高于一切的观念,自觉为维护国家稳定做贡献。要执行各级组织的决定、指示,认真落实学校采取的各项防范措施。

4. 身体力行维护校园稳定

学校是老师教学、科研和学生学习、生活的重要场所,安全稳定的良好学习生活环境,对保证青年大学生健康成长,维护国家安全和社会和谐稳定至关重要。大学生要深刻认识意识形态的极端重要性,要增强"四个意识"、坚定"四个自信"、坚决做到"两个维护"。要善于发现问题、分析问题、思考问题,解决问题。当学校发生影响稳定的事件时,一定要做到不围观、不起哄、不参与;保证自己和周围的同学不做有损校园稳定的事情;不陷入别有用心的人挑唆、恶意破坏的活动中去;不要散播未经核实、无事实依据、危害学校的言论,对有意将事态扩大,企图制造轰动效应的人员,要勇于与之斗争,把各种不安定因素消灭在萌芽状态。

【典型案例2.2】

吉林某大学一美籍教师在研究生外语授课过程中,以中国文化大革命内容的文章为题,讨论中国人权及社会制度等方面的问题,被上课的研究生当场严词拒绝,并报告学校有关部门,后经国家安全机关调查后,对该外籍教师做出限期离境的处理。

案例分析: "实现中华民族伟大复兴的中国梦,保证人民安居乐业,国家安全是头等大事。"作为学生能够分辨是非,不被别有用心的人挑唆,发现危害学校、国家的言论能够勇于与之斗争,是维护国家安全、弘扬主旋律、传递正能量的积极表现。

第二节 保守国家秘密

《中华人民共和国国家安全法》规定公民有保守所知悉的国家秘密的义务。高校承担着大量的有关国家安全的教学科研任务,大学生身在其中,有更多机会知悉、接触、参与国家秘密事项,更应自觉保守国家秘密。

一、国家秘密

国家秘密是指关系国家的安全和利益,依照法定程序确定,在一定时间内只限一定范围的人员知悉的事项。国家秘密包括下列事项:

(1) 国家事务重大决策中的秘密事项;
(2) 国防建设和武装力量活动中的秘密事项;
(3) 外交和外事活动中的秘密事项以及对外承担保密义务事项;
(4) 国民经济和社会发展中的秘密事项;
(5) 科学技术中的秘密事项;
(6) 维护国家安全活动和追查刑事犯罪中的秘密事项;
(7) 其他经国家保密工作部门确定应当保守的国家秘密事项。

国家秘密分为"绝密""机密""秘密"三个等级,绝密是最重要的国家秘密,泄露会使国家的安全和利益遭受特别严重的损害;机密是重要的国家秘密,泄露会使国家的安全和利益受到严重的损害;秘密是一般的国家秘密,泄露会使国家的安全和利益受损。一般情况下,保密期分别为30年、20年、10年。(图2.4)

图2.4 正确辨别密件、密品、密级

保守国家秘密按其工作对象可分为科学技术保密、经济保密、涉外保密、宣传报道保密、公文保密、会议保密、政法保密、军事军工保密、通信保密、电子计算机保密等。

二、保守国家秘密的重要性

当前世界总的潮流是和平与发展,但各国在政治、军事、经济、科技以及其他领域的竞争仍十分激烈,意识形态领域的斗争,间谍与反间谍、窃密与反窃密的斗争比以前任何时期更尖锐复杂。随着我国改革开放深入发展,我国同世界各国和地区在政治、经济、军事和文化等各个领域的交往也日益广泛。境内外的敌对势力、敌对分子和情报机关利用我们对外开放的条件,加强了对我国进行渗透和颠覆的活动,并通过派遣特务、间谍,采取各种方法和手段,收集、窃取各种情报,这给我国的国家安全和利益造成了巨大的威胁。因此,每个公民都要重视国家安全和保密问题。

(1) 国家秘密事关国家安全,保守国家秘密就是保护国家安全利益。西方敌对势力和"台独"势力千方百计窃取我国政治、军事和国防科技等方面的情报,以便了解和掌握我国国防军事实力并采取相应卑劣措施,危害我国国家安全,达到不可告人的目的。

(2) 保守国家秘密关系国家经济利益。当今国际竞争突出表现在经济实力方面的竞争。为此,许多国家想方设法地窃取他国的经济、科技等情报。如果有关国家秘密被窃取,将会给国家的经济利益带来巨大损失。

(3) 保守国家秘密事关每一个公民的切身利益。一些重要的商业秘密同时也是国家秘密,它关系到一个国家经济发展的速度,也影响着一个国家的社会生活秩序。如果被窃密,将给国民的生活带来直接影响。

三、造成失泄密的主要原因

(一) 窃密的手段更加隐蔽复杂

当前,保密工作正面临新的形势。西方敌对势力敌视中国的政策一直没有改变,他们借助世界经济趋于全球化,科技信息加速现代化,经济、思想、文化多元化和中国的对外开放等,对我国实施窃密活动。

(1) 以合法身份掩护其非法窃密活动。
(2) 通过经济贸易、学术交流等活动进行窃密活动。
(3) 以旅游、参观访问为名进行窃密活动。
(4) 从公开发表的报刊、杂志、资料、广播、电视、互联网上分析获取情报。
(5) 用金钱收买,用攻心战术拉拢、腐蚀、引诱我国内部人员出卖秘密情报。

【典型案例2.3】
吉林省某医学院学生金某被来校讲学的澳大利亚籍教师卡洛尔策反,加入了他们的情报组织,为其收集我国经济、军事、科技情报,后被我国家安全机关抓获,受到了法律的制裁。

案例分析:金某参加间谍组织,并为其收集情报,对国家安全构成威胁,触犯了新《国家安全法》。任何出卖国家利益的行为,都是法律所不容许的。金某意志薄弱,接受外籍人员的策反,并为其工作,损害了国家和人民的利益,最终走向了可悲的下场。

(二) 泄密、失密的主观因素较多

(1) 保密意识淡薄,保密常识缺乏。有些人不分场合,随意在言谈中或通信中涉及国家秘密或秘密事项,炫耀自己的见识广博,不料"说者无意,听者有心",不经意造成泄密。

(2) 保密观念不强,保密态度消极。有些涉密人员随身携带秘密载体造成泄密。有些保密观念不强的人易将一些秘密资料、文件、记录本、样品等携带出门,遇上丢失、被盗、被抢、被骗,很快就会造成泄密事件。

(3) 违反保密制度,松懈保密措施。有的涉密人员在不合适宜的场所随意公开内部秘密,主要表现在接待外来人员的参观、访问、贸易洽谈之时,违反保密制度,轻易地将宝贵的内部秘密泄露出去。在我们党取消以阶级斗争为纲后,坚持以经济建设为中心,坚持改革开放,一些人主观上误认为根本没有保密的必要,十分危险。

(4) 新闻出版工作失误造成泄密。国内新闻泄密案件占整个新闻出版泄密案的50%以上,特别是在科技、经济方面,给国家造成了巨大的损失,同时也在政治上产生严重影响。境外的一些中国问题专家在谈到搜集中国情报的方法时,认为其主要手段就是分析研究中国的报刊和出版物、电话号码等。

(5) 不正确使用手机、电话、传真或互联网技术造成泄密。

(6) 极少数人意志薄弱,经受不住金钱、美色和物质诱惑,被谍报组织拉拢、腐蚀出卖国家秘密。(图2.5)

图2.5 公职人员保守国家秘密的任务更艰巨

【典型案例2.4】

金钱利诱军事发烧友提供军事资料。广州在校大学生小徐是军事发烧友,在军迷圈子里小有名气,常成为兴趣群里的话题主导者。2016年3月的一天,有人很突兀地在群里发问寻找全国"两会"的资料。小徐与这人进行了私聊,把自己了解到的有可能成为热点的话题进行归纳分析并发给对方。对方表现出极大的兴趣,承诺可以为此支付报酬。小徐收到了对方转来的150元钱后又整合了往年"两会"的信息,把年份和一些细节改掉后发给了对方。对方十分满意,又转了150元钱的报酬,希望还可以继续合作。

几天后,对方索要军事方面的资料,而且提出会付给相应的报酬,是前面的100倍。正在他犹豫时,对方转来一笔1000元的订金,承诺只要提供的资料符合标准,尾款会一次性全额支付。小徐将公开资料用图片编辑软件加上机密字样的图案,打印出来发给对方。然而这一次他没能蒙混过关,作为一名军迷,小徐意识到自己可能遇上了间谍之类的人员,及时停止了和对方的交易。为了摆脱困境,经过内心挣扎拨打了12339受理举报电话向国家安全机关举报。由于他所提供的信息没有涉及国家机密并主动自首,因此国家安全机关对其免予处罚。

案例分析： 境外间谍情报机关的渗透、策反目标，除了我党、政、军体制内人员以外，涉案的普通群众也为数不少。其中，有条件接触国家秘密的公职人员、退伍军人、军工企业工作人员、国防科研单位人员、大学生等人群，都是境外间谍组织关注的重点对象。普通的军事发烧友、军事基地周边居民甚至普通网民，都有可能在不知不觉中被策反利用，成为境外间谍情报机关搜集各类情报的工具。公民无论在国内还是境外，国家安全意识这根弦时刻都不能放松，千万不要为了个人的私利，做出损害国家安全利益的事。

四、树立保密意识，养成保密习惯

我国高校承担着国家大量的自然科学和社会科学方面的研究任务，有许多研究在国内、国际上处于领先地位。因此，高校中存有国家秘密，甚至有些秘密的密级还比较高。随着高校的改革和对外交流交往越来越频繁，现今窃密与反窃密的斗争更加复杂艰巨。作为高等学校的大学生，特别是参与一些国家科研项目、接触一些科研秘密的学生，头脑里要有敌情观念，树立保密意识，养成良好的保密习惯。大学生保守国家秘密，要自觉做到以下几点：

（1）认真学习《中华人民共和国保守国家秘密法》《中华人民共和国反间谍法》及相关的保密法律法规，主动接受保密知识教育；增强保密意识，正确认识保密与窃密斗争的复杂形势，克服无密可保的错误观念。

（2）提高防范意识，在对外交往中坚持内外有别。凡涉及国家机密的内容，要么回避，要么按上级的对外口径回答，不要随便提及内部的人事组织、社会治安状况、科技成果、核心技术和经济建设中各种未公开的数据资料。与境外人员接触中，不携带秘密文件、资料和记有秘密事项的记录本，如对方直接索要科技成果、资料、样品或公开询问内部秘密，应灵活予以拒绝。不经主管部门批准，不随便带境外人员参观或进入非开放区。严防境外人员利用学术交流、讲课的机会进行系统的社会调查。不经有关部门批准，不填写境外人员发放的各种调查表，或替他们写社会调查方面的文章。

（3）在媒体上发布信息或新闻时，尤其是互联网、自媒体，要注意保密原则，不得随意刊载有关国防、科研等事关国家机密的事项。参加国际学术会议或在国外刊物上发表文章，要按规定办理手续。坚决不为境外人员提供或代购内部读物和资料。

（4）自觉遵守保密的有关规定，做到"八不"：不该说的不说；不该问的不问；不该看的不看；不该记录的不记录；不用普通电话、明码电报、普通邮政传达机密事项；不携带机密材料游览、参观、探视、访友和出入公共场所；不在通信中谈及国家机密；不在普通件中夹带任何保密资料。（图2.6）

图 2.6　遵守国家保密法规和守则

【典型案例2.5】

田某是北京某高校研究生,在就读硕士学位时积极协助其导师孙教授开展国家某重点技术项目的科研工作。这项技术目前属国际尖端,一旦研制成功,可为国家带来巨大的经济利益。田某由于研究工作十分努力,很快就成为导师的得力助手,对该科研项目的研究情况十分熟悉。

业余时间田某喜欢玩电脑。8月的一天,他在互联网上看到有介绍自己参加研究的项目的有关内容,十分简略,便加以补充。他将自己参加研究的科研项目的进展情况、有关数据、试验情况以及下一步的研究计划等编写成文章,发布网上。该文被国家安全机关发现,经保密部门鉴定,该文内容属于国家秘密。国家安全机关立即决定立案侦查,摸底排查,对互联网搜索和监控,删除此类信息。

但当孙教授准备将研究出来的新技术转化为产品投入市场时,却发现国外某公司的同类产品早已投入国际市场,多年辛勤钻研出来的成果毁于一旦。田某被依法逮捕,人民法院经过审理,判处田某有期徒刑1年。田某的无知不仅让自己锒铛入狱、前途尽毁,而且致使国家利益遭受巨大损失。

案例分析: 大学生在日常生活中一定要提高警惕,以免自己的热心和大意带来极其恶劣的影响。当前境外间谍情报机关使用花样繁多的手法骗取大学生的信任,窃取国家机密文件,大学生要加强对国家安全内容的认识,明确哪些是国家机密、哪些文件不能外泄、哪些数据不能外露,加强保密意识,保护国家权益。

【典型案例2.6】

某年4月,一个境外代表团参观北京某高校时,其中一位境外人员带着摄像器材到处乱窜,引起两位陪同学生的警觉。当这位境外人员擅自闯入学校某重点实验室偷拍涉密资料时,两位陪同学生及时上前制止并报告相关部门,使国家利益免受损失。

案例分析: 这两位陪同学生在维护国家安全问题上所表现出的高度责任感和警惕性给我们做出了榜样。

第三节　抵制邪教

邪教是阻碍人类社会发展的一大毒瘤,是危害当代大学生的一大公害。它是一个长期存在的社会问题,是一种具有危害性、对抗性的破坏力量,其本质是反人类、反社会、反科学、反政府的。邪教的破坏行为已经严重影响国家、社会的安全和当代大学生的成长。面对邪教在高校的渗透,大学生应学会辨识邪教,提高防范意识,抵制思想侵略。

一、什么是邪教

邪教是指冒用宗教、气功或者其他名义建立,神化首要分子,利用制造、散布迷信邪说等手段蛊惑、蒙骗他人,发展、控制成员,危害社会的非法组织。在我国,明确认定的邪教组织共有22个。邪教组织常常借用各种唬人的幌子包装自己,不断更新骗人的花样,稍有不慎,就会跌入邪教圈套。

二、邪教的特征

(1) 虚构美好愿景,编造歪理邪说。邪教往往打着宗教或气功等旗号,冒用宗教的属性,让歪理邪说披上宗教或者科学的外衣,增强欺骗性,达到对成员精神控制的目的。

（2）屏蔽外界信息,实施精神控制。邪教教主会做人设,神化自己,以各种谎言、骗术、心理暗示来诱导信徒,对其进行"洗脑",使信徒失去正常理智,丧失判断是非的基本能力,从而实施精神控制。（图2.7）

图2.7 邪教教主自我鼓吹神化

（3）管理严整诡异,活动秘密非法。邪教一般都有以教主为核心的体系且活动诡秘。邪教组织内部结构相当严密,内部等级和戒律森严,要求信徒绝对服从,严禁脱离和背叛,活动场所不固定,秘密且诡异。（图2.8）

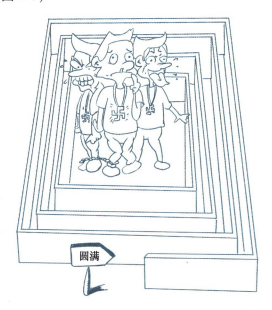

图2.8 陷入"法轮功"好似陷入围城

（4）侵犯信众自由,洗劫信众钱财。邪教教主通过各种手段要求信徒倾其所有,将钱财奉献,或通过所谓的"治疗"、兜售书籍和音像制品、举办"学习辅导班"等形式,收取不义之财。

（5）严重危害社会,手段凶恶残暴。邪教往往煽动成员发泄对政府和社会的不满,从事反政府和反社会的活动,不惜以暴力恐怖袭击等极端手段与现实对抗,并常常以信徒的生命作为牺牲和赌注,实现其统治的政治野心。

【典型案例2.7】

周某原本是一所重点大学的学生,成绩名列前茅,获得了保研资格。就在离毕业还有3个月的时候,她却偷偷办了退学手续,匆匆离开学校,连即将到手的毕业证和学位证都不要了。退学后周某给父亲打电话谎称自己正在忙毕业的事,不要联系她,便销声匿迹。2019年6月,一起"全能神"邪教案件的侦破,让如同"人间蒸发"了一样的周某终于被找到。原来周某早就受母亲影响,信了"全能神"邪教。

周某原本生活在一个幸福的三口之家。她的母亲自从信了"全能神"邪教后,开始瞒着家人不去上班,整天神神秘秘,长时间不回家,同时不再重视周某的学习成绩,并不断告诉周某,她成绩好不是因为自己努力,而是"神"的赐予。周某每天听着类似的话,变得越来越自卑,害怕离开"神"后,会一事无成。2016年3月,周某接到邪教组织指令,要求她不能再上学了,要她离开学校全心全意为"神"尽本分。在邪教人员步步紧逼下,周某放弃了马上就能拿到的毕业证、学位证和保研机会,不再与家人和外界联系。因为害怕"神"惩罚,周某常常每天只睡三四个小时,在出租屋里没日没夜地为邪教组织干活,逐渐成为一个麻木的"机器"。由于"全能神"邪教鼓吹远离不信教的家人,将警察妖魔化,周某在刚被解救的时候,对民警和父亲都十分排斥。后经一个多月的教育转化,周某真正又找回了过去的亲情,宛若新生。

案例分析:众所周知,"全能神"邪教是一个冷漠、残暴、泯灭人性的组织,它破坏了许多幸福的家庭,它假冒基督教的名义拉拢信徒,依靠其严密、隐蔽的传播方式和暴力威胁等非法手段控制信徒,并通过洗脑蛊惑信徒放弃亲情,为"神"奉献。周某母女受邪教蛊惑,学业梦想成为泡影,圆满家庭走向破裂。

三、宗教和邪教的区别

邪教是冒用宗教的名义欺骗群众,进行各种违法犯罪活动。邪教不是宗教,两者是有本质区别的。

1. 本质目的不同

宗教主张弃恶扬善、修身养性、宽容礼让、广积德福,引导信徒与人为善、慈俭济人、真爱奉献,宗教本质上是一种精神寄托和人文关怀。邪教往往为了满足个人私欲,或是为了实现某种政治企图,而诈骗钱财、欺凌弱小、奸污妇女等,其本质是一种畸形阴暗的社会存在。

2. 组织形态不同

宗教的组织形态相对稳定,有固定的组织名称、典籍、教规教义、信仰对象、活动场所及教内职务名称,其组织活动是公开的。邪教的组织形态不稳定,也不正规,没有固定的组织名称、典籍,没有传统的信仰对象和活动场所,教内的职务名称杂乱不一。邪教首领多以"王""主""神""菩萨"等自居,恶意歪曲、曲解宗教的教规教义,或胡乱自编信条,并根据形势的变化,随时改变,其活动是在秘密状态下进行的。

3. 社会影响不同

宗教没有现实的直接危害,如果引导得好,还可以减少其某些消极作用。而邪教对社会有直接现实的危害。由于邪教影响社会稳定,扰乱社会秩序,危害人民生命财产的安全,妨害社会主义现代化建设,毒化社会风气,因此我国党和政府的态度是坚决取缔邪教组织,并依法打击其中的为首分子,对宗教则是采取尊重和保护政策。

四、邪教对国家安全的危害

（1）破坏政治稳定。主要表现：在挑战现行政治体制，反对国家政权；向公职部门渗透，侵蚀国家机构；编造政治谎言，破坏国内安定团结的政治局面。邪教具有鲜明的政治目的、政治倾向和险恶的政治图谋，给国家安全和政治稳定造成巨大破坏。

（2）扰乱经济秩序。主要表现：非法敛财，侵吞集体和个人财产；进行经济犯罪，非法牟取暴利；破坏社会生产及财政金融秩序，严重扰乱国家的经济秩序。

（3）威胁人民安康。主要表现：干涉婚姻，欺男霸女，违背道德人伦；煽动成员抛弃亲人，外出传播邪教，破坏家庭；盘剥信徒钱财，哄骗群众交出财产；谎称"信教治病"，用巫术治死、致残等。

（4）冲击意识形态。主要表现：编造歪理邪说，迷惑人民群众，制造思想混乱；反科学、反文明，亵渎人文精神；散布"世界末日""地球大爆炸"等谣言，制造恐慌心理和恐怖气氛，误导人们放弃学习、工作和生活。

（5）肆意践踏人权。主要表现：残害生灵，践踏人的生命权；控制言行，扼杀人的自由权；精神枷锁，剥夺人的政治权；诋毁宗教，伤害信教徒的名誉权。（图 2.9）

图 2.9 "法轮功"给人民带来灾难和死亡

五、自觉抵制邪教

依法防范和打击邪教是每一个国家政府的职责，也是全社会公民包括学生在内的共同责任。高等学校是传播科学文化知识的重要阵地，担负着为国家培养社会主义现代化建设者的艰巨任务。大学生应当牢固掌握辩证唯物主义和历史唯物主义，反对唯心主义，摒弃愚昧迷信，认清邪教本质，抵制邪教危害。

（1）学习科学技术，树立远大的理想和正确的世界观、人生观和价值观。青年大学生要坚定走中国特色社会主义道路的信念，努力学习科学知识、科学思想、科学方法和科学思维，用远大理想和科学精神武装自己。（图 2.10）

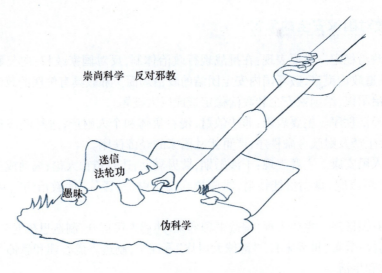

图 2.10 崇尚科学，抵制邪教

（2）珍爱生命，关爱家庭，关爱社会。青年大学生要培养健康的生活方式，倡导对家庭的责任和对社会的爱心，积极参与文明健康的校园文化活动，做弘扬主旋律，传播正能量的新时代大学生。

（3）加强反邪教知识的学习，切实提高辨别和抵制邪教的能力。邪教活动都是违法的，青年大学生需要在纷繁复杂的社会生活中正确识别真伪，认清对错，积极宣传，自觉抵制。做到不听、不信、不传，积极检举、揭发邪教的违法活动。（图 2.11）

图 2.11 民众坚决抵制"邪教"

六、具体措施问答

（1）发现反动的宣传品、报刊、信函和攻心战宣传品如何处理？

发现这些东西后，应立即交到学校保卫部门，做到不传看、不扩散、不炒作。

（2）收到驻华外国大使、领馆举办活动的请柬或收到外国人寄送的各种调查提纲、表格时，应如何处理？

接到外国大使、领馆邀请，应请示上级领导和外事部门，未经批准，不得擅自出席或向他人转让请柬。收到外国人寄送的各种调查提纲或表格时，不要随意填写，应报上级领导或主管部门研究后，再酌情处理。

（3）怎样对待在华外国人的宗教活动？

对在华外国人的宗教信仰，不予干涉。外国人要求去寺庙或教堂参观、访问、做弥撒、做礼拜，可听其自便。如果遇外国人在他们传统节日，要求组织节日活动可提供方便。如果他们主动邀请我方人员参加，也可出席。但涉外人员要向外国人讲明我国的宗教政策，不准他们在华期间利用工作之便，散发宗教宣传品、发展教徒等。如果其进行这类活动，应予劝止。高校校园内不准组织开展任何集体性的宗教活动。

（4）生活中遇到邪教该怎么办？

① 对各种非法宣传品，不接、不听、不看；

② 对邪教的电话、手机短信、网上信息，不听、不信、不传；

③ 对各种非法招募活动，不贪、不恋（不贪贿赂、不恋色相）；

④ 对邪教的威吓、胁迫、挟持，不害怕、不畏缩，敢于斗争；

⑤ 对邪教的拉拢甚至威胁，不可态度暧昧，不要隐瞒观点，要义正严辞拒绝；

⑥ 当发现邪教组织在搞破坏活动时，如安装广播设备、散发反动宣传品等，要及时拨打"110"报警，或到公安机关报案，配合公安部门依法打击邪教组织的违法犯罪活动；

⑦ 当发现有人上当受骗时，要及早提醒他们，以免他人误入邪教。

思考题

1. 总体国家安全观的内涵是什么？其战略意义表现在哪里？
2. 我国现在面临的安全挑战有哪些？
3. 危害国家安全的行为有哪些？
4. 简述保守国家秘密的守则。
5. 大学生如何做到反对邪教？

第三章 公共安全

安全是人类发展的永恒主题。2016年1月22日,习近平总书记在中央政法工作会议上讲到:"血的教训警示我们,公共安全绝非小事,必须坚持安全发展,扎实落实安全生产责任制,堵塞各类安全漏洞,坚决遏制重特大事故频发势头,确保人民生命财产安全。"公共安全是个人、组织、国家乃至世界都不容忽视的重大问题,高校更不例外。

所谓公共安全,是指社会和公民个人从事和进行正常的生活、工作、学习、娱乐和交往所需要的稳定的外部环境和秩序。它包含信息安全、食品安全、公共卫生安全、公众出行安全、避难者行为安全,人员疏散的场地安全、建筑安全、城市生命线安全,恶意和非恶意的人身安全和人员疏散安全等。这些安全都是政府和百姓特别关注的社会问题,对全社会成员的生存和生活质量有重要意义。

学校公共安全关系到教育事业的稳定和社会的和谐,本节重点讲述与高校师生密切相关的四个方面内容:公共舆论安全、公共卫生安全、群体活动安全和反恐怖暴力袭击,以期大学生深刻认识公共安全的重要性,并了解和掌握应对这些公共安全事件的知识与技能,规范自己的行为,使维护公共安全成为大学生承担社会责任的共同追求。

第一节 公共舆论安全

公共舆论和舆情是社情民意的综合反映,关系到国家、社会的稳定与发展,历来受到党和政府的高度重视。习近平总书记指出:"做好舆论工作是一项长期任务,要创新改进网上宣传,运用网络传播规律,弘扬主旋律,激发正能量……把握好网上舆论引导的时、度、效,使网络空间清朗起来。"

一、公共舆论的特征及作用

(一)公共舆论及特征

公共舆论,又称舆论(public opinion)或公众意见,是指相当数量的公民对某一问题共同倾向性的看法或意见。它是社会意识形态的特殊表现形式,往往反映一定阶级、阶层、社会集团的利益、愿望和要求。

公共舆论的特点首先是公共性,即社会公众在公共领域对社会公共事务进行自由讨论而形成的舆论。其次,公共舆论最终是理性的。公共舆论最初是由自发产生的,一部分意见带有非理性的短见和偏见,但经过广泛讨论,理性会战胜非理性。如果没有依据,只是根据个人感觉来判断,或只是网上少数人讨论的意见,都不能形成公共意志。再次,公共舆论一定是有媒介参与讨论的,只有通过这些媒介载体进行讨论传播才能影响大众的意见。

(二) 公共舆论的作用与影响

公共舆论作为一种公众意见,既可以对国家权力发挥监督与制约作用,又可以对公众行为发挥鼓舞与约束作用。作为指向公共事务的公众意见,公共舆论会对国家政府决策过程、执行过程和执行结果进行监督制约,同时还会对决策和执行人物进行监督。对公众行为的作用上,一方面它借助多数人的一致意见对社会成员产生从众压力,督促或迫使个人服从舆论意向;另一方面,它使社会成员的行为遵照某些共同的价值观念,从而有效地增强社会凝聚力,达到社会整合。

二、公共舆论的传播方式

1. 语言手段

语言手段表现为传语、游说、演讲三种形式。传语是通过小范围的人际传播造成某种社会舆论,它有一种特定的表现形式——谣言,在现代环境下,谣言很容易被其他舆论手段迅速放大(图3.1)。游说是指以谈话的方式有目的地四处扩散某种意见的社会行为。演讲是在人员高度密集的场合发表激动人心的讲话而造成某种社会舆论的方法。演讲带有表演的成分,它造成舆论的效率要高于游说。(图3.2)

图3.1 语言传播手段的特定形式——谣言

2. 行为手段

行为手段包括游行,集会、串联、请愿,票决三种形式。游行是近代社会造成舆论的重要手段,是造成舆论的斗争方式,是一种剧烈的舆论行为(图3.3);集会、串联、请愿通常与游行同时使用,对舆论的生成、扩散具有较强的影响力;票决是指以公民投票表决的方式决定某一公共事务的行为,它是现代资产阶级发明的一种民主议事方式,其实也是一种舆论手段。

3. 文字与物象手段

文字与物象手段表现为书籍报纸、图像传播、传单与小册子、全媒体四种形式。在当前人人都是发言者、人人都是宣传员的全媒体时代,各类信息的传播速度空前迅猛。互联网的普及尤其是手机等移动终端功能的愈发强大,微博、论坛、QQ空间、微信等自媒体社交平台已然成为新时期公共舆论诞生与发酵的主要场所,其匿名性的特点更为大众消解不满情绪提供了便捷通道。当前,网络公共舆论,尤其是网络舆情是公共舆论重点关注的场域。(图3.4、图3.5)

图3.2　公共舆论——演讲

图3.3　公共舆论行为手段——游行

网络舆情是指在互联网上流行的对社会问题不同看法的网络舆论,是社会舆论的一种表现形式,是公众通过互联网传播的新闻评论、BBS论坛、博客、播客、微博、微信、简易信息聚合

（RSS）、跟帖及转帖等方式，对现实生活中某些热点、焦点问题所持的有较强影响力、倾向性的言论和观点。网络舆情表达快捷、信息多元、方式互动，具有直接性、随意性和多元化、突发性、隐蔽性和偏差性等特点。（图3.6）

图3.4　公共舆论——报纸

图3.5　公共舆论——海报

图 3.6 公共舆论——网络舆情

三、高校网络舆情及引导

(一) 高校网络舆情的定义及特征

近年来,随着高等教育体制机制改革、高校内部综合改革、社会转型期的矛盾传导交织,使得高校网络舆情事件逐年增多,一旦处理不当,极易发展为公共舆情事件,轻则影响高校声誉形象,重则制约阻碍高校改革发展,甚至影响高校正确办学方向。

1. 高校网络舆情的定义

高校网络舆情是指在校大学生对关系到自己切身利益的问题、校园管理以及社会上的热点、焦点问题的态度、意见和看法,通过互联网的形式表现出来的意见的总和。

2. 高校网络舆情的特征

(1) 舆情传播主次鲜明。目前,微博因其高传播率的特点,已经成为舆情曝光和发酵的主要平台;其次是微信公众号、QQ 空间、论坛和传统媒体。而这些平台正是作为网络原住民的青年大学生在网上生活的主阵地,极易在热点问题暴发后传播蒸腾,加剧舆论影响力的不断扩大,同时又很容易形成负面舆情。

(2) 网络舆情极易升温。不同于一般的涉事主体,高校作为舆情主体,拥有基数庞大的学生群体关注。在自媒体时代,大学生是各种社交平台的主力军,他们个性鲜明、思想活跃、不愿接受束缚,熟悉网络表达,乐于参与舆论,因此涉高校舆情往往能瞬时传播,舆情往往能在短时间内升温,形成"火烧连营"。

(3) 群体极化效应明显。当涉及本校舆情事件发生后,大学生的意见会极化为两种立场。比如站在学校一方,对社会网民的反面意见进行"群体抵制",另一方面也可能因对学校的不满对社会网民进行"网络声援",形成群体极化效应。

(4) 民众网络包容度低。高校作为教书育人的场所,社会民众对高校及其师生有着更高的期待和要求。当涉高校舆情暴发时,如果事实与期待相差甚远,会导致社会民众的容忍度降低,如果高校不能在有限时间内迅速做出正确决策就更加激化网络矛盾。

(5) 线上线下传导交织。高校学生自控力不强,但参与社会实践的意识强烈,极易将网络现象与现实情况混为一谈,尤其是在受到"网络大 V"和"意见领袖"的煽动时,可能发展出参与社会群体事件的倾向,出现线上表达与线下行动同步的倾向。

(二)高校网络舆情高发热点问题

近年来由高校引发的网络舆情接连不断,对高校稳定和大学生成才的影响日益加深,如"复旦学生投毒案""北大学生弑母案""华科研究生自杀案"等都瞬间引爆网络舆情,引发社会的广泛关注。高校网络舆情事件可大致分为五个类型:

1. 涉及校园民生问题

校园安全如高校实验室火灾爆炸事件、流浪狗伤人事件、校园欺凌等;校园师生权益问题,如公共服务问题、校园住宿问题、校园餐饮问题等;思想政治教育问题,主要有大学生社团管理、师生网络或课堂言行失范等;教学管理秩序问题,如考试泄题事件、试卷内容恶俗等。

【典型案例3.1】

2018年12月26日,北京市某高校市政与环境工程实验室发生爆炸燃烧,事故造成2名博士、1名硕士死亡,2人被立案、12人被问责。该事件发生后,迅速通过微博、新闻和APP等平台传播,形成网络舆情热议,影响巨大。国务院安委会办公室为此专门召开高等学校实验室安全管理工作视频会议,强调高校要加强实验室安全责任体系建设。(图3.7)

图3.7 北京某高校实验室爆炸事件

案例分析:大学生面对类似舆情事件时,一定要冷静客观的判断,积极关注事件最新进展,多从不同角度思考,即便是参与讨论,也要提出积极的观点。

【典型案例3.2】

2019年5月29日,太原某学院大二学生芝芝通过微博自述长期遭受来自室友李某的"校园暴力"。期间李某不仅给芝芝起侮辱性外号,公开扬言要对芝芝施行暴力,还经常以玩闹形式对其进行身体上的攻击,多次胁迫扒芝芝衣服并录制视频,甚至将偷拍的裸露照片和视频上传至多人群聊,其行为已给当事人造成严重心理阴影。此事件随后在微博等自媒体中快速发酵,形成20亿传播量级的高热舆情。

案例分析:此类舆情事件的引爆点是高校校园欺凌,发酵于后续校方的处理过程。面对此事件,当事人本应首先求助院方管理人员,严重时可选择报警,理性解决问题。结果却一时冲动,选择了网上爆料进而置于舆论端口,扩大事件造成恶劣影响。

2. 关注社会热点问题

社会热点不仅包括国内外时事、政治、经济、社会民生等,还涵盖娱乐新闻等。随着祖国的日益强大,大学生的国家荣誉感和社会责任感也逐渐增强,在大是大非前,大多数学生在网络平台上都能够表明自己的爱国立场,但对于问题的实质了解不够透彻。与此同时,学生对娱乐新闻的关注度也有所提高,明星们的个人状态一眨眼就能引起朋友圈的各种刷屏,这种新鲜感在一定程度上满足了大学生的心理需求。

【典型案例3.3】

2019年11月13日,有学生在微博上分享了南昌市某高校的教师、研究生导师牛某针对香港暴徒在微信群组里的聊天记录,其公然声称:"所谓暴徒都是孩子,他们没有整死一个人。"此话立刻遭到网友驳斥,引发舆论关注,网民声讨,该教师被校方严肃处理。

案例分析:香港暴力事件中一批极端激进分子肆意进行暴力和破坏活动,践踏香港法制,破坏社会秩序,威胁公众安全,把香港推向极为危险的边缘。广大学子应认清真相,明辨是非,理性爱国。

3. 关注校园突发事件

校园是学生日常生活、学习、交往的重要场所,校园突发事件主要包括管理保障类、公共安全类、心理健康类等,较容易引起社会的强烈反响,从苗头到放大再到辐射,虽然有些严重的突发事件涉及人数不多,但如果不及时处理或处理不当,极易引发群体性事件或网络舆情。

【典型案例3.4】

2019年5月7日,海南某大学登上热搜,原因是学校关了小卖部,关了商业街,同时禁止外卖入校。事件引发了该大学同学的声讨,一时间,不少高校的同学也加入到了讨论当中。(图3.8)

图3.8 外卖禁止入校引发舆情事件

4. 关注自我发展问题

学生对于与自身利益密切相关的问题会特别关注,例如招生就业、考试舞弊、教育改革都是涉及学生自我发展的重大问题。在2019年全国硕士研究生考试中,多所高校发生乌龙事件,由于出现直接发放答案、装错试卷、试卷与往年雷同、疑似泄题、试题与考试大纲出现偏差等一系列问题,引发了学生群体尤其是考研学生的强烈抗议,引发媒体和网民的高度关注,形成了影响力强大的网络舆情热点,也带来了来年研究生复试工作的政策变化与严肃问责。

【典型案例3.5】

2018年12月23日晚,有网友发帖反映,当年重庆市某大学自然地理考研疑似泄题,在一个考研群内,有人于12月22日上传了一份文档,其中包含的考题与23日当天考试的部分内容一样,包括论述题和名词解释。12月29日下午,该校公布考研泄题事件调查结果,系命题教师违反保密规定泄露考试内容,涉事人员已被公安机关采取强制措施进行立案调查。

案例分析:考研事关每个学生的前途命运,考研试题多地出现泄题事件,暴露出研究生招生考试的问题严重,成为舆论争论的焦点。

5. 关注学术道德与师德师风

党的十八大以来,反腐倡廉成为热点,在高校中的"学术腐败""学术造假"等相关的学术道德问题成为学生广泛关注的内容。尤其是"翟某临学术不端""大学校长被曝论文造假""大学404教授"等事件一度成为各大平台新闻排行榜热点话题,师风师德类舆情更是焦点。"劈腿女博士""博导因作风不良被举报"等舆情事件的出现,不仅倒逼政府加大监管力度,也警示了大学生要提高自我保护意识,对性侵等不安全因素提高警惕。

【典型案例3.6】

2019年12月6日,一篇微信公众号文章中,署名为"@空调wifi豆沙"的网友自称是上海某大学会计学院的一名硕士研究生,称今年的9月至11月期间,自己多次受到任课教师钱某的言语骚扰,甚至以讲题为由,被其锁在车内实施性骚扰。12月9日晚,该大学通报:经查,钱某严重违背教师职业道德,造成极其恶劣社会影响,根据国家和学校的相关规定,给予钱某开除处分。

(三)大学生面对网络舆情事件的应对策略

1. 预防负面舆情,增强自我辨识能力

大学生要注意自己在公开场合尤其是网上理智发言,不跟风,避免涉及敏感话题。更不要通过互联网造谣传谣,发表一些个人负面情绪的不良言论,引起学校秩序的混乱。尤其是对于网上发生的重大突发事件,在官方权威消息发布之前,不要转发、跟贴,不发表不当言论,衍生次生舆情。应主动学习舆情相关常识,加强对网络舆情的研判能力,增强网络舆情的预警能力。

2. 增强网络素养,培养道德评判意识

面对错综复杂的网络世界,大学生应保持清晰的头脑,以社会主义核心价值观为评判标准,正确识别某些欺诈、虚假、违背主流价值观的舆情内容,自觉抵制不良网络信息的影响,坚决不发表违背道德的言论,坚决不做损害他人利益的事情,不断提升网络道德践行能力和评判意识。

3. 学习法律知识,提高自觉守法意识

高校大学生应该积极学习与网络舆情相关的法律知识,明确网络空间中大学生的权利与义务。在参与网络舆情活动时,要主动拒绝接收违法网络信息,拒绝传播违法舆情内容;当遇到合法权益在网上被侵犯时,也要敢于报警报案,不吃"哑巴亏"。

4. 面对自身舆情,合理处置慎重对待

当大学生自身发生舆情时,不要堵不要删,切莫激化情绪。首先要迅速收集整理保存相关舆情信息,包括发帖人信息、IP地址,并截图保存图片、网站等相关证据。其次要善于分析舆论场上的各方观点态度,分辨是否有人主导舆论,有无幕后推手,不要轻易回应,更不能说谎。同时,要在第一时间主动联系辅导员、学工处或保卫处进行协商处理,慎重对待。必要时,可在老师的带领下到派出所报案。最后,切忌通过非正当渠道在网上请人高价删贴、沉贴,以免上当受骗。

第二节　公共卫生安全

公共卫生关系到国家或地区人民大众的健康,公共卫生事件因其具有疾病风险的扩散性、流动性,疾病恐慌情绪以及难于逆转的身体伤害等因素,构成了公共卫生不同于其他类别事件的显著差异。2019年末,湖北武汉出现了新型冠状病毒感染的肺炎疫情,全国各地数万人感染,是一起典型的突发公共卫生事件,也为人类公共卫生事业敲响了警钟。

2020年2月14日,习近平总书记在中央全面深化改革委员会第十二次会议上讲到:"要改革完善疾病预防控制体系,坚决贯彻预防为主的卫生与健康工作方针,坚持常备不懈,将预防关口前移,避免小病酿成大疫。要健全公共卫生服务体系,优化医疗卫生资源投入结构,加强农村、社区等基层防控能力建设,织密织牢第一道防线。"

一、公共卫生安全的定义

公共卫生安全是指为尽可能减少对危及不同地理区域以及跨国公众群体健康的紧急公共卫生事件脆弱性而采取的预见性和反应性行动。

二、公共卫生事件的特点

突发公共卫生事件,是指突然发生、造成或者可能造成社会公众健康严重损害的重大传染病疫情、不明原因疾病、重大食物和职业中毒以及其他严重影响公众健康的事件。根据突发公共卫生事件性质、危害程度、涉及范围,突发公共卫生事件可以划分为特别重大、重大、较大和一般四级。其主要有以下五个特征:

(1) 突发性。突发公共卫生事件都是突然发生、突如其来的,一般不容易预测。

(2) 差异性。不同的季节,传染病的发病率也会不同,比如呼吸道传染病往往发生在冬、春季节,肠道传染病则多发生在夏季。

(3) 多样性。引起公共卫生事件的因素多种多样,比如生物因素、自然灾害、食品药品、各种事故灾难等。

(4) 危害性。突发公共卫生事件可以对公众健康和生命安全、身心健康、社会经济、政治稳定、生态环境等造成严重的危害。

(5) 系统性。突发公共卫生事件不仅仅是一个公共卫生问题,还是一个社会问题,需要有关部门共同努力,甚至全社会的共同参与防范。

【典型案例3.7】

流感是影响人类健康最厉害的传染病之一。进入20世纪以来,在全球范围内爆发了6次重要的"大流感",其中有4次传染性极强,死亡人数相当多。

1918—1919年,流感导致全世界约5000万人口死亡,是第一次世界大战死亡人数的三倍以上,成为人类历史上最大的传染病灾难。

1957—1958年,导致亚洲大流感的凶手是H2N2病毒,该流感造成重大流行传染疾病,全球至少100多万人死于这场灾难。

1968—1969 年,流感病毒 H3N2 引起全球大流行,造成全球 150～250 万人死亡。

2009—2010 年,在美洲出现一种新型甲型(H1N1)流感病毒。这次流感通过人-人传播迅速在全球范围蔓延,导致死亡人数达 18449 人。

案例分析:流感是我国法定的丙类传染病,是一种传染性较强、传播速度较快的疾病。病毒具有高度变异的特性,并能不断适应人体,是威胁人类健康、导致大流行的潜在威胁之一。大学生要高度重视各类传染病的危害性,加强防护,提高自身免疫力。

三、传染病基本知识

公共卫生是关系到一国或一个地区公众健康的公共事业。具体包括对重大疾病尤其是传染病的预防、监控和治疗;对食品、药品、公共环境卫生的监督管制,以及相关的卫生宣传、健康教育、免疫接种等。而在突发公共卫生事件中,由于大学校园属于人员密集性场所,一旦暴发,传染快、危害大,所以传染病的防控是校园安全的重中之重。

(一) 传染病的定义

传染病是由病原微生物(病毒、细菌、螺旋体、立克次体、支原体、衣原体、寄生虫等)感染人体后所产生的有传染性的疾病。可以在人与人、动物与人、动物与动物之间相互传染。目前威胁人类健康的病毒有 5000 多种,细菌有 30000 多种,而且许多病毒可以不断复制、变异。我国目前的法定传染病有甲、乙、丙三类。

(二) 传染病的特征

(1) 有病原体。每种传染病都有其特定的病原体,病原体可以是微生物或寄生虫。

(2) 有传染性。这是传染病与其他感染性疾病的主要区别,此病的病原体能够通过各种途径传染给他人。

(3) 有流行病学特征。传染病必须具备三个基本条件(传染源、传播途径、易感人群),在其流行过程中受自然因素和社会因素的影响,表现出流行性、地方性、季节性的特征。

(4) 有感染后免疫力。一般情况下,免疫功能正常的人经感染某种病原体痊愈后均会产生对该病的特异性免疫。

(三) 传染病流行的基本环节

传染病在人群中传播,必须具备三个环节:传染源、传播途径、易感人群。传染源包括病人、病原携带者、受感染的动物、隐性感染者等;传播途径可以是经飞沫、尘埃、飞沫核在空气中传播,也可经水、食物、接触、吸血节肢动物、土壤、医源性传播,更可经孕妇传播后代。当易感人群暴露于传染病源时,经过各类途径的传播,传染病才可能造成流行。也就是说,流行病只有这三个环节同时存在时才能发展与扩散,只要切断其中的任一环节,就可控制传染病。(图 3.9)

四、高校内传染病常见类型及预防

(一) 高校常见传染病

根据历史报告统计,高校校园发生的传染病主要存在以下四种类型。

1. 肠道传染病

肠道传染病是一组经消化道传播的疾病。常见的主要有伤寒、副伤寒、细菌性痢疾、霍乱、细菌性食物中毒等。主要症状为恶心、呕吐、腹痛、腹泻、食欲不振等,有些可能伴有发热、头痛、全身中毒等。若不及时治疗,可引发严重并发症,导致多器官功能衰竭而死亡。

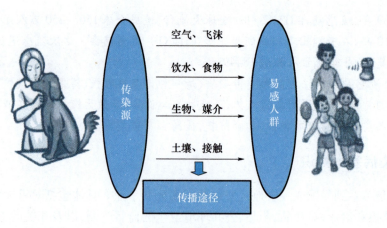

图 3.9 传染病流行的基本环节

2. 呼吸道传染病

呼吸道传染病是指病原体从人体的鼻腔、咽喉、气管和支气管等呼吸道感染侵入而引起的传染性疾病。在大学校园多见的呼吸道传染病主要有以下四种：

（1）流行性感冒。俗称流感，由流感病毒引起，主要通过空气飞沫传播，具有高度传染性，传播速度快，可以在人群中引起流行的急性呼吸道传染病，多发于冬春季。其主要表现是发热、全身酸痛、头痛、咳嗽、流鼻涕等。流行性感冒可以通过保暖、户外运动、勤洗手、开窗通风、注射疫苗等方式进行预防。（图 3.10）

图 3.10 流行性感冒防护措施

（2）肺结核。结核病是由结核分枝杆菌引起的慢性传染病，可侵及许多脏器，以肺部结核感染最为常见。其主要表现是持续低热、咳嗽咳痰、咳血、胸痛、食欲缺乏、消瘦、女性月经失调等；主要通过呼吸道、消化道、皮肤和子宫传染。

【典型案例3.8】

2019年9月，太原市某大学新生隐瞒其在高中期间相关检查经历，入学时也未检出问题，但两个月后因不舒服去太原市第四人民医院检查时,医院告知校方该生有疑似患肺结核的情况。校医院马上对与该生一起上课、住宿、近距离接触的人员进行排查,所幸与该生接触的其他同学无人感染。该同学已休学回家治疗。

案例分析:该生隐瞒传染病病史,严重违反我国相关法律条文,如果一旦确诊并大面积感染他人需负法律责任。学校进行肺结核筛查时发现的 PPD(结核菌素皮肤试验)强阳性学生,要配合学校进行对应观察与治疗,建议条件允许时接种疫苗。更重要的是,同学们要养成开窗通风和锻炼身体的良好生活习惯。

(3)水痘。水痘是由水痘-带状疱疹病毒初次感染引起的急性传染病。水痘一般会伴有头痛、全身倦怠、发热等症状。在发病24小时内出现皮疹,继而变为米粒至绿豆大的圆型紧张水疱。水痘通过接触或飞沫吸入均可传染,接种减毒活疫苗后可大概率降低患病。

(4)非典、新型冠状病毒肺炎。暴发于2002年的非典又称传染性非典型肺炎,是由 SARS 冠状病毒(SARS-CoV)引起的急性呼吸道传染病。主要表现症状是头热、头痛、肌肉酸痛、呼吸衰竭。该病主要传播方式为近距离飞沫传播或接触患者呼吸道分泌物。

2019年末暴发的新型冠状病毒肺炎(COVID-19),简称"新冠肺炎",患者以发热、乏力、干咳为主要表现,鼻塞、流涕等上呼吸道症状少见,会出现缺氧低氧状态。其传播途径主要是直接传播、气溶胶传播和接触传播。直接传播是指患者喷嚏、咳嗽、说话的飞沫,呼出的气体近距离直接吸入导致的感染;气溶胶传播是指飞沫混合在空气中,形成气溶胶,吸入后导致感染;接触传播是指飞沫沉积在物品表面,接触污染手后,再接触口腔、鼻腔、眼睛等黏膜,导致感染。(图3.11)

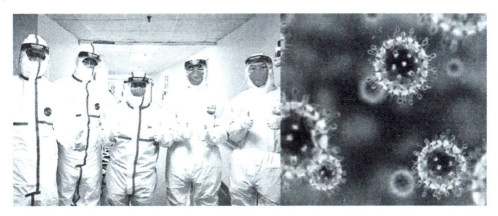

图 3.11 新型冠状病毒肺炎疫情"阻击战"

3. 血源性传染病

(1)病毒性肝炎。病毒性肝炎是由肝炎病毒引起的一种传染性疾病,有甲、乙、丙、丁、戊五种类型。甲型与戊型肝炎通过饮食传播,乙型、丙型与丁型肝炎主要经过血液、母婴和性传播,部分乙型肝炎可能发展成为肝癌或者肝硬化。病毒性肝炎主要症状是身体疲乏、食欲减退、恶心、腹胀、肝脾肿大及肝功能异常,部分病人还会出现黄疸。乙肝和丙肝病毒携带者可能无任何明显的肝功能异常。

(2)艾滋病。艾滋病又称获得性免疫缺陷综合征(acquired immune deficiency syndrome,AIDS),是人类因为感染人类免疫缺陷病毒(human immunodeficiency virus,HIV)后导致免疫缺陷,并发一系列机会性感染及肿瘤,严重者可导致死亡的恶性传染病。初期症状有全身疲劳无力、食欲减退、发热等，随着病情加重，症状日渐增多，如咳嗽、气促、呼吸困难、持续性腹泻、肝脾肿大等。艾滋病已成为严重威胁世界人民健康的公共卫生问题。1983年，人类首次发现HIV，目前，艾滋病已经从致死性疾病变为一种可控的慢性病。

传播途径：HIV主要存在于感染者和病人的血液、精液、阴道分泌物、乳汁中。传播途径有三种：一是性接触传播。包括与已感染的同性、异性和双性发生无保护的性行为，是主要途径。二是血液传播。主要是输入了含有病毒的血液、血制品；使用消毒不严的注射器和手术器械；静脉注射吸毒；使用病人用过的美容刀具、针具、剃刀等器械时划破皮肤粘膜。三是母婴传播。（图3.12）

图3.12 艾滋病的传播与不传播

易感人群：人群普遍易感。高危人群：男性同性恋者、静脉吸毒者、与HIV携带者经常有性接触者、经常输血及血制品者和HIV感染母亲所生婴儿。

预防艾滋病常识：

① 传染源的管理。高危人群应定期检测HIV抗体，医疗卫生部门发现感染者应及时上报，并应对感染者进行HIV相关知识的普及，以避免传染给其他人；感染者的血液、体液及分泌物应进行消毒。

② 切断传播途径。洁身自爱，恪守性道德；避免不安全的性行为（发生性行为采用安全套等措施）；拒绝毒品；不共用注射器，不共用牙具或剃须刀；不到非正规医院进行检查及治疗。

③ 如果发现不慎接触艾滋病病源，切记要在高危行为后72小时内服用阻断药物，但仅有95%的预防率。

【典型案例3.9】

丁某是北京某大学的社会学博士生，由于自认为对性取向的认识比较深入，他有一群"圈内"的好友，也不排斥跟好友一同到"同志酒吧"消遣。一次和好朋友去酒吧时，因为喝醉酒，就和一个"圈内"朋友在酒店开房，并受酒精影响发生了不安全性行为。几个月后，丁某在某医院做体检时，被检查出HIV呈阳性，梅毒呈阳性。

案例分析：近年来，随着大学生思想观念开放，家庭与学校性教育和监管的缺失与滞后，以及社交网络的广泛应用，高校沦为艾滋病重灾区。根据国家卫计委公布的数据，性传播是感染艾滋病的主要途径，而在青年学生中通过男男性传播感染已达81.6%，形势非常严峻。

4. 虫媒传播及自然疫源性传染病

（1）狂犬病。狂犬病是由狂犬病毒引起的一种急性传染病，一旦发作，死亡率近乎100%。潜伏期的长短不一，从几天到几个月不等，平均约4 6周，个别人潜伏期可长达2~10年。在潜伏期中，感染者没有任何症状。发病的典型症状是发烧、头痛、恐水、怕风、四肢抽搐、喉肌痉挛、牙关紧闭等。大学生一旦被猫狗咬、抓伤，要立即用肥皂水冲洗伤口半小时以上，并在24小时内到校医院或疾病预防控制中心进一步处理伤口和接种狂犬病疫苗，狂犬病可防不可治，切不可掉以轻心。（图3.13）

图 3.13　防范狂犬病不可掉以轻心

（2）乙脑。乙脑是由乙型脑炎病毒引起的一种以中枢神经病变为主的急性传染病。主要传播途径是蚊虫叮咬。发病特征主要表现为高热、头痛、呕吐、意识障碍、抽搐，部分患者有严重的后遗症。

（二）大学生预防传染病的措施

1. 管理好传染源

大学生要重视对常见病，尤其是传染病等方面的健康教育，增强自我保健能力。在入学时必须进行体检，一旦发现传染源应立即报告并配合接受排查，以便早发现，早诊断，早处置。如果学生确认患有某种传染病，一定要按学校规定进行隔离治疗或休学回家治疗。

2. 切断传播途径

大学生要养成良好的公共卫生道德和生活习惯。搞好宿舍卫生，做到常通风、勤洗手（图3.14）；养成良好的饮食习惯，尽量不吃无保障外卖和不洁饮食摊点食物，严防病从口入；在呼吸道传染病高发期要减少公共场所活动频次，并养成佩戴口罩的习惯。同时，大学生要树立正确的性道德观念，避免无保护措施的性行为，更不要轻易走上吸毒的道路。

3. 保护易感人群

大学生要积极参加体育锻炼，增强体质，提高免疫力；还需遵守生活作息制度，注重劳逸结合，防止过度疲劳；要注意营养和饮食卫生，保证合理营养素的供给；对于易感人群，最有效的办法是有计划地进行各类传染病疫苗预防接种，增强机体的特异抵抗力。

图 3.14　开窗通风是防范传染病的有效措施

第三节　群体活动安全

在各大高校中,大学生经常会组织参加各种各样的集体活动。在这些活动中,有些人数较多,难以控制,一旦在这些群体活动中发生意外事故,将会造成不同程度的人身伤害,还会引发舆情事件。因此,如何预防和及时处置群体活动安全事件对于高校的管理提出了很大的挑战。

一、群体活动的特征

对于高校来说,大学生参加的群体活动包括各种大型会议,例如:院系的学生开学典礼、毕业典礼、事迹报告会、团学代会等;招聘类的大型就业双选会,企业宣讲会;各类文艺活动,比如:新年音乐会、毕业晚会、文艺汇演等;校内外的大型社团活动,例如:社团纳新、社团联合会、学科竞赛等。

了解群体活动的特点,对于进一步认识群体活动的安全问题至关重要。通常而言,群体活动具有以下特点:

1. 人员数量密集

高校举行的群体活动往往在固定的时间和区域内形成大量学生的高密度聚集,活动范围狭窄受限,一旦发生意外,人身财产损失往往无法控制。这是群体活动最显著的特点。

2. 行为约束低效

许多校内群体活动涉及校内外不同学校、不同院系的学生,情况比较复杂,活动参与人员素质、反应不同,有的不遵守活动纪律,现场秩序比较混乱,对现场人员行为约束低效难控。

3. 隐患不易察觉

由于群体活动中人员的复杂性,各种隐患深藏其中不易发现,尤其是一些不法分子浑水摸鱼时,极容易出现安全问题;现场的应急广播、消防设施、安全通道等活动场地设备设施隐患很难发现。

4. 事件发生突然

高校群体活动一般要求气氛热烈、程序完整、过程连贯,具有一定的复杂程度,但事先从策划到具体实施步骤很难对活动要素逐一精确论证推演,一旦某一活动环节出现问题就可能突发安全事件,甚至造成整体活动的瘫痪。

5. 产生连锁反应

高校群体活动安全事故的发生往往会诱发其他事故发生,出现连锁反应。如处理不及时、不稳妥,很可能会由中小事故引发大事件,如发生重大突发事件,不仅造成生命财产的重大损失,还会引发学生群体的心理恐慌及校园环境的动荡。

【典型案例3.10】

2018年11月,山西某高校大学生热衷学习英语,一次与外校同上大学的老乡聊天时,得知有个英语学习的平台正在招募校园大使,他就踊跃报名并缴纳了一定的保证金,开始了校园宣传与组织活动。为了便于宣传,该生成立了一个英语学习社团并每天组织成员进行集体晨读。不到一个月时间"社团成员"上百,平台以推广产品为名进行深入提升英语能力辅导,致使许多大学生缴纳高额学费加入学习,后被学校发现属非法机构且社团成立也未经学校相关部门审批,被学校取缔,"社团成员"损失惨重,相关人员被学校予以校规校纪处理。

案例分析:高校中的社团活动是大学生参与最普遍的群体活动,学生加入社团时要了解社团背景与资质,并严格按法律法规和校纪校规开展活动。该案例中的社团属于校内"非法"社团,且被社会上不法分子利用,成为植入学校群体活动的隐形杀手,利用学生的学习心切,轻易取得学生的信任而骗取钱财。

二、群体活动的安全隐患

目前,高校群体活动中出现的安全隐患主要包括以下几种情形:

(一)公共卫生风险

一般室内群体活动人员密集、内部流动快、近距离接触、场所密闭狭窄不通风,为病原体扩散和疾病传染提供了快速传播途径。一旦遇到有隐性的病源携带者参与其中,病毒通过飞沫、尘埃在空气中传播,极易引起易感人群感染,造成传染病的暴发。新冠肺炎疫情之所以传播迅速,与几个大型的群众聚集性活动有密切联系。对此,戴口罩参加大型群体性活动是阻止传播疫情的有效措施。

(二)群体纠纷风险

群体活动参加者众多,人员结构复杂,且相互陌生者亦多。每一次大的群体活动的顺利开展都与主办方组织策划管理水平分不开,同时也依赖于院系相关管理人员的高度责任心,更离不开参与其中的每一位大学生的密切配合。当个别人在群体活动中不约束自己的言行,做出一些影响活动秩序、引起他人不满的事,就埋下了发生纠纷的祸根。如产生摩擦,一旦矛盾激化升级,就有可能引起群体纠纷、谩骂、斗殴、骚乱等极端行为。这不但有损大学生的良好形象、学校的声誉,而且有碍同学之间、班级之间、院系之间的团结,有时还可能导致治安刑事案件。

【典型案例3.11】

2018年9月,山西省某高校在迎新现场100米处发生一起校内酒驾事故,被撞者在与肇事者理论时,被正在迎新现场值班的自己班的学生看到,于是学生以为老师被欺负,一同前往与肇事者评理,哪料肇事者因醉酒头脑不清,与学生发生了冲突并在迎新现场追打,造成极其恶劣影响。

案例分析:高校群体活动中发生纠纷时,广大学生应保持冷静理性,及时报警,不应与陌生人谩骂,更不应发生肢体冲突,尤其是面对校外的社会人员,不能不知轻重,以免吃亏。

(三)踩踏事件风险

群体活动中,由于参加者动作失误、意外事件以及自然因素的影响等,尤其是在整个队伍移动时,人们容易心生不安,都想尽快离开危险场所,进而导致拥挤的加剧。如果人群遇到惊吓产生恐慌,就会出现无组织、无目的突发逃生失控局面;当人群因为过度激动也会出现骚乱引发踩踏事件,这在麦加朝圣的宗教仪式里经常发生。在群体活动中或活动结束时的签名、合影等引起骚动,发生踩踏事件也屡见不鲜。踩踏事件具有诱发原因复杂、突发性、难以控制、易造成群死群伤等特点。

【典型案例3.12】

2014年12月31日23时35分许,正值跨年夜活动,因很多游客市民聚集在上海外滩迎接新年,上海市黄浦区外滩陈毅广场东南角通往黄浦江观景平台的人行通道阶梯处底部有人失衡跌倒,继而引发多人摔倒、叠压,致使拥挤踩踏事件发生,造成36人死亡,49人受伤。受伤者女性、学生居多。遇难者最大的37岁,最小的仅12岁,遇难者包括上海多所高校的学生。

案例分析:事后的调查报告认定这是一起群众性活动预防准备不足、现场管理不力、应对处置不当而引发的拥挤踩踏并造成重大伤亡和严重后果的公共安全责任事件。该事件警醒大学生在参加大型群体活动时一定要遵守活动秩序,如遇紧急情况千万不要惊慌,一定要在平时积累危机应对的安全知识,以保证自身的安全。

(四)暴恐袭击风险

在一些群体活动中,还有可能有反人类、反社会的恐怖分子混入其中,趁机对群众活动进行骚扰、煽动、打闹、恐吓等破坏行为,或实施砍杀、枪击、纵火、爆炸、机动车冲撞等暴力袭击行为,扩大冲突和恐慌,达到其不可告人的罪恶目的。

(五)自然灾害风险

群体活动中,可能发生的其他安全隐患还包括自然灾害中的雷电、风雹、洪涝、地震、建筑物坍塌等突发公共事件。

三、群体活动安全防范与应对策略

群体活动中大学生人身伤害事故往往产生非常严重的后果,影响校园的安全稳定,甚至影响到社会的安定与和谐。因此,要掌握群体活动安全事故的应急对策。

(一)严格审批,制定预案

组织大型学生群体活动时,主办方要按规定向学校保卫部门审批备案,制订完善的工作方案、应急预案和防范措施,并做好现场管理人员的培训与应急演练。必要时要与安全保卫部门协作,认真落实分工负责,配备足够的安保工作人员,并根据参会人数严格控制会场出入。

(二)熟悉环境,防范为先

要养成进入场地后先熟悉安全通道、应急出口位置的好习惯,参加大型活动时,注意观察场地、设施设备的安全性。要穿轻便衣服,最好穿平底鞋,并系好鞋带,防止发生事件时被人踩倒。

(三)保持镇静,牢记要领

当参加群体活动发生意外时,一定要保持冷静,稳定情绪,不要被现场混乱的情绪所感染。要听从现场指挥的安排,迅速有效地疏散,避免"一窝蜂"似的拥挤。如果在活动中发生群体性起哄、斗殴事件,要协助组织方平息事端,不应火上浇油,推波助澜,激化矛盾。

如已经发生踩踏事件,要牢记应急处置要领:

(1)要远离玻璃设施,以免被扎伤。

(2)双脚站稳,抓住身边牢固的物品。如果被人群拥着前进,要用一只手紧握另一只手的手腕,双肘撑开,平放于胸前,且微微向前弯腰,形成一定空间,保证肺部呼吸顺畅。(图3.15)

(3)注意保护双脚,以免被踩伤。

图 3.15 被人拥着前进时的自我保护

（4）如果被人推翻在地，不要惊慌，设法让身体靠近墙角和其他支撑物，迅速把身子蜷缩成球状，双手紧扣，置于颈后，以保护身体的最脆弱部位。同时双腿尽量前屈，护住胸腔和腹腔的重要脏器，侧躺在地。（图 3.16）

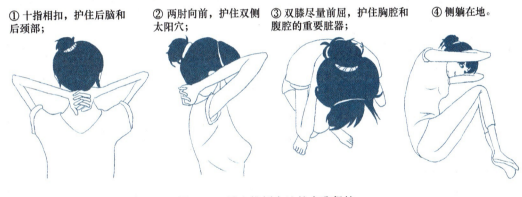

图 3.16 被人推倒在地的自我保护

（5）发现身边有人倒下，要就势拉住他的胳膊，将他提起，这样就可能避免一场灾难。

（四）争取时间，就地抢救

一旦事故发生，绝不能只顾着自身的安全。在组织救援的过程中，必须遵循先幼小体弱者的原则进行，尤其在危机情况下，必须首先保证弱势群体的安全。如果拥挤的人群出现混乱时，要做好保护自己和他人的准备。对于伤员而言，时间就是生命。在事故现场，要大声呼救，寻求现场工作人员组织人力对伤员进行初步的抢救，如包扎止血、人工呼吸等。

（五）立即报警，紧急求援

事故发生后，就地抢救的同时还要立即向公安、医疗等部门求救，等待警务、医务人员的救援。争取使医疗人员和公安人员能在第一时间赶到，并客观详细地向警方描述事件发生发展的经过。

（六）服从指挥，有序疏散

事故发生后，不仅要配合相关人员维持现场秩序，确保各种抢救措施的顺利实行，还要听从指挥人员口令，发扬团队精神，在现场工作人员的指挥下有组织地迅速撤离现场，转移到安全地带。

第四节　反恐防暴

当前,世界正处于百年未有之大变局,国际形势波谲云诡,我国周边环境复杂敏感,改革发展稳定任务艰巨繁重。近年来,暴力恐怖袭击案件和个人极端暴力犯罪案件呈突发、频发的特点,造成大量无辜群众伤亡。尽管国家重拳出击严厉打击暴力恐怖事件,但因偶发案事件、社会矛盾、宗教极端主义等不确定因素,发生暴力恐怖袭击事件的可能性依然很高。

习近平总书记在党的十九大报告中提出:"要严密防范和坚决打击各种渗透颠覆破坏活动、暴力恐怖活动、民族分裂活动、宗教极端活动;加强国家安全教育,增强全党全国人民国家安全意识,推动全社会形成维护国家安全的强大合力;反恐怖斗争事关国家安全,事关人民群众切身利益,事关改革发展稳定大局,是一场维护祖国统一、社会安定、人民幸福的斗争,必须采取坚决果断措施,保持严打高压态势,坚决把暴力恐怖分子的嚣张气焰打下去。"

一、恐怖活动及其特点

2015年12月27日通过的《中华人民共和国反恐怖主义法》将恐怖活动定义为:"通过暴力、破坏、恐吓等手段,制造社会恐慌、危害公共安全、侵犯人身财产,或者胁迫国家机关、国际组织,以实现其政治、意识形态等目的的主张和行为。"

总的来说,恐怖活动包括三个共性要素:一是制造恐怖气氛;二是具有暴力性或破坏性;三是具有一定的政治性和社会性目的。暴力恐怖活动具有如下特点:

(1)动机有政治目的。恐怖活动的动机具有鲜明的政治性,其主要目的就是要制造恐惧和惊慌以影响民众的心理,造成特定的恐怖气氛和政治压力,从而对政府和特定的社会团体形成压力和威慑,迫使对方做出让步,以便达到政治报复、破坏统治秩序或影响政府内外政策的目的。

【典型案例3.13】
2019年7月14日,在香港沙田区进行的公众集会及游行活动中,部分游行人员非法集结,有人在短时间内有预谋地大规模派发头盔、眼罩等装备,一批暴力示威者蓄意使用交通圆锥筒和不知名粉末等主动袭击警察,对警务人员及市民的安全造成严重威胁。后来,暴力袭警事件不断翻新、烈度不断升级、破坏性不断提高,令人触目惊心。但是,这些制造和操纵上述"黑色恐怖"的违法犯罪分子却被西方一些主流媒体奉为"民主支持人士"。

案例分析: 香港暴力袭警事件,置无辜民众的性命于不顾,使"黑色恐怖"在港蔓延,严重破坏了香港繁荣稳定的大局。一些西方国家的政客和媒体给一些"黑色恐怖"的制造者撑腰打气,无非是想把香港搞乱,进而牵制或者遏制中国的发展态势,这是别有用心的政治图谋。

(2)目标有象征意义。恐怖活动的袭击目标是经过精心选择的。这些目标之所以被选中,是因为他们的身份、所在的地点或者其活动,象征着恐怖分子要反对、破坏或报复的制度、政权或秩序。恐怖活动者与其具体侵害对象之间往往没有直接利害关系和现实联系。

(3)组织严密。恐怖组织分工明确、组织严密、活动诡秘,其人员的募集和训练、目标的选择、方案的制订、手段的运用、工具的使用以及逃跑的路线和方法,一般事前都经过精心准备和密谋策划。

(4)方式残暴。恐怖活动最显著的特点就是使用暴力、制造恐怖气氛。他们为造成民众恐慌,引起当局关注,往往采用爆炸威力强大的武器进行袭击,在人员密集场所投放危险武器,无视平民的生命财产安全,利用恐怖袭击对当局施加压力,完成政治报复或者实现其他政治企图。

(5) 危害严重。恐怖袭击的策划和实施极其隐蔽,突发性强,破坏性大。为实现威慑政府或者打击报复的效果,恐怖分子往往采取极端手段,他们无视法度、肆意妄为,其疯狂行径对事发地的民众生命安全和当地经济都会造成极大的危害,为构建和平世界带来极大的阻力。

(6) 手段高科技。恐怖活动正在向高智能、高科技方向发展,传统的暗杀、爆炸、绑架、劫机、施毒等手段不断被使用的同时,利用生物化学武器、核武器、计算机网络等进行恐怖活动也渐露苗头,且有进一步发展之势。

二、恐怖主义的发展和现状

(一) 全球恐怖主义的现状

根据《2018 年全球恐怖主义指数报告》(*Global Terrorism Index* 2018)显示,近年随着"伊斯兰国"在中东地区的全面溃败,全球恐怖活动连续第三年呈现下降趋势,国际涉恐安全形势明显好转,但是受"伊斯兰国"外溢效应、"基地"组织等国际恐怖组织分化整合、国际战略形势演变、大国关系调整等因素的影响,国际恐怖活动出现国际化和全球化趋势、恐怖主义组织间进一步联合与合作、利用高科技进行线上恐怖主义活动的新趋势,都是影响全球安全稳定的主要变量。

(二) 我国境内的恐怖主义

1. 现状

中国当前仍面临着恐怖主义威胁挑战。一方面,国内的恐怖主义、极端主义与国际恐怖主义遥相呼应,利用民族、宗教问题不断挑起事端;另一方面,国内当前面临着"东伊运"为首的"东突"恐怖势力、流亡国外的"世维会"骨干成员、境内暴恐分子和极端宗教人员、国际恐怖、反华势力的渗透滋扰等各类严峻挑战;以个人利益为目的的恶性恐怖犯罪,帮派及黑社会势力所进行的带有强烈社会恐怖效应的暴力犯罪活动也同样威胁着人民生命财产安全和国家安全。

2. 特点

恐怖主义在中国的存在不是偶然的,有着复杂的社会背景,是境内与境外、历史与现实、网上与线下等多种因素相互交织、长期积累形成的。呈现以下特点:

(1) 实施恐怖手段多样。近些年发生在我国境内的恐怖活动,恐怖分子作案手段不断变化升级,具有多样化且后果日趋严重的趋势。不仅包括持刀砍杀、暴力打砸、纵火、绑架等传统手段,还包括开车撞人、制造爆炸、自杀式袭击等升级手段。

(2) 网络恐怖主义加剧。随着互联网信息技术的发展,网络恐怖主义因其智能性和隐蔽性的特点,通过网络传播虚假恐怖信息、宣传恐怖思想、煽动他人实施暴恐行为、招募成员、募集资金等一系列行为,从网络空间向现实空间灌输恐怖思想,制造恐怖活动,给我国社会稳定造成巨大冲击。

【典型案例3.14】

2016 年 7 月 7 日,乐山市警方发现一条涉及"圣战"的微博,微博中配有 5 张图片,并配有宣扬"圣战"的文字。经查,郭某,男,汉族,乐山市人,于 2016 年 1 月 18 日将其下载的部分暴恐视频上传至其 QQ 空间,在其使用的笔记本电脑中发现带有宣扬恐怖主义、极端主义照片的视频文件 19 个,台式电脑中存有恐怖主义、极端主义的照片 5 张、视频文件 4 个、音频文件 7 个。根据《中华人民共和国刑法》第一百二十条之六的规定,7 月 21 日,郭某被移送检察院起诉。

案例分析: 当前,网络传播暴恐事件已经成为恐怖组织重点使用的手段,广大同学一定要谨慎使用网络,擦亮眼睛,不留存、不收听、不观看暴恐录音或视频,做到洁身自好,本领过硬。

(3) 恐怖活动范围扩大。由于历史、宗教、文化、地域等诸多方面的原因,我国的暴力恐怖活动绝大多数集中发生在西北边境地区,在其他地区较少发生。但从目前来看,恐怖袭击地点已由局部地区转移到全国,由以政府部门为目标转移到以人流众多的公共场所为目标,由向政府机关工作人员袭击转移到向手无寸铁的老百姓进行袭击。例如,发生在北京金水桥和昆明火车站等地区的暴恐活动就是范围的扩大化。

【典型案例 3.15】
据中国新闻网 2015 年 7 月 20 日报道,警方在河北石家庄抓获一名企图在石家庄某商场实施爆炸恐怖活动的"东伊运"恐怖分子,其在境外接受暴恐袭击训练,接受极端思想,准备回国以暴恐方式"殉教"进入天堂。

案例分析: 这说明恐怖分子已经不再局限于在新疆等局部地区实施恐怖活动,任何能造成轰动影响的地方都可能成为恐怖分子的作案地点,活动范围的扩大化进一步加大了防控打击恐怖主义犯罪的难度,给人民群众的心理增加了一层阴影。

(4) 与境外恐怖组织勾结。为了躲避中国的打击,"东突"和"藏独"势力大多把组织机构设立在境外,与境外"基地"组织、塔利班、车臣非法武装等国际恐怖组织勾结寻求必要的经费资助和装备支持,通过网络发动控制境内恐怖组织实施恐怖活动。

3. 手段

暴力恐怖分子常用的手段可分为常规手段和非常规手段。常规手段包括:爆炸恐怖袭击、刀斧砍杀、枪击、劫持、纵火、驾车冲撞碾压、投毒等;非常规手段包括:核辐射、生化、网络恐怖等。

三、恐怖活动涉及相关法律责任

国家反对一切形式的恐怖主义,依法取缔恐怖活动组织,对任何组织、策划、准备实施、实施恐怖活动,宣扬恐怖主义,煽动实施恐怖活动,组织、领导、参加恐怖活动组织,为恐怖活动提供帮助的,必须依法追究其法律责任。其中,恐怖活动与公共安全紧密相关的是危害公共安全罪。

危害公共安全罪是一个概括性的罪名,侵犯的客体是公共安全,客观表现为实施了各种危害公共安全的行为。危害公共安全罪包含着造成不特定的多数人伤亡或者使公私财产遭受重大损失的危险,其伤亡、损失的范围和程度往往是难以预料的。因此,它是《中华人民共和国刑法》普通刑事犯罪中危害性极大的一类犯罪。

根据刑法规定,危害公共安全罪共有五大类四十七个罪名。其中实施暴力、恐怖活动的犯罪有五个罪名:组织、领导、参加恐怖活动组织罪;资助恐怖活动罪;劫持航空器罪;劫持船只、汽车罪;暴力危及飞行安全罪。

四、大学生防范暴恐及应急处置

大学生在遇到恐怖袭击时首先要保持镇静,遵循"一逃、二躲、三斗、四帮"的原则,根据所遇暴恐袭击的不同类型迅速做出判断,按以下策略灵活应对,确保安全逃生。

(一) 遭遇爆炸、纵火的应对措施

(1) 留心环境,关注安全出口。在陌生的环境里,要留心疏散通道、安全出口及楼梯方位等,以便需要时能尽快逃离现场。

(2) 保持冷静,切勿搬动可疑物品,并迅速远离可疑物品,及时报警。

(3) 当炸弹将要爆炸时,应立即卧倒,双手护住颈部与头部,避免被砸伤。

(4) 听从指挥,不要围观及大声喧哗,不恐慌、不轻信、不传谣,及时撤离。

(5) 发现小火,可果断利用身边的灭火器、消防栓进行灭火;遭遇大火,迅速从楼梯撤离,切勿乘坐电梯。

(6) 爆炸、纵火后遇浓烟,可用湿毛巾、口罩捂鼻,匍匐撤离。穿过烟火封锁区时,可向头部、身上浇冷水或用湿毛巾、湿棉被、湿毯子等将头和身体裹好,再冲出去。

(7) 不要因顾及贵重物品而浪费逃生时间,更不能逃离险境后,重返险地。

(二) 遭遇绑架、劫持的应对措施

(1) 现场师生要保持镇静,不要大喊大叫,激怒对方。

(2) 机智应对,可先顺从劫持者,满足劫持者提出的合理要求。

(3) 尽可能了解自己所处的位置。如果遭绑架后被转移,要根据被转移的方式、时间、速度、转弯的次数等,大致判断出自己所在的位置,也可以通过周围环境判断自己所处的方位。

(4) 不要随便触碰现场的物品,以免触动爆炸装置或毒气设施。

(5) 要尽可能保留和隐藏自己的通信工具,或利用犯罪嫌疑人准许与亲属通话的机会巧妙说出自己的位置与现状。

(6) 根据现场情况如可以与劫持者交涉,可采取逐步释放学生,优先释放体弱、生病、受伤的学生和女学生,并通过他们把里面的具体情况传递出去。

(7) 采取自救时,一定要仔细观察,周密思考,选择好时机,在确保自身安全的情况下逃跑,逃脱后要立即报警。

(8) 警察采取解救行动时,人质尽可能地卧倒贴地,用双手抱住头部,随后迅速按警察的指令撤离。

(三) 遭遇毒气的应对措施

(1) 当发现空气中有强烈异味或奇异颜色时,应用湿毛巾捂住口鼻,尽快转移至上风方向,并立即报警。

(2) 尽可能戴上手套、游泳镜、防护镜,穿上雨衣等,或用床单、衣物遮掩住裸露的皮肤。

(3) 如果来不及转移,应尽量寻找密封性好,可以隔绝、防护的高层建筑物躲避。

(4) 进入室内后,应立即关闭门窗、电源、火源,堵住与外界明显相通的缝隙,尽量停留在背风处和外层门窗最少的地方。

(5) 确定毒气种类前,勿使用明火。

(6) 有毒气体散去后,尽快打开下风方向门窗通风,及时脱去被污染的衣物,用流动的水冲洗身体。

(四) 遭遇枪击的应对措施

(1) 快速找遮蔽物躲避伤害,低头隐蔽,或蹲下、趴下,不要站立。

(2) 在教室或宿舍内时应堵住门窗,阻止歹徒闯入,及时报警。

(3) 如在室外,要选择密度质地不易被穿透的掩蔽物,如墙体、立柱、大树干、汽车前部发动机及轮胎等。

(4) 选择形状易于隐藏自己身体的掩蔽物,不要选择路灯杆、小树干、消防栓等无法挡住自

己身体的掩蔽物。

(5) 脱险后,及时检查自己是否受伤,并及时实施自救与互救。

(五) 遭遇核生化的应对措施

(1) 善于识别核生化袭击。如遇到有大量昆虫死亡、异常烟雾、植物异常变化等异常现象时;或有异常气味,如大蒜味、辛辣味、苦杏仁味等;或出现异常反应,如恶心、胸闷、惊厥、皮疹等;或出现异常物品,如遗弃的防毒面具、桶、罐,装有液体的塑料袋等。说明现场有可能遭遇了化学恐怖袭击。

(2) 保持镇静,不要惊慌,迅速拨打"110"报警。

(3) 利用身边的设施或者器材,如口罩、毛巾、眼镜等保护呼吸道、皮肤、眼睛等部位。

(4) 寻找出口,迅速逆风向离开污染区域。

(5) 隔离就医,避免扩大病源污染。

 思考题

1. 你所在的大学校园里哪些地方是公共场所?
2. 大学生在公共舆论中应扮演什么样的角色?
3. 如何有效预防传染病?
4. 作为一名大学生,应如何参与校内组织的群体活动?

第四章
人身财产安全

十八大以来,习近平总书记在讲话中多次提到"始终把人民群众的生命安全放在首位""以人民安全为宗旨",人民安全是习近平总书记总体国家安全观的第一要义,所有安全问题的根本目的在于保障人民的生命和财产安全,保障人民生存发展的基本条件,促进人自由而全面的发展。

人身安全是人们赖以生存的首要条件,是进行一切活动的基本前提,财产安全是其基本保障。人身财产安全是每个人最重要、最基本的安全需求。伴随着错综复杂的各种社会矛盾,高校逐步走向社会化,威胁大学生人身财产安全的因素也逐渐增多,加上大学生生活空间和交流领域的不断扩展,高校大学生人身伤害和财产损失案件时有发生。作为大学生,只有充分保证自身生命安全、身心健康和个人财物不受侵害,才能顺利完成学业,更好地成长成才,才能有机会有能力为国家和社会做出积极贡献,更好地实现自己的人生价值。因此,加强大学生人身安全和财产安全教育,增强大学生的安全意识,提高其安全防范和自我保护能力,已经成为维护大学生安全的基本需要。

第一节 大学生人身安全

所谓人身安全是指个人的生命、健康、行动等与人的身体直接相关方面平安完整,不受威胁,不出事故,没有危险。人身安全是人们赖以生存与活动的首要条件,常言说的"安全第一"实际上指的就是人身安全第一。总体国家安全观是大学生个人安全的总阀门,个人安全是国家安全的基础和前提,国家的大安全都是由每一个个体安全构建起来的,只有国家和个人大小安全都兼顾,才算是真正的安全。保障人身安全是大学生必须正确面对和认真回答的重要人生课题。本节重点介绍因不法侵害而造成的人身伤害。

一、纠纷和打架斗殴

(一) 纠纷

纠纷,是指双方或者多方对某些需要处理的事情意见不统一、看法不同,或者解决的办法不同,导致事情无法解决产生争执的行为,纠纷是大学生生活中常有的现象。

1. 大学生发生纠纷的原因

不拘小节;开玩笑过分或刻意地挖苦别人;猜疑嫉妒;谩骂或不尊重别人;不谦虚,狂妄自大,目中无人;极端利己,不容他人,争强好胜等行为容易发生纠纷。

2. 大学生纠纷演化的两种形式

一是争吵斗嘴,互相攻击、谩骂;二是争吵不断升级,发展为你推我搡,最后大打出手。两种形式,联系紧密,以争吵开始,发展至打架,甚至造成伤害。

【典型案例4.1】

2017年3月22日21时许,广州市某医科大学高层学生公寓发生持刀伤人事件,一名伤者陈某经"120"医护人员现场抢救无效死亡,另一名伤者梁某被送往医院抢救。行凶者刘某是该校2013级学生,作案起因仅仅是因为宿舍纠纷。为阻止刘某向同学持刀行凶,陈某与梁某挺身而出与刘某搏斗。陈某以390多分通过考研笔试,正准备去中山大学参加复试。梁某的颈部动脉被刺破,大量出血,经抢救无效死亡。

案例分析:该案例中的同学因生活琐事导致矛盾越积越多,最终大打出手,完全没有大学生该有的冷静和智慧,最终酿成大祸。由此可见,小矛盾如果不能正确疏导、及时化解,就会小事变大事,悔之晚矣。

3. 大学生纠纷的预防措施

(1) 谦虚忍让,以诚待人。不要认为忍让就是畏惧,是退缩,是没有本事的表现。在集体环境中,谦虚、忍让是加强团结、增进友谊的基础,也是消除纠纷的灵丹妙药。

(2) 彼此尊重,以礼敬人。实践证明,大学生中的纠纷多数由口角引起,而口角的发生都是恶语伤人的必然结果。俗话说:"病从口入,祸从口出""话不投机半句多",深刻揭示了语言与纠纷的辩证关系。当你不小心触犯了别人时,说一句"对不起""请原谅",或者别人触犯了你,向你道歉时,回敬一句"别当真""没关系",紧张气氛就会烟消云散,化干戈为玉帛。(图4.1)

 与同学和好的方法

一句"对不起",足以见真诚

一声"请原谅",不会掉身份

一封"谢罪信",婉转表真意

一个"第三者",铺就沟通桥

一场"欢乐会",冲淡不愉快

一颗"赤诚心",顽石变成金

温馨提示:时机、方法因人而异,可以从同学的发言中寻找适合自己的方法。

图4.1 化解同学矛盾的方法

(3) 冷静克制,以情感人。无论争执由哪一方面引起,都要持冷静态度,不可情绪激动,这就要求我们讲大度,虚怀若谷。对于那些可能发生摩擦的小事,要宽容对待,一笑了之。

(二) 打架斗殴

纠纷如果得不到及时解决,就会升级成打架斗殴。打架斗殴是人们在现实生活中因在某种观点或行为上不能取得一致意见,产生相互争执后,以殴打他人身体来解决问题的一种带有暴力性质的非正当行为,危害极大。这种行为一般发生在青少年身上。由于大学生年龄大都在18~23岁之间,正是年轻气盛、血气方刚的年纪,遇到事情容易激动,有时会出现不理智行为,甚至容易超出道德法律的"临界点",从而滑向犯罪的歧途。

1. 打架斗殴的危害

(1) 严重损害大学生的美好形象。大学里聚集了青年群体的精英,同学们迈进大学校门的时候,会从心底里产生出一种优越感和自豪感。如果大学生因为发生纠纷而争吵,甚至互相斗殴而违法犯罪,不仅损害了自己的人格和尊严,而且也玷污了大学生这一光荣称号,影响和损害的是整个大学生群体的美好形象。

(2) 破坏社会稳定,损害高校形象。高校的稳定是社会稳定的重要组成部分,校园治安秩序的好坏,直接影响到社会稳定与否。如果高校经常发生打架斗殴、伤害、抢劫等影响校园稳定、危害师生生命财产安全的违法犯罪活动,不仅破坏社会的安定局面和校园治安秩序,影响同学之间的团结,严重的还会造成涉外影响,损害学校和国家在国际上的形象和声誉。

(3) 造成治安、刑事案件,害人害己。打架斗殴,后果不堪设想。打架斗殴行为轻者违反校规、校纪,严重者构成故意伤害罪或故意杀人罪,将受到刑事追究。《中华人民共和国刑法》对故意伤害罪的定义:故意非法损害他人身体健康的行为。"打架斗殴"是一种典型的故意伤害行为。根据刑法第134条的规定:犯故意伤害致人轻伤的处3年以下有期徒刑、拘役或管制;致人重伤的,处3年以上10年以下有期徒刑;致人死亡,或以特别残忍手段致人重伤,造成严重残疾的,处10年以上有期徒刑、无期徒刑或死刑。

2. 打架斗殴的主要类型

(1) 突发性斗殴。往往是由于不能冷静对待某一小事而引起的。

(2) 报复性斗殴。

(3) 演变性斗殴。指两者之间长期积怨、受辱、被欺负而无人调解,使矛盾由量变发展到质变而产生激烈的报复性斗殴。

(4) 群体性斗殴。往往因本班、本院、本年级的同学、老乡或朋友与人发生纠纷后,不能冷静处理而纠合起来向对方进行报复的斗殴。

3. 打架的应对措施

(1) 以法律人,不用暴力。要意识到打架斗殴极易触犯法律,是违法犯罪的常发案件,后果严重。因此,要学会运用法律手段保护自身利益,避免"以暴制暴"的恶性循环。

(2) 冷静克制,切莫莽撞。无论争执由哪一方面引起,都要持冷静态度,决不可情绪冲动。这就要求我们讲大度、虚怀若谷,只有"大着肚皮容物",才能"立定脚根做人"。

(3) 诚实谦虚,宽以待人。在与同学及其他人相处中,保持诚实、谦虚的态度,加强团结,增进友谊,认真听取他人的意见,宽容他人的过失。

4. 别人打架应对措施

(1) 不好奇,不围观,不起哄,不介入。

(2) 若劝解,应公道,若无效,早报案。

(3) 勇站出,提线索,护正义,保权益。

二、性骚扰

国际上对于性骚扰并没有统一的界定,这里的性骚扰是指通过语言或形体上有关性内容的侵犯或暗示,给另一方造成心理上的反感、压抑、焦虑和恐慌。由于两性的社会地位和角色的不同,相对而言,性骚扰的对象常以女性居多。

(一) 性骚扰的类型

(1) 补偿型性骚扰。大多数性骚扰者属于这类,长期性匮乏或性饥渴导致的一时冲动势必使他对异性做出非礼的冒犯举动。此种骚扰行径多是出于不同程度的亏损心理,骚扰的心态与其说是想占有对方,不如说是幻想占便宜。

(2) 游戏型性骚扰。多是有过性经验的骚扰者,懂得对方的弱点,把对方视作玩物,非礼和不敬是出于有意的游戏心态。骚扰既是为了猎奇,也是为了印证自己的性"本事"。

(3) 权力型性骚扰。骚扰者大都具有较高的学历和社会地位,骚扰时虽然也出于游戏心态,却比一般游戏者的表现要"高级"且"彬彬有礼"。此种骚扰者大都把异性视为"消费品",且因为明显的利益关系,甚至认为对方喜欢这种骚扰,并把这种骚扰当作自己的"专利"。

(4) 攻击型性骚扰。此种类型多半在早年和异性有过不愉快的关系史,对异性怀有较大的恶意和仇恨,并视对方为低等动物或敌人。骚扰者蓄意地伤害或攻击对方,有时并不想占有异性,不过是满足和平衡他对异性的蔑视和仇恨。

(5) 病理型性骚扰。这是带有明显病态表现的性骚扰,如所谓的窥阴癖和露阴癖。此种以男性骚扰者居多,大都是真正的性功能失调者。骚扰本身能给他带来强烈的性冲动和性幻想,却无法"治愈"他,反倒会加深他的病症。

(二) 性骚扰的主要手段

(1) 语言挑逗。有些骚扰者运用庸俗下流的语言、轻浮的腔调、淫荡的表情,当面对大学生进行有关性内容的挑逗、戏弄、肆意羞辱或谩骂,严重伤害和侮辱大学生,构成语言的性骚扰。

(2) 下流动作。有些骚扰者在大学生面前有意无意地暴露自己的性器官,撒尿或对不认识的大学生做飞吻等动作,或用眼睛长时间地盯视对方,把对方看得很不好意思。这些羞辱性行为常常使大学生的尊严受到侵犯,精神受到刺激,感到难堪羞辱。

(3) 肢体接触。在没有得到大学生同意认可的情况下,有些骚扰者有意无意地对大学生动手动脚,触摸对方的手掌、臂膀、臀部、大腿,以满足自己的心理需求。还有的甚至违背大学生意愿强行搂抱、亲吻、抚摸,使得大学生难以容忍。

(4) 电话骚扰。当有些大学生拿起电话的时候,传来的却是一个陌生的声音,以阴阳怪气的口吻、下流污秽的语言,说一些不堪入耳的话,还有的以恫吓的方式发出邀请,如果不去就将如何如何,充满极大的羞辱感和恐惧感,甚至造成阴影和伤害。

(三) 大学生性骚扰的防范和处置

1. 公共场所遇到骚扰

日常生活中,避免穿袒胸露背的服装去人群拥挤或僻静的地方;如有陌生人搭讪,及时避开或换个位置,并立即抽身离开;对有性骚扰企图的人,首先用眼神表达你的不满,若对方并无收敛,大声斥责,狠打其手;也可以告知同行的伙伴,引起公众的注意,使侵犯者知难而退,对情节恶劣严重的应报警。

2. 收到色情刊物等淫秽物品

不轻易接受异性馈赠,不要畏缩或偷偷将其处理掉,要用坚定的语气向对方说"你的行为实在无聊,若你不收回,我会投诉",并将事情转告其他人,留下物品作为证据。

3. 受到老师的骚扰

不单独去老师家里,要有可靠的同伴陪伴;如遇到骚扰应明确地表示不喜欢他的言行,并提出警告,若事情没有好转或受到威胁,及时向家长和学校寻求帮助或向公安部门、司法部门报案。

大学生一旦遇到性骚扰,应大声呼救,及时回避或报警;同时设法保留证据,不可有丝毫地犹豫不决;受到伤害后,尽快去医院检查,并及时进行心理咨询和治疗,医治精神创伤,学会保护自己。

三、性侵害

性侵害是指一个(或多个)人在威胁或强力胁迫下发生非意愿性的性行为。大学生性侵害案件多数是以女大学生为目标,以暴力、胁迫等手段,违背其意志,占有或玩弄女性。

(一)大学生遭受性侵害的主要表现形式

(1)暴力型侵害。指犯罪分子采用欺骗手段取得女大学生的信任后,一旦她们孤立无援时,就使用暴力和野蛮的方式迫使被侵害对象满足其要求,如果被侵害人强烈反抗,犯罪分子害怕事情暴露,还可能会剥夺被侵害人的生命。

【典型案例4.2】

2015年9月23日,广州警方成功侦破了广州某高校女生遇害案件,抓获犯罪嫌疑人郑某。经广州市公安局初步查实,郑某为27岁江西籍男子,曾因强奸罪被判刑,刑满释放后,又犯强奸案2起。9月14日傍晚,犯罪嫌疑人郑某流窜到广州流花湖公园,乘受害人赵某不备,对赵某实施强奸并将其扼颈致死,之后将赵某尸体用重物沉入水中。

案例分析:上述案例是以暴力的方式进行性侵害。犯罪分子利用年轻学生缺乏社会经验、防范意识差的特点,实施暴力强奸。如果女大学生在与陌生人交往过程中能够保持高度警惕,及时发现其真正目的,完全可以避免类似事件发生。

(2)胁迫型侵害。这类性侵害主要是指作案主体利用自己的权势、地位、职务等,对有求于己的受害人采用利诱、威胁、恐吓等手段,从而强迫受害人与其发生非暴力型的性行为。

(3)网恋型侵害。作案人在网络聊天中往往利用花言巧语给那些正处于感情迷茫时期的女生以最大的诱惑,女大学生因为思想单纯,涉世不深,往往容易上当受骗,最终失财失身。

(4)社交型侵害。这种犯罪行为的主体多是受害人的相识者,因同学、师生、老乡、邻居等关系与受害者本应正常交往,却利用机会或创造机会把正常的社交引向性犯罪。受害人身心受到伤害后,往往还出于各种顾虑不敢揭发。社交型侵害经常表现为熟人强奸、沉默强奸、酒后强奸等。(图4.2)

(二)性侵害主要特征

1. 作案目标的选择性

犯罪分子通常选择以下人员为侵害目标:长相漂亮,打扮前卫者;单纯幼稚,缺乏经验者(图4.3);作风轻浮,关系复杂者;文静懦弱,胆小怕事者;身处险境,孤立无援者;贪图钱财,追求享受者;精神空虚,无视法纪者。

2. 时间地点的规律性

(1)夏季,女生衣着单薄裸露,对异性的刺激较多,容易遭受性侵害。

图 4.2　首次见面须防范

图 4.3　表面殷勤未必是真

（2）夜晚,女大学生最容易遭受性侵害的时间段。

（3）僻静处所,如公园假山、树林深处、楼顶晒台、没有路灯的街道楼边、电梯内等,因人员稀少,极易遭受性侵害。

3. 作案手法的欺骗性

（1）谈恋爱。女大学生在选择恋爱对象时,不考察对方的人品、修养及内涵,而过多注重相貌、身材等外在因素,在遇到那些以玩弄女性为目的的恋爱高手时,容易被花言巧语所蒙蔽,贪图一时之利,往往是哑巴吃黄连有苦说不出。

（2）饮酒。这种手法常常发生在熟识的同学、朋友、老乡聚会以及某些女大学生有求于人的场合,犯罪分子通过与女学生交往一段时间,取得信任后,在吃饭场合提出让女学生喝酒。由于酒精过量,女大学生神志不清,自制力下降,从而使犯罪分子轻易得手。

4. 报案时间的滞后性

由于性侵害案件客体的特殊性,涉及被侵害对象人格、名誉的损害,许多女性在遭到性侵害后都持延迟报案或不报案的态度,致使犯罪分子更加肆无忌惮地对其他女性实施加害行为。

(三) 发生性侵害的应对措施

(1) 头脑清醒,临危不惧。女大学生在遭受性侵害之际,保持头脑清醒,情绪稳定;如惊慌失措,反而会助长犯罪分子的攻击性,导致性侵害的发生。

(2) 明确意愿,态度坚决。有时性侵害行为是性侵害者错误地理解了被害人的意思后发生的。态度明确,能够有效防止熟人之间的性侵害行为发生,也能够使一些陌生的性侵害者丧失信心,放弃性侵害的企图。

(3) 沉着冷静,机智反抗。在遭到性侵害时,被害人要注意了解性侵害者的弱点和周围环境,以及一切可以利用的积极因素,采取恰当的措施进行反抗,尽可能地结合平时积累的经验予以防范。

(4) 运用暴力,正当防卫。女大学生在遭受性侵害时,可借助身边器物运用暴力防卫措施,特别是对犯罪分子身体薄弱部位进行有效的攻击(如脸部、腹部、下身等处),使其失去侵害能力,为逃脱或获救创造条件。

(5) 寻求良机,适时逃脱。一旦侵害行为得逞,激情消退,侵害人会产生后悔、自责心理。所以女大学生在这时要抓住一切有利时机,为自己脱身创造条件。

(6) 及时报案,不要拖延。女大学生一旦遭遇性侵害事实后,要及时向有关部门报案,不能因为害怕名誉受损,将苦果自己咽下,这样会使犯罪分子逍遥法外,也将使更多的女性受害。

(7) 配合调查,调整心态。性侵害发生后,在报案的同时,被害人要将有关物证保留好,并将犯罪分子的体貌特征、衣着打扮、口音、携带物品等情况如实地向有关调查人员反映,为公安机关破案提供线索。要及时调整心态,尽快从阴影中走出来。

四、校园欺凌

大学校园欺凌是指发生在学生之间,蓄意或恶意通过肢体、语言及网络等手段,实施欺负、侮辱而造成伤害的行为,这些行为包括身体上的踢打、抓咬、勒索、抢夺财物,及语言上的辱骂、威胁、嘲笑戏弄、取绰号等。

【典型案例4.3】

2018年11月某日深夜,宁波某高校董某等5名女生伙同校外人员陈某经事先策划,以同学江某人品不好、怀疑其勾引同学男朋友为由,在该校宿舍内对江某采用口塞纸巾、绑皮带、脱衣拍视频发微信群、身上写侮辱性语言等方式进行凌辱,并通过拳打脚踢、扇耳光、扯头发等方式对江某进行殴打。据悉,欺凌行为持续数小时。第二天早上,江某趁看管其的董某睡着时,向宿管阿姨求救并报警。随后,警方将6人抓获。

案例分析:这是一起典型的校园欺凌案件,大学生应树立正确的世界观、人生观、价值观,进一步增强法治观念。

(一) 校园欺凌的类型

(1) 肢体欺凌。通过肢体暴力实施欺凌行为,如抓、踢、打、推搡身体以及损坏个人财物或抢占座位等,出现频率较低,但影响极为恶劣。

(2) 语言欺凌。欺凌者通过威胁、辱骂、嘲讽、奚落、起绰号、表达偏见或流言蜚语等言语行为对被欺凌者实施伤害。语言欺凌出现频率最高,往往发生在熟人之间,欺凌者与被欺凌者的关系比较密切,所以危害性较强,导致被欺凌者处在巨大的心理压力之下,甚至选择用死亡来结束被欺凌的遭遇。

(3) 关系欺凌。通过操纵人际关系或者关系网络以打破关系平衡,从而实施伤害。关系欺凌属于隐性的大学校园欺凌行为,欺凌者通常是大学生社会关系网络如社团、宿舍或同乡会等中威望较高的学生,在其主导下,多人联结共同针对某一特定个体发起间接的心理排斥或忽略行为。

(4) 网络欺凌。利用网络通过电子邮件、社交平台等发表不利的网络言论、曝光隐私以及对受害者的照片进行恶搞等恶意、重复、敌意的伤害。

(二) 校园欺凌的主要特征

(1) 普遍性。有些学校由于管理松散,人员混杂,出现肢体暴力甚至闹出命案的校园欺凌事件时常见诸报端,公立高校内一般以隐性欺凌居多。在互联网时代,网络欺凌在高校有愈演愈烈之势。

(2) 隐蔽性。

(3) 渐进性。校园欺凌是由偶然的矛盾或冲突引发,随之程度逐渐加剧,频次也不断增加,手段亦扩展至社交媒体,并逐渐影响到同学之外的社会关系,受欺凌者的恐惧和焦虑与日俱增,自我认同和信念遭到严重的破坏。

(4) 隐忍性。绝大多数大学生在遭遇欺凌之后由于缺乏自信或担心声名扫地,往往不敢反抗、不敢主动求助,强烈的道德焦虑使受欺凌者忍气吞声,承受巨大压力。

(三) 防止校园欺凌

(1) 珍惜友谊,平等待人。大学时光,美好难忘,同窗情谊无比珍贵,同学之间要和平共处,遇到问题要用正确积极的态度和温暖高超的技巧予以解决,要明白,欺凌同学是恶劣行径,终将后悔。

(2) 面对欺凌,决不低头。遭遇欺凌时,首先要相信大多数同学、老师以及社会上一切正义的力量都是自己的坚强后盾,会坚定地支持自己。一旦内心笃定,就会表现出一定的威慑力,让施暴的人不敢贸然攻击,或自动退缩。(图4.4)

图4.4 与校园欺凌说"不"

(3) 灵活应变,报警震慑。在遭遇暴力时还可以大声提醒对方,他们的行为是违法违纪的,终将受到法律法规的严厉制裁;同时,要迅速报警,或者大声呼喊求救。如果受到伤害,一定要及时向老师报告,向公安部门报案。

(4)融洽关系,自我防范。平时留意不要与人结怨,说话注意分寸,语言行为不要过激。在校园内外行走时,不要走偏僻人少的小路,夜间出行,最好与同学、朋友结伴而行。

第二节　人际交往安全

一、大学生人际交往

交往是人们通过各种不同的方式,进行的人际联系和接触。交往的目的在于传达思想、交流感情。交往对大学生充满了诱惑,他们渴望了解他人,了解社会,同时也希望被别人所了解。面对纷繁复杂的社会和形形色色的交往对象,其中难免有一些居心叵测、心怀不轨之徒,在给大学生交往带来不和谐音符的同时,更带来了交往中的一个重要话题——交往安全。(图4.5)

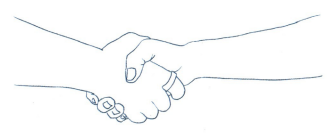

图4.5　和谐的人际交往弥足珍贵

(一)人际交往中安全隐患的主要表现

(1)同乡交往。大学生中组成的同乡会等团体,有时会因情绪的感染或从众心理带来安全隐患,特别是在处理同学矛盾和纠纷中,容易造成群体性事件,甚至群殴伤害。

(2)网络交往。它是虚拟空间的一种交际,如果沉溺其中或贸然会见网友,不注意防范,可能会被骗,给个人的身心造成伤害。

(3)异性交往。男女交往要分清异性友谊与爱情的界限,掌握好两者之间的尺度,交往中还要互相尊重,不影响对方与他人的交往,以免造成不必要的误解,使自己或对方受到伤害。

(4)师生交往。师生交往的目的比较单纯,主要围绕教育教学活动进行,但应防范一部分心术不正或行为不轨的教师利用手中的特权和学生纯真的感情去胁迫和欺骗大学生。

(5)涉外交往。在对外交往中大学生的行为代表着国家的形象,交往不当可能会使国家利益受到损害,同时也会给个人造成伤害。

(二)人际交往的安全问题防范

在人际交往中,一旦遇到自己不能处理或威胁到个人财产、人身安全的情况,应及时向老师和学校保卫部门报告,以便得到及时处置,切勿闷在心里不讲,更不可以擅自寻求私了的渠道,这样可能会产生更大的损失和伤害。作为社会人,应懂得交往,更应善于交往。但是与谁交往、怎样交往也牵涉到安全问题。

(1)要感情更需要理智。我们有些学生在交往中受骗上当,往往吃亏于感情用事,一味跟着感觉走,缺乏理智。因此,任何场合下,我们都要保持清醒的头脑,才能对外界做出正确的反应。

(2) 保持人际交往安全距离。人与人之间需要保持一定的空间距离,即使是最亲密的两人之间也是一样。任何一个人,都需要在自己的周围有一个能掌控的自我空间。

(3) 不盲目与陌生人交朋友。与陌生人交往既要提高警惕,又不盲目恐慌,要树立安全意识,学会自我保护。

【典型案例4.4】

2018年1月,浙江某大学学生杜某在某知名网络社交平台上认识一名自称在一家金融公司上班、月收入过万、有房有车的"高富帅"刘某,在短暂的交往后,刘某提出深入交往。交往期间,刘某编造多种理由向杜某借钱。杜某借出1100元生活费后,又在其怂恿下从支付宝平台贷出1万余元借给刘某。后刘某以各种理由避见杜某,拖延还款,并再次要求杜某帮其借高利贷,杜某终于起疑心报案。

案例分析: 案例当中杜某思想单纯,轻信他人,网上交友不慎,导致被骗,日常生活中,大学生应该警惕与陌生人交朋友,增强防范意识。

二、异性人际关系

(一) 与异性交往的原则

(1) 尊重男女有别的客观实际,保持男女交往的人际距离。

(2) 注意异性交往环境与场所尽量公开、透明,不要过多地单独活动。

(3) 建立广泛的异性友谊,多参加男女同学共同参加的活动。

(4) 了解异性的忌讳,交往举止要端庄不轻浮。

(5) 分清友谊与爱情的界限,将异性交往保持在友谊许可的范围。

(二) 分清异性友谊与爱情

(1) 特点不同。异性友谊具有广泛性、开放性、平和性、发展变化的特点,爱情具有单一性、排他性、私密性、稳定性的特点。

(2) 本质不同。异性友谊与爱情在性质、感情强烈程度、交往的范围与承担的责任方面都不相同。

(3) 相互联系。异性友谊不等同于爱情,但包括爱情。异性友谊不断发展深化,有可能发展成爱情。爱情需要双方精神上的和谐、思想感情的一致、兴趣的协调、心理的相容和彼此的吸引。大学生要建立纯洁的异性友谊,正确处理异性友谊与爱情的关系。既不要因不谈恋爱而回避异性交往,也不应仅仅为性爱去接触异性。

三、恋爱关系

(一) 大学生恋爱中存在的问题

(1) 单相思与爱情错觉带来困扰。单相思是指异性关系中的一方倾心于另一方,却得不到对方回应的单方面的"爱情"。爱情错觉是指在异性间的接触往来关系中,一方错误地认为对方对自己"有意",或者把双方正常的交往和友谊误认为是爱情。

(2) 恋爱动机不端正。有些大学生的恋爱动机不是出于爱情本身,而是为了弥补内心的空虚、孤独、随大流或从众心理。

(3) 恋爱中容易产生感情纠葛。父母的反对,周围人的非议,恋人间的矛盾、误解和猜疑,都会困扰处于恋爱中的大学生,让他们纠结苦闷;一旦恋爱受挫,即会情绪失控,无法自拔,对学习造成严重影响。

（4）择偶标准不切实际。部分大学生在择偶标准上重外表，轻内在，选择对象过于理想化，虚荣心强，把谈恋爱当作给自己挣面子的一种方式，感情难以持久。

（二）大学生恋爱安全防范措施

大学生在恋爱交往过程中要提高自身的安全防范意识，具体要做到以下三点：

（1）初次约会选择适当的约会场所。尽量在初次约会时彼此保持安全距离，这样才能有机会进一步了解约会对象，清楚地判断与决定是否与其继续交往。

（2）不要在恋爱中失去自我和原则，乱了分寸。在恋爱相处中，既要包容和忍让，又要有原则和底线，要懂得拒绝，勇于说不，坚持自己的原则和主张。

（3）避免接触酒精、药物。酒精与药物通常是约会安全隐患的重要因素。如果要喝酒，一定要自我控制，至少要使自己能清醒地回家，千万不要依赖别人"护送"回家。

（三）妥善处理好恋爱纠纷

（1）协商处理恋爱纠纷。因为当事人最熟悉纠纷的原委，只要双方冷静，不难解决。如果协商不成，可请老师和领导出面做工作。

（2）真心诚意解决问题。不管恋爱结局如何，在协商调解中诚心诚意，冲破障碍，求同存异，妥善解决争端。

（3）严以律己宽以待人。恋爱纠纷双方多作自我批评，防止加剧感情裂痕，铸成难以收拾的僵局。

（4）涉及中断恋爱关系的，要持慎重态度，并妥善处理好善后事宜。

四、宿舍人际关系

宿舍作为大学生生活的主要场所，是大学生情感的聚集地，同时也是矛盾的集中地。大学生在宿舍人际交往的过程中，由于各种利益关系及性格、家庭背景、生活习惯等因素的影响，其人际关系会产生诸多矛盾和问题，最终爆发人际冲突，成为校园安全隐患，影响和谐校园的构建。

【典型案例4.5】

2016年3月26日晚，四川某大学大一学生卢某跟着宿舍同学播放的音乐唱了两句，室友滕某愤愤地说："唱什么唱，你唱得好听吗？"于是，二人发生口角，并产生肢体冲突。3月27日23时许，滕某将卢某叫到学习室，持刀对他砍了50多刀，然后返回宿舍让室友报警，并将自己反锁在学习室。后经过医院认定，卢某系头颈离断伤致死。

【典型案例4.6】

2016年7月4日晚9时许，广东某大学海珠校区28号宿舍楼四层走廊里发生一起持刀伤人事件，硕士生王某持刀将宿舍另一名硕士同学王某某刺中，王某某经抢救无效身亡。据目击同学介绍，两人当晚在宿舍内因言语冲突引发打架。

案例分析：以上案例都是因为大学生宿舍矛盾纠纷等引起的恶性校园杀人案，不和谐的宿舍人际关系对大学生危害重重。大学生宿舍人际关系问题逐渐成为大学生人际交往过程中的突出问题，构建和谐的大学生宿舍人际关系十分重要。

（一）宿舍人际冲突的原因

（1）价值观不同。由于生源成长经历的差异性，宿舍成员的价值观有所不同，每个人在看待问题、处理问题的方式上存在差异，与舍友相处的过程中，容易产生隔阂、矛盾或冲突。

(2) 性格特征不同。大学生都是独特的个体,个性鲜明,说话直接,有时以自我为中心,容易冲动,我行我素,当意见不合时,容易产生矛盾。

(3) 沟通技巧不足。部分大学生不懂得谦逊有礼,不注重说话语气、语调的平和,不注重欣赏他人,以致在与室友沟通时出现分歧,发生争论,甚至打架,更有甚者导致恶性事件的发生。

(4) 经济条件不同。家庭经济条件的贫富差异导致大学生产生自卑、仇富、羡富、炫富等各种心理感受,宿舍交往中可能会不经意地将这些感受通过说话的语气、交流的眼神等细节表现出来。

(二) 改善大学生宿舍人际关系的原则

(1) 秉持互尊互敬的平等公正原则。在宿舍内,建立宿舍和谐公约,宿舍成员都必须遵守各项规章制度,充分体现公平公正性,增强宿舍成员的归属感和认同感。

(2) 秉持接纳个性差异的包容性原则。尊重宿舍成员个体间的性格差异和地域差异,包容彼此的缺陷与不足,凡事换位思考,相互接纳,求同存异,取长补短,和谐相处,加强相互理解和信任,营造和谐宿舍氛围。

(3) 秉持"真诚、宽容、适度"原则。真诚原则即在宿舍人际交往过程中要以诚相待,心怀坦荡、宽厚仁慈、少思计较,多为他人着想;宽容原则即遇到分歧、摩擦、误解和矛盾,宿舍成员要多体谅他人,善待他人,宽容他人;适度原则即宿舍成员在交往的过程中,选择恰当的交往距离,避免过度依赖。

第三节 大学生财产安全

近年来,侵犯大学生财产安全的不法行为越来越多样,手段也越来越隐蔽,大学生要确保自己的财产不受侵犯,保障自己专心致志地学习,愉快地生活,就有必要了解有关财产安全的基本常识,提高自我防范的意识和能力。

一、盗窃

盗窃是指一种以非法占有为目的,秘密窃取国家、集体或他人财物的行为。盗窃案件,以侵财为对象,具有很强的目标性、计划性和隐蔽性,更容易造成受害人较大的财物损失。盗窃数额较大的(1000元以上)按刑事案件查处,数额较小的按治安案件查处。

(一) 盗窃的类型

从作案主体进行分类,高校盗窃案主要包括三种类型:

(1) 内盗。内盗是指盗窃作案分子为学生内部人员及学校内部管理服务人员实施的盗窃行为。这类案件具有隐蔽性和伪装性,也具有较大危害性,容易影响同学间关系,引发矛盾和纠纷,处理不好甚至会导致人身伤害。

(2) 外盗。外盗是指盗窃作案分子为校外社会人员在学校实施的盗窃行为。他们利用学校管理上的漏洞,冒充学校人员,化装成小商小贩,或以找人为名进入校园内,盗取学校资产或师生财物。

(3) 内外勾结盗窃。即学校内部人员与校外社会人员相互勾结,在学校内实施的盗窃行为。这类案件的内部主体社会交往关系比较复杂,与外部人员都有一定的利害关系,往往结成团伙,形成盗、运、销一条龙。

[典型案例4.7]
2017年10月以来,一名打扮成大学生模样的男子先后"走访"了济南市多所高校,盗窃

手机 30 余部,涉案价值 4 万余元。男子将作案目标锁定在高校男浴室,置备了开锁工具和毛巾、拖鞋等"道具",假扮大学生进入浴室实施偷窃。11 月 2 日 18 时许,男子再次来到山东某大学明水校区,打扮成学生模样,进入浴室,不久得手。浴室管理员发现学生丢失手机后,立即将浴室大门反锁,并向双山第二派出所报警。民警迅速赶到现场,将犯罪嫌疑人当场抓获。

案例分析: 纵观此案件的发生,不法分子是利用了大学生防盗意识缺乏这一弱点,在长期埋伏摸清地形之后,对大学生实施盗窃。

(二) 高校盗窃案的基本特征

1. 时间特点

(1) 上课时间。特别是上午一、二节课,学生宿舍里一般无人,是外盗作案的高峰期。

(2) 课间时间。课间休息短暂,内盗作案人员会利用此时机,在寝室盗窃得手后继续回教室上课,给人以没有作案时间的假象。

(3) 夜间熟睡后。盗窃分子趁夜深人静、人员熟睡时行窃,特别是学生睡觉时不关寝室门窗,更给小偷创造了有利条件。

(4) 新生入校时。新生刚入校时,由于彼此之间不熟悉,防范意识较差,偶尔有陌生人到寝室,会以为是舍友的老乡或熟人,不加盘问,给作案分子有可乘之机。

(5) 学校举办大型活动期间。大型活动期间,人们注意力集中到某一点上而无暇顾及其他,盗窃分子往往乘虚而入,混水摸鱼。

2. 目标特点

高校盗窃案件特别是内盗案件中,作案人一般选择缺乏戒备心理、东西随意放置、贵重物品不上锁的学生为目标,盗窃时极易得手。

3. 技术特点

在高校盗窃案件嫌疑犯中,高智商特点明显,有的本身就是大学生。在实施盗窃过程中对技术运用的程度较高,自制作案工具,其盗窃技能明显高于一般盗窃犯。

4. 作案特点

"首战告捷"以后,作案分子往往产生侥幸心理,加之报案的滞后和破案的延迟,作案分子极易屡屡作案而形成一定的连续性。

(三) 常见盗窃手段

(1) 顺手牵羊。指作案分子趁人不备将放在桌椅上、床铺上等处的钱物信手拈来并占为己有,案件多发生在教室、图书馆、食堂等公共场所。作案分子除了一些惯偷之外,还有一些人见财起意而实施盗窃,往往带有随机性。

(2) 乘虚而入。指作案分子趁主人不在、房门抽屉未锁之机行窃(图 4.6)。其手段更为专业,行窃胃口更大,往往造成的损失更惨重。

(3) 窗外钓鱼。指作案分子用竹竿、铁丝等工具,在窗外或阳台处将室内衣物、皮包钩出,有的甚至利用钩到的钥匙开门入室进行盗窃。

(4) 翻窗入室。指作案分子利用房屋水管等设施条件翻越窗户入室行窃。作案人窃得钱物后往往是堂而皇之从大门离去。

(5) 撬门扭锁。指作案分子利用专用工具将门上的锁具撬开或强行扭开入室行窃,入室后作案人又用同样的方法撬开抽屉、箱柜等。这是外盗分子惯用手段,毫不留情,只要是值钱的东西都不放过。

图 4.6　放松警惕遗患无穷

（6）盗取密码。指作案人有意获取他人存折、银行卡及密码并伺机到银行盗取现金。这类手法常见于内盗案件，并且以关系相好的舍友或"朋友"作案较多。

（四）高校盗窃案件的防范措施

（1）日常警惕不放松。外人进楼到宿舍，要询问验证，闲人在楼内游荡要盘查跟踪。不要让陌生人进宿舍。钥匙、手机、计算机、平板电脑等不要随意乱放乱丢，存钱取款要留意身后。只要平时保持日常的警惕性，多个"心眼"，就能有效防范盗窃案件的发生。（图4.7）

图 4.7　日常警惕不能大意

（2）睡觉外出关门窗。平时上课、外出办事和睡觉，一定要关好窗户和房门。一个人在宿舍时，即便出去上厕所、上水房洗衣服，几分钟、十几分钟的时间即可回来，也要锁好门，防止被犯罪分子溜门盗窃。

【典型案例4.8】

2017年5月1日12时,济南市公安局市中分局兴隆派出所接连收到辖区某高校3起笔记本电脑被盗警情。经过调取、查阅案发教室附近海量监控视频,民警锁定盗窃嫌疑人韩某。曾是济南市某高校大学生的韩某,非常熟知大学生的作息规律,在济南市多所高校自习室内假装成学生,趁一些学生上厕所或吃饭时进行偷盗。5月15日6时许,市中警方在济南火车站将准备乘坐火车离开的韩某抓获。

案例分析: 类似的案件,在各高校都有可能发生,宿舍被盗也成为高校一个不容忽视的安全隐患。不仅大学生自己要养成防盗的好习惯,学校也要注意做好防范措施。

(3) 钱财物品妥保管。大学生平时使用大额现金的机会不多,因此现金最好存入银行,随用随取。银行卡、一卡通要同身份证分开放置,防止犯罪分子同时盗走。贵重物品要放在抽屉、柜子里,并且锁好。寒暑假离校时应将贵重物品带走,或托付给可靠的人保管。贵重物品、衣物最好做上一些特殊记号,一旦被盗,报案时好说明,认领时也有依据。这样,即使被盗,找回的可能性也大一些。

(4) 勤查勤问要关心。当遇到陌生人在寝室前徘徊或敲门时,要出来看一看,问一问,进行监视和排查,要群防群治保平安。

(5) 遵章守纪保安全。一是不留宿他人;二是爱护公共财物,保护门窗和室内设施完好无损。

(6) 提高修养促习惯。炫耀显摆,暴露财富,乱扔乱放,都是导致盗窃案件发生的原因。因此,我们要注意平时生活中良好习惯的养成。(图4.8~图4.10)

图4.8 养成防范好习惯(1)

图4.9 养成防范好习惯(2)

图 4.10　养成防范好习惯(3)

（五）发生盗窃案件后的应对措施

（1）保护现场，及时报案。发现被盗后，切不可急忙查看自己的物品是否丢失，而翻动现场物品破坏痕迹，要严格保护现场，为公安保卫部门勘查现场提供最完整最真实的证据，如脚印、指纹等。同时要立即向校保卫部门或公安"110"报警，并在原地等待保卫部门或公安出警。报警时，要注意讲清案发的具体位置（包括楼栋和房门号）。

（2）发现可疑，及时控制。如果自己发现可疑人员，一定要沉着冷静，应主动上前询问，一旦发现其回答有疑问，要设法将其稳住，必要时组织学生围堵，及时向有关部门报告，防范盗贼狗急跳墙，伤及学生。在当场无法抓获盗贼的情况下，应记住盗贼的特征，包括年龄、性别、身高、胖瘦、相貌、衣着、口音、动作习惯、佩戴首饰等，以便向公安保卫部门提供破案线索。

（3）及时报失，配合调查。如果发现证件、银行卡丢失，要马上到银行去挂失，平时如果丢失贵重物品、自行车、手机等，也要及时到学校保卫部门报告，讲明丢失或被盗情况及自己物品的特征。

（4）吸取教训，亡羊补牢。被盗后要认真反思一下是什么原因造成被盗，如果是自身原因则要加强防范意识，如果是其他原因则要学校加强管理，避免以后再次发生。

（六）特殊易盗物品的防盗措施

（1）现金。外出时尽量少带现金，且应分开带，要备有一定零钱以便取用。最好的保管现金办法是将其存入银行，尤其是数额较大时，更应及时存入银行并设密码。密码应选择容易记忆且又不易解密的数字，不要选用自己的出生日期做密码。

（2）各类有价证卡。存折、信用卡、储蓄卡等不要与自己的身份证、学生证等证件放在一起，以防被盗窃分子一起盗走后冒领。

（3）自行车。自行车防盗首先要安装防盗车锁，养成随停随锁的习惯；其次，骑车去公共场所，最好花钱将车停在存车处。（图 4.11）

（4）手机。随着手机银行、移动支付等一系列移动互联的发展，手机变得无所不能。为了避免手机丢失造成的损失，首先在平时的使用中要给手机设置开机密码；对于微信、支付宝等银行账户，一定要设定支付密码；绑定软件最好使用小额度银行卡。其次，手机的保管要注意，在寝室或教室充电时不要离开视线；上体育课时放在安全的地方或交给他人保管；晚上休息时，将手机及时入柜，不要放在枕边。

方法一　离开时请锁好自行车
方法二　尽量放在有监控的区域

图 4.11　充分利用防范条件

二、诈骗

高校诈骗案件是指以大学生为作案目标、以非法占有为目的、用虚构事实或隐瞒真相的方法骗取数额较大财物行为的案件。这类诈骗案件由于它一般不使用暴力,是在一派平静甚至"愉快"的气氛下进行的,大学生往往容易上当。诈骗行为侵害大学生的合法权益,学生心身受到沉重打击,轻者令学生烦恼或陷入经济困境,影响其正常的学习和生活,无法顺利完成学业;重者则会使有些受害学生自杀轻生或导致连环的治安及刑事案件,其危害性极大。

(一) 高校诈骗案主要形式

(1) 社交诈骗,借熟人关系进行诈骗。大学生在社会交往中,被某些心怀叵测的人所蒙蔽而上当受骗。社交型诈骗主要发生在学生参加社会实践活动过程中,如交友、家教、实习、娱乐等。

(2) 择业诈骗,借中介为名进行诈骗。大学生在择业活动中,缺乏基本的警惕性,忽视了这方面的安全问题,一些不法之徒利用假招聘诱使毕业生失去金钱,甚至人身自由。

(3) 商业诈骗,以小利取信进行诈骗。大学生在购买日常的生活用品、紧俏物资等商业活动中,一味苛求物美价廉,而对推销人的认识和推销过程缺乏必要的安全意识和经验,常常被骗,枉费钱财。

(4) 电信诈骗,以虚构事实进行诈骗。不法分子利用电话或短信方式,采用虚构事实或者隐瞒真相的方法,编造虚假信息,设置骗局,对大学生实施远程、非接触式诈骗,诱使大学生给犯罪分子汇款、转账或购买假冒伪劣商品。

(二) 校园诈骗常见骗术

1. 日常诈骗

骗术一:假冒身份,流窜作案。诈骗作案分子行骗时常常伪装成老乡、同学、亲戚等关系或其他身份,或利用假身份证、假名片,骗取学生信任而作案。骗子为了既骗得财物又不暴露马脚,通常采用游击方式作案,得手后立即逃离。还有的以骗到的财物、名片、信誉等为资本,寻机作案,再去诈骗他人,重复作案。

骗术二:应其所急,引诱上钩。诈骗分子行骗时往往先是套话,利用学生急于就业或出国等心理,应其所急,施展诡计而骗取财物。

骗术三:真实身份,虚假合同。诈骗作案分子利用高校学生经验少,急于赚钱补贴生活心理,常以公司、真实的身份让学生为其推销产品,事后却不兑现酬金而使学生上当受骗。这类案件在高校有所增加,由于没有完备的合同手续,处理起来比较困难,往往得不偿失。

骗术四:借贷为名,骗钱为实。诈骗作案分子利用人们贪图便宜的心理,以高利集资为诱饵,使部分教师和学生上当。个别学生常以"急于用钱"为借口向其他同学借钱,然后挥霍一空,要债人追得紧了就再向其他人借,拖到毕业一走了之。

骗术五:以次充好,连骗带盗。诈骗作案分子利用学生"识货"经验少又贪图便宜的特点,上门推销各种产品行骗,一旦发现室内无人,就顺手牵羊,溜之大吉。

骗术六:明为招聘,实为诈骗。诈骗作案分子利用学生勤工助学的需求设置骗局,骗取介绍费、押金、报名费等,或是利用大众传播工具等到处作虚假广告,骗取培训费、学杂费等,然后又以各种理由拒绝退款。

骗术七:骗取信任,寻机作案。诈骗作案分子利用一切机会与大学生拉关系、套近乎,或表现出相见恨晚而故作热情,或表现出大方慷慨以朋友相称,骗取信任,了解情况,寻机作案。

骗术八:编造谎言,博取同情。骗子在车站码头、校园等地冒充名牌大学实习的学生,声称与同学或老师失散身上无钱不能返回;或表示在外发生意外、生病等,急需钱用,取得学生信任,骗取学生乃至家长的钱财。

2. 电话诈骗

骗术一:冒充身份,骗取家长。诈骗分子常常通过电话或短信,冒充各种身份,通过电话或手机短信骗取家长的钱财,如冒充学校老师,要求家长将一些与学习有关的费用打到账上,或冒充公安、医务人员、老师、同学,谎称同学生病、出车祸等急需用钱,让家长立即汇钱,甚至以短信的方式谎称学生本人,谎称电话坏了或银行卡丢了又急需钱用,将钱汇到"某同学"的账上。(图4.12)

图 4.12　谎称孩子出车祸骗钱

骗术二:欺诈信息,骗取费用。诈骗分子常会发布一些欺诈信息,如"你被邀请参加某某活动"等,条件是要通过汇款、转账等方式,交纳一定的"手续费""奖金税"或"工本费";或谎称机主在某商场消费刷卡支付了一笔高额费用,引起机主的恐慌后,然后按照他们设的陷阱说出自己的银行卡号密码及身份证号等。

骗术三:拨打电话,转账汇款。诈骗分子利用消费通知和友人问候进行诈骗,内容多为"您刚持××银行信用卡在××百货消费××元成功,如有疑问请致电135××或向××银行发卡中心查询"等。收到短信的人打电话过去,对方会称系统错误,让客户输入准确的银行卡号,输入密码进行查询或确认,以此盗取银行卡信息进行诈骗、转账等。

骗术四:提示操作,返还话费。利用手机、固定电话或短信,冒充工作人员,告知因电脑系统出错,多扣了话费,请到自动提款机前,按提示操作或提供银行账号,以返还话费,如果按照其提示操作,就有可能造成经济损失。

骗术五:回拨闪断,上当受骗。打入电话只响一声就马上挂断,若是按照号码回拨后,回复内容多为"欢迎致电香港六合彩……",这是非法"六合彩"在招揽客人,而回拨电话既可能损失话费又容易上当受骗。(图4.13)

电信诈骗常用手段

虚构子女绑架,利用电话录音诈骗

冒充亲友,以车祸、生病、违法需交纳款项等诈骗

冒充电信局人员,以电话欠费等名义诈骗

冒充公、检、法、司等人员,以事主涉嫌洗钱等犯罪活动为由诈骗

冒充税务局人员,以退税为由诈骗

谎称事主中奖,要求事主交纳个人所得税等诈骗

发送短信称事主银行卡在异地刷卡消费,假冒银行工作人员实施诈骗

通过短信发送银行账号及"速汇款"等信息,行骗碰巧要汇款的事主

图4.13 电信诈骗常用手段

3. 微信诈骗

骗术一:山寨微信红包诈骗。微信红包诈骗是最常见的微信诈骗方式之一。邀请好友分享就可以得到大红包,如"恭喜你,邀请好友一起抢,你的红包金额可变大,活动时间内达到100元,即可提现",吸引消费者上钩后,要求消费者在领取红包之前,先关注微信号或填写个人身份证号、银行卡号、密码账户等个人重要信息。

骗术二:微信点赞拉票诈骗。一种是"集满多少个赞就可获礼品或优惠",等集满"赞"去兑换时,发现拿到手的奖励"缩水"了。另一种是有评比和排行的点赞拉票,目的是为了获取点赞人的个人信息便于行骗。

骗术三:扫描二维码诈骗。诈骗者以商品为诱饵,称给消费者返利或者便宜,发送的二维码实则为木马病毒,一旦安装,木马就会盗取应用账号、密码等个人信息。

骗术四:假冒公众号诈骗。诈骗者喜好在微信平台上编造类似于"交通违章查询"这样的公众账号名称,让人误以为这是官方的微信发布账号,再进行诈骗。对于各类公众号要提高警

惕,可与该账号官方联系求证,不要随意进行交易。

骗术五:冒充微信好友诈骗。诈骗分子伪装成好友,包括昵称和头像,然后发送诈骗信息,比如发送"同学聚会照"等链接,受害人点击后手机自动下载木马,而骗子则轻易盗取受害人手机里的各种信息,包括手机绑定的银行卡信息。

骗术六:利用微信的"定位""摇一摇"等功能,装成"高富帅"或"白富美",与人搭讪,骗取信任,进而骗取钱财。

【典型案例4.9】

2017年4月3日13时许,沈阳某高校大一学生龚某接到一个电话,称"您的手机将在2小时后强制停机,如需帮助可转接人工服务。"龚某按提示操作,电话转接到了"人工客服"。"客服"说她的电话卡涉嫌违法,并说可以帮她转接到成都公安了解情况。一名自称是成都某公安分局警察"周凯"询问了龚某的身份证号和手机号,然后说她的身份证在成都办理了一张银行卡,涉嫌贪污受贿案件,还说"很可能是你泄露了个人信息,现在像你这样的大学生太多了,一点警惕意识都没有……"一通教训过后,"周凯"通过QQ给龚某发来了"刑事拘捕执行书""强制性资产冻结执行书"电子版,并要对龚某的个人资金进行核查。在"周凯"的指挥下,龚某先后向对方账户转账1.7万余元。

案例分析:公安局、检察院、法院等国家机关工作人员履行公务、需要向公民询问情况时,会当面询问当事人,并制作相关笔录,绝不会通过电话了解公民账户、存款等隐私情况。此外,"110"属于警方接警、处警平台,不会采取语言、短信等方式向同学们发送通知,不会用电脑录音方式向大学生拨打电话,不会要求当事人提供个人信息核对。

(三)高校诈骗的防范措施

(1)不贪心。诈骗分子往往以"物美价廉""高额回报""最新产品""神奇功效""降价处理""中大奖"等为诱饵,精心设计圈套让你去钻,让你以为占了便宜而心甘情愿掏腰包。面对利诱和花言巧语,只要不贪心不动心,不图便宜占好处,就不会上当受骗,诈骗手段再高明也难。(图4.14)

图4.14 中奖诈骗

(2)慎交友。大学生喜欢交朋结友,这是融入社会的一条重要途径。但是,大学生与社会交往结识朋友必须慎重,要了解其人,观察其行,知道其心。不能什么人都交结,不可轻信他人,对不了解不熟悉的人不能走得太近,防止诈骗分子利用和你交朋友而对你行骗。

（3）辨真伪。一些诈骗分子往往以天灾人祸为由向你求助，利用手机短信向你诱惑，打着亲朋好友旗号向你借钱，凡此种种，同学们都要仔细过问、认真分析、辨别真假，做到多心眼、缓表态、慢解囊、慎出手，以免上当受骗。

（四）发现诈骗疑点时的应对措施

（1）观察判断，有效识别。在发现对方疑点时，要保持清醒的头脑，认真仔细地观察对方的神态表情、举止动作的变化，看对方的言谈、所持的证件以及有关材料与其身份是否吻合，以此识别真假。必要时可以找同学或相关人员商量，听取他人的意见和忠告，或者通过对方提供的电话、资料予以查证核实。

（2）巧妙周旋，有效制止。在发现疑点无法确定真假而又不愿意轻易拒绝时，要有礼有节，采取一定的谈话、交往策略，注意在交锋中发现破绽，通过与其周旋印证自己的猜测。必要时，还可以采取一些吓唬的言辞，使对方心存顾忌，不敢贸然行事。

（五）受骗后的处置方法

（1）平静心态，及时报案。受害人无论是否因为自己的过错（如贪财、无知、轻信、粗心大意）而受骗，都要保持积极的心态，从受骗的噩梦中回到现实，吸取教训，及时向有关部门报告。

（2）提供线索，配合调查。已经被骗并向有关部门报告的，要注意对作案人员遗留下来的文字资料、身份证件、电话号码等证据予以保留，并积极向学校保卫处和公安机关提供诈骗嫌疑人的体貌特征、与其交往的经过等线索，配合调查，追缴被骗的财物。

三、抢劫

抢劫是指以非法占有为目的，当场使用暴力、胁迫或其他方式强行劫取他人财物的行为。这种案件，暴力性强、危害性大、影响面广，甚至会带来人身伤害，必须重点打击和防范。

[典型案例4.10]

2017年5月20日，华某经事先预谋，确定以大学生为抢劫目标，随后前往武汉市江夏区某高校北门附近的树林里躲藏，物色目标，伺机作案。当晚11时许，华某见到路经此地的女生王某孤身一人，随即冲出树林，用手将其嘴捂住，拖拽至树林中，抢走其单肩包。6月初，武汉市江夏警方将嫌疑人华某抓获归案。

（一）高校抢劫案件的特点

（1）时间的规律性。高校抢劫案件一般发生在行人稀少、夜深人静及学校开学特别是新生入学时，具有一定的规律性。

（2）地点的隐蔽性。抢劫犯罪分子作案，一般选择校园内较为偏僻、校园周边地形复杂、人少及夜间无路灯的地段。因为这些地方犯罪分子容易隐藏，不易被人发现，得手后也容易逃脱。

（3）目标的选择性。犯罪分子抢劫的主要目标是穿着时髦、携带贵重财物、单身行走者及无人地带谈恋爱的大学生情侣。

（4）手段的多样性。犯罪分子实施抢劫的手段通常有：抓住部分同学胆小怕事的心理，对被害对象进行暴力威胁或言语恐吓，实施胁迫型抢劫；利用部分同学的单纯幼稚，设计诱骗大学生上当，实施诱骗型抢劫；采用殴打、捆绑等行为实施暴力型抢劫；利用大学生热情好客等特点，冒充老乡或朋友，骗得同学信任，寻找机会用药物将同学麻醉，实施麻醉型抢劫等。

（5）人员的团伙性。为了抢劫财物这一共同目的，一些犯罪分子往往臭味相投，三五成群，结成团伙，共同实施抢劫。他们有明确的分工，有的专门充当打手，有的在抢劫前还进行了周密的预谋。

(二)应对抢劫案件四大绝招

第一招:尽力反抗震歹徒,拖延时间等援助。遇到抢劫不要怕,不要慌,要沉着冷静,敢于斗争,气势上压倒敌人,同时利用言语劝说歹徒,利用有利地形与歹徒周旋,拖延时间等待援助。

第二招:大声呼救引注意,寻机逃跑保安全。要找准时机大声呼救,声音越大越好。不法分子都是做贼心虚,只要你大声呼救,他肯定担心暴露而逃跑。同时,要利用不法分子心虚胆怯之际,尽快跑至安全之处。

第三招:巧妙周旋斗智慧,伺机反抗惩凶徒。如果在僻静地方或无力反抗的情况下,首先应当放弃财物,并与之巧妙周旋等待时机,若自己认为有制胜的把握,就要伺机进行奋力反抗和搏斗,一举将不法分子制服。这样,你不但可以免遭损失,而且还能立功受奖。

第四招:罪犯特征要牢记,及时报案不犹豫。当你被抢劫,要尽量记住歹徒的人数、体貌特征、口音、所持凶器、逃跑方向,使用的交通工具及车牌号码,为赶来出警的公安保卫人员提供情况,为后续侦破案件提供线索。

四、校园贷

随着经济社会的发展,消费理念的转变,以及贷款业务的普及,大学生贷款消费问题日益凸显,"校园贷"作为互联网新生事物,是专门针对大学生群体的网络贷款,颇受在校学生的欢迎。但是,部分不良网络借贷平台采取虚假宣传的方式,降低贷款门槛等手段,诱导学生过度消费,再加上一些大学生缺乏消费安全和风险意识,出现了无力偿还贷款甚至自杀的悲剧,造成不良社会影响。(图4.15)

图 4.15 拒绝校园贷

【典型案例 4.11】
2017年8月15日,北京某高校大三学生小A被确认死亡。据小A的家人回忆,就在他离家的当天下午,在其卧室内发现了一封遗书,称自己"一步错、步步错",并且说"我的心已经承受不住"。家人立即拨打小A的手机,但手机已无法接通。随后,家人立刻报警。小A从2016年7月开始,从一个名为"速×借"的网借款平台借了第一笔1500元,随后就从另外一家网络借款平台借了3000元钱用于归还"速×借"的钱,然后再从另外的借款平台再借出更多的钱用来归还上一笔欠款。最终因为窟窿越补越大,走投无路,无法承担后果,选择结束自己的生命。

2018年,陕西某高校的一名大二学生小朱因欠巨额校园贷无力偿还最终选择自杀。据小朱的父亲回忆,8月份他将儿子送到咸阳市长途客运站,看着他上了发往汉中的客车。9月1日晚,他突然接到儿子老师打来的电话"你儿子借了同学几万元,现在人关机不见了。"等他到学校后才知道小朱在外面欠下了20多万元。最终在江里发现小朱的尸体,其贷款用途基本就是聚餐及还贷。

案例分析:以上两个案例可以看出不少大学生因为缺乏正确消费观念和风险隐患意识,在多家借贷平台"借钱拆补"而导致资金链断裂,出现了无力偿还贷款甚至自杀的悲剧,不仅给家庭造成无法挽回的损失,还造成不良社会影响。

(一)校园贷特点及其危害

(1)校园贷款具有高利贷性质。不法分子将目标对准高校,利用高校学生社会认知能力较差,防范心理弱的特点,进行小额、快捷的贷款活动,从表面上看这种借贷是"薄利多销",实际上不法分子获得的利率是银行的20~30倍,肆意赚取学生的钱财。

(2)校园贷款会滋长学生的恶习。高校学生的经济来源主要靠父母提供的生活费,有的学生虚荣心强、攀比心理重,且平时就有恶习,那么父母提供的费用肯定不足以满足其需求。因此,这部分学生可能会转向校园高利贷获取资金,并引发赌博、酗酒等不良恶习,还可能因无法还款而逃课、辍学。

(3)放贷人采用各种卑劣手段。一些放贷者放贷时会要求提供一定价值的物品进行抵押,有的要收取学生的学生证、身份证复印件,有的甚至以女生的裸照作为抵押,对学生个人信息十分了解。因此,一旦学生不能按时还贷,放贷人可能会采取恐吓、殴打、威胁学生甚至恐吓其父母的手段进行暴力讨债。有的放贷人在贷款到期时故意关闭手机,造成学生错过还贷时限的事实,然后收取高额违约金。

(4)利用"高利贷"进行其他侵害。放贷人利用校园"高利贷"诈骗学生的抵押物、保证金,或利用学生的个人信息进行电话诈骗、骗领信用卡等。

(二)如何远离校园贷

(1)树立正确的消费观念。大学生要端正消费态度,科学制订消费计划,合理安排个人开支,拒绝攀比和超前消费,养成艰苦朴素、勤俭节约的优秀品质。

(2)保护好个人信息。大学生要谨慎使用个人信息,保管好自己的身份证、学生证等,以免被不法分子利用。尤其不能贪图蝇头小利或讲"哥们义气",替他人借款或担保,避免承担不必要的法律责任。

(3)增强抵御风险的能力。大学生应当加强对金融常识的学习,了解相关的法律法规,增强金融风险防范意识;要充分认识网络不良借贷存在的隐患和风险,尽量不要在网络借款平台和分期购物平台贷款和购物,因为利息和违约金都很高,避免掉入"校园贷"陷阱,远离不良"网贷"恶习。

(4)了解正当的借款渠道。家庭经济困难的学生,应到学校或银行寻求正当的借款渠道,办理助学、留学、创业贷款等相关业务。

(5)借助法律武器保护自己。一旦遭遇非法催贷等情况,应搜集证据,及时报警或向学校老师求助。

思考题

1. 打架斗殴的危害有哪些?
2. 面对性侵害,女大学生应该怎样自卫?
3. 高校盗窃案有哪几种?各有哪些特点?
4. 针对大学生的诈骗案主要有哪些?请分别介绍。
5. 如何防止校园欺凌事件的发生?
6. 简述如何预防校园内抢夺案件的发生。
7. 如何远离校园贷?

第五章

网络信息安全

第一节　大学生与互联网

当今世界,网络已经成为大学生日常生活、学习的重要组成部分,网络的开放性和传播的便捷性为大学生提供了丰富的信息资源和广阔的学习空间,成为大学生学习知识、开阔视野、休闲娱乐、人际交往、展示自我的重要平台。但不容忽视的是,网络是一把"双刃剑",网络安全事件频频发生,网络安全已越来越受到社会的关注。青年学生上网比例很高,对网络信息安全的相关问题认识不深,容易受到伤害,并且会诱发违法犯罪行为。因此,大学生应该正确认识网络信息安全的重要意义,了解和掌握网络信息安全知识,提高安全意识,切实维护好国家和自身权益。

一、了解网络信息安全

网络信息安全是一门涉及计算机科学、网络技术、通信技术、密码技术、信息安全技术、应用数学、数论、信息论等多种学科的综合性学科(图5.1)。网络信息安全是指网络系统的硬件、软件及其系统中的数据受到保护,不因偶然的或者恶意的原因而遭受到破坏、更改、泄露,系统连续可靠正常地运行,网络服务不中断。

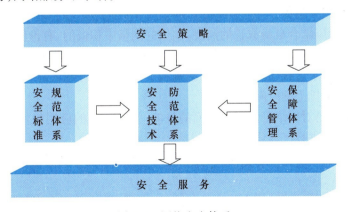

图5.1　网络安全体系

(一)网络信息安全的特性

(1)保密性。信息不泄露给非授权用户、实体或过程,或供其利用的特性。

(2)完整性。数据未经授权不能进行改变,即信息在存储或传输中不被修改、破坏和丢失。
(3)可用性。可被授权实体访问并按需求使用的特性。
(4)可控性。对信息的传播及内容具有控制能力,防止非法和有害信息的传播。
(5)可审查性。出现安全问题时提供依据与手段。

(二)网络信息安全的现状

我国互联网事业快速发展,网络安全和信息化工作扎实推进,网络空间已成为国家继陆、海、空、天之后的第五疆域,保障网络空间安全就是保障国家安全。互联网是社会发展的新引擎,也是国际竞争的新高地。信息技术为人们带来便利的同时也伴随着不少隐患。

网络信息涉及国家的政府、军事、文教等诸多领域,其中存储、传输和处理的信息有许多是重要的政府宏观调控决策、商业经济信息、银行资金转账、股票证券、能源资源数据、科研数据等重要信息。有很多是敏感信息,甚至是国家机密,所以难免会引发来自世界各地的各种人为攻击(如信息泄露、信息窃取、数据篡改、数据删添、计算机病毒等)。同时,网络实体还要经受诸如水灾、火灾、地震、电磁辐射等方面的考验。

【典型案例5.1】
据新华社北京2020年1月15日电,国家信息中心日前发布《2019年中国网络安全报告》,针对2019年恶意软件、恶意网址、移动安全、CVE漏洞、互联网安全、Linux病毒及未来互联网安全趋势进行了详细分析。报告显示,2019年病毒样本总量上亿,勒索软件和挖矿病毒呈现爆发态势。某知名公司的"云安全"系统去年共截获病毒样本1.03亿个,病毒感染次数4.38亿次,病毒数量比2018年同期上涨32.69%。报告期内,新增木马病毒6557万个,为第一大种类病毒,占到总体数量的63.46%。

数据表明,计算机网络安全形势十分严峻,需要专业人士和广大用户高度重视。

二、如何正确使用网络

习近平总书记多次强调,要依法加强网络空间治理,加强网络内容建设,用社会主义核心价值观和人类优秀文明成果滋养人心、滋养社会,做到正能量充沛、主旋律高昂。充分发挥网络的积极作用,远离网络误区,关键在于引导学生文明、健康、安全上网,正确合理利用网络资源。

(一)有效利用网络资源

大学生在上网时应结合自身成长的需要,利用好网络中积极的、有价值的知识与信息。
(1)处理好上网与学业的关系。有的大学生在上网时把多半时间和精力放在聊天交友和游戏娱乐等方面,耗费了金钱、时间和精力,影响到了正常的学业和人际交往。这就要求大学生正确认知网络,合理安排上网时间。
(2)主动提高自己对网络资源利用方面的技能,学习相关的应用软件和程序,最大限度挖掘和利用网络资源,促进自己学业更加优异。
(3)开阔视野,及时了解时事新闻,充分利用网络教育资源丰富自己的知识储备,提高自己的专业水平和技能。
(4)进一步利用网络资源,建立起自己与同学、老师、学校之间交流的畅通桥梁,获得拥有教育环境的协作和支持,确保思想和身心都能健康成长。

(二)警惕上网负面危害

目前,大学生上网主要是查找资料、学习、看新闻、微信聊天、视频、跟帖灌水,有时会下载歌曲、电影、图片,也会参加网络游戏、制作主页等活动(图 5.2)。网络已成为大学生学习、生活中非常重要的部分,在充分享受网络带来的诸多方便与快捷的同时,也会遭遇它带来的负面影响。

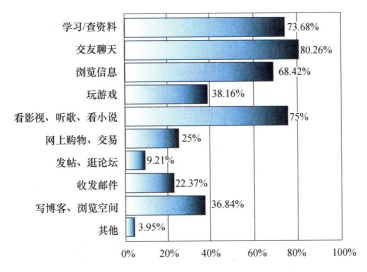

图 5.2 大学生上网的主要内容

(1) 网络交友。大学生通过 QQ、微信、微博等可以结交五湖四海、志同道合的网友,然而网络交友具有隐蔽性、虚拟性、两面性等特点,一些居心叵测者往往以交友为幌子,暗地里进行着盗窃、诈骗等违法活动。因此,大学生聊天交友时,必须把握慎重的原则,提高安全保护意识,不轻信他人,不随意点击来历不明的网址或文件,更要警惕网络色情聊天、反动宣传等。

(2) 浏览网页。通过浏览网站可以掌握大量信息,丰富自己的知识、经验,但一些网站或个人往往会不择手段,套取网民的个人资料,进行欺诈。在浏览网页时,应该选择合法的大型门户网站,同时要增强辨别是非和自我保护能力,自觉抵制各种不良信息以及违法犯罪行为的危害。

(3) 网络求职。由于方便、快捷的优点,网络求职在招聘中的地位越来越重要,但其社会问题也随之而来。很多公司或不法分子经常会利用求职者急于求成的心态,把"黑手"伸向大学生。大学生在网络求职中要保持平和的心态,提高警惕,注意个人重要资料和信息的保密,避免网络求职陷阱。

(4) 网络娱乐。听音乐、看电影、玩游戏、聊天等功能可以带给我们很多在现实生活中无法实现的快乐和满足,但如果娱乐过度,就会丧失积极向上的动力。大学生群体正处于大量获取知识和培养技能的年龄,对网络娱乐要有自我约束力,做到合理利用网络作为缓解压力和调养身心的工具,切不可沉迷其中。

第二节 网络身心健康

现代医学证明,一个人如果不能控制自己,痴迷于网络,很容易患上"互联网成瘾综合症"(简称"网络综合症"),也就是由于对互联网过度依赖而导致明显心理异常症状以及伴随的生理性受损现象。网络成瘾对青少年危害甚大,大学生们应当自觉树立起积极健康的心态,努力克服网络痴迷心理,确保身心健康。

一、上网生理健康隐患

长时间不正确使用计算机或上网对大学生的身体健康会造成许多损害,从而降低人体的免疫能力。因此,大学生应该养成科学、健康地使用计算机和上网的习惯,积极预防上网对身体健康的损害。

(一)上网对生理健康的损害

使用计算机可能造成包括眼睛、颈椎、脊椎、腰部和背部、手指和手腕、下肢以及皮肤等多方面的健康危害。计算机显示器伴有辐射与电磁波,长期使用会危害眼睛,诱发眼部疾病,甚至容易引起中枢神经失调;而且使用计算机时,以高速、单一、重复的姿势进行操作,持久地强迫体位,容易引起肌肉骨骼系统的疾患。

(二)预防上网生理损害

(1)保持正确的操作姿势,不要偏斜颈椎,不要离显示器太近。注意光线适中,切忌在昏暗的光线下上网。(图5.3)

图5.3　上网要保持正确坐姿

(2)选用优质键盘、鼠标,尽量选用辐射较低的显示器或者使用防辐射器材,避免显示器的电磁辐射危害人体健康。

(3)增强自我保健意识,连续操作计算机时间较长时,要注意在学习、工作间隙适当休息,最好到室外活动活动手脚和躯干。

(4)注意计算机使用环境的卫生,尽量去有合法营业资格、有安全保障、照明条件好、空气流通的网吧,在家或宿舍上网要经常通风换气,保持室内干爽,尽快将有害气体排出。

二、网络心理安全隐患

网络对学生心理健康的影响可以分为积极和消极两个方面。积极方面主要表现在通过普及心理健康知识、提供心理健康援助、建立良好的人际关系、情感宣泄等方式提高心理健康水平；消极影响主要表现在由于不正确的使用网络导致的情感冲突、安全焦虑、心理障碍等心理安全隐患。

常见的网络心理疾病主要有：

（1）计算机依赖症。使用者没有明确目的，不可抑制地长时间操作计算机或上网浏览网页、玩游戏等。

（2）网络交际成瘾。在现实生活中不愿意和人直接交际，不合群，沉默寡言，但喜欢网络交际，经常上网聊天或通过其他网络交流方式与人交流思想感情，一天不上网交际就浑身不舒服。

（3）网络狂躁或抑郁症。一段时间不能上网，就会产生失落感、空虚感、焦虑感，烦躁不安，想找人吵架或攻击别人；有的人心情郁闷，百无聊赖，甚至产生悲观厌世、自杀念头。

如果出现上述情况，上网后就可能产生更强的撒谎倾向，变得更加孤僻，对学习失去兴趣，空虚无聊。此时应主动进行心理咨询，及时接受心理治疗。

三、警惕网络综合症

（一）网络综合症

网络综合症全称"互联网成瘾综合症"（internet addiction disorder, IAD），指个体由于过度使用互联网而导致明显的社会、心理功能损害的一种现象。与非成瘾者相比，他们的上网频率高，耗费时间多。网络综合症主要的心理表现就是渴求，认为上网是最高的境界；另外，还伴有生理的症状，如睡眠日夜颠倒、头疼、头晕、视力下降，长期坐在计算机前由于受到辐射会造成心血管方面的疾病，有的人心慌、出汗、记忆力严重下降，对智商都有严重的影响。更有甚者，由于大脑神经中枢持续处于高度兴奋状态，还会诱发心血管疾病、胃肠神经官能症等。（图5.4）

图5.4　大学生网络成瘾

网络综合症是个宽泛的概念,包含了大量的行为问题和冲动控制问题。概括起来网络综合症大致有四种基本类型:网络色情成瘾、网络关系成瘾、网络游戏成瘾、网络信息成瘾。"网络综合症"的形成除网络本身的因素之外,还有意识因素、心理因素和社会因素,例如把上网作为逃避现实生活问题、排遣消极情绪和追求超现实满足的工具,沉迷其中。

(二) 网络综合症的防治

【典型案例5.2】

安徽某高校一名二年级本科生,一年级第一学期成绩中等,后来渐渐地感觉学习单调、生活乏味又没有什么目标,就好像失去了方向。看到别的同学对上网不亦乐乎,就跟着一起上网玩游戏。开始只是觉得新鲜刺激,后来发展成为迷恋沉溺,整天沉迷于网络游戏中,乐不思"书"。结果二年级第一学期考试下来,除了英语,其他课程都没及格,不得不留级一年。

案例分析: 大学生仍处于性格定型期,自控能力尚差,如对自己的时间安排缺乏计划性,很容易导致松懈。网络综合症不仅荒废学业,而且会带来一系列心理疾病。因此青年大学生仍要培养良好的意志品质,增强自制力,善于控制自己的上网行为,追求高雅的生活情趣。

1. 网络综合症的自我诊断

如果出现以下症状,就已经存在沉迷网络的隐患。

(1) 上网时神思敏捷,并感到亢奋;一旦离开网络便情绪低落、疲乏无力。

(2) 无法控制上网的冲动,上网时间经常超过预期时间,而自己浑然不知。

(3) 对家人或亲友隐瞒迷恋网络的程度,性格逐渐变得孤僻。现实生活中,不愿意与人交流。

(4) 有时会出现无意识的敲击键盘的动作。

2. 网络综合症的调整方法

采取时间控制法、自我警示法、家庭治疗法、群体支持法等来防治网络综合症,效果较好。

(1) 提高网络认知。充分认识网络成瘾的危害,主动约束自己上网的习惯。

(2) 控制上网时间。科学合理做好时间安排表,逐天减少上网时间,自觉接受家人、朋友、同学的监督。

(3) 转移兴趣,开阔视野。将兴趣转移到运动、音乐等积极健康的方面。

(4) 积极寻求支持。积极接受家人、朋友、老师、同学的鼓励和帮助。必要时,可以找专业的心理医生进行系统治疗。

(5) 制定行为准则。强制自己遵循计划、遵守准则,同时接受他人监督。(图5.5)

图5.5 积极主动戒除网瘾

第三节　网络信息保护

伴随着计算机网络信息化的发展和应用,网络的安全问题日益突显,信息的安全和保密受到了广泛的关注,计算机犯罪以及窃密活动已成为当今的一大社会问题。同时,网络信息良莠不齐,网络诈骗时有发生,大学生要提高保密意识,防范国家秘密和个人重要信息资料遭受不法侵害。

【典型案例5.3】

小白是甘肃某高校的应届毕业生。他去办理中国联通的手机卡,联通公司复核他的资料后,告知小白"有联通公司的欠费记录,金额200多元,所以不能办理相关手续",小白一头雾水。他本人从来没有使用过联通公司的通信服务,为何有了200多元的欠费呢?仔细回忆,他才明白,大二时,一个同学借过他的身份证,当时没有仔细询问借用的目的,就直接借给了对方。由于对方的恶意消费导致他本人成了"不良信用记录者"。

案例分析:小白由于安全意识差,不注意保护自己的个人信息安全,随意将身份证借给他人使用,造成自身利益的损失。由此,我们可以得到启示:①身份证是最重要的个人身份凭证,不能随意借与他人,需安全保管;②小白因对方是同班同学而放松警惕,是不可取的,对个人信息的安全防护主要靠自己。思想上要保持警惕,不可以轻易信任索取者,要妥善保管好自己的重要信息。

一、重视网络信息安全

按照国际标准化组织(ISO)引用 ISO 74982 文献中的定义:网络信息安全就是最大限度地减少数据和资源被攻击的可能性。"没有网络安全就没有国家安全,没有信息化就没有现代化。"习近平总书记的这一重要论断,把网络安全上升到了国家安全的层面。网络信息安全是一个关系国家安全和主权、社会稳定、民族文化继承和发扬的重要问题。没有网络安全解决方案,就没有信息基础设施的安全保证,就没有网络空间上的国家主权和国家安全,国家的政治、军事、经济、文化、社会生活等将处于信息战的威胁之中。

二、网络信息安全隐患

(一)网络信息不安全因素

(1)计算机犯罪。如网络银行账号被窃取。

(2)技术失误。如用户使用不当、安全意识差。

(3)黑客攻击。指黑客的入侵或侵扰,如非法访问、拒绝服务、计算机网络病毒、木马控制、口令窃取、非法链接等。

(4)信息泄密。内部泄密与外部泄密、消息丢失以及传输过程中发生的泄密。

(5)电子谍报。如信息流量分析、信息窃取等。

(6)系统漏洞。包括网络协议中的缺陷、操作系统的缺陷(系统主要漏洞、活动天窗)等。

(7)自然灾害。如地震、火灾造成系统破坏、数据破坏。(图5.6)

(二)大学生个人信息泄露风险

个人信息通常指涉及个人身份(包括图片资料、身份证信息)、家庭住址、联系方式、账号、密码等内容的各种信息资源。大学生网上泄露个人信息的常见失误有:

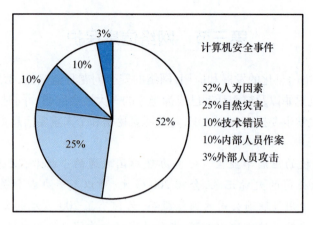

图 5.6　计算机安全事件

（1）网上购物。网购时需注册姓名、手机号码和信用卡号等，由于部分网站缺乏必要的安全防范措施，很容易造成个人信息外泄。

（2）通讯录。一些校友录、同学录网站，用户注册时需填写详细信息，这些信息多是半开放性的，任何人都可以通过计算机终端下载和抄录，给个人信息安全造成隐患。

（3）求职应聘。学生兼职或毕业求职，需向用人单位提供姓名、通信方式及身份证复印件等信息。招聘单位对不再需要的求职资料如不能退还本人或者销毁都可能造成个人信息的泄露。

（4）公共网吧。网吧的计费管理软件有"远程监控"功能，个别网管出于不良目的会监控你的微机终端；由于个人疏忽，在离开网吧时未及时关闭已打开的聊天程序或邮箱等，造成他人的恶意利用或窃取。

（5）扫描二维码。广告推销类的二维码通常带有一些非法链接，随意扫描则会带来信息泄露。

（6）手机、计算机维修。手机和计算机维修时，机主的个人资料容易被他人获取。

（7）市场调查。一些市场调查也可能造成被调查对象个人信息的泄露。

（三）信息泄露的危害

从侵权主体来看，网络安全事件主要分为个人为主体的侵权行为、网络服务商为主体的侵权行为以及生产厂商为主体的侵权行为。大学生网络安全事件层出不穷，给大学生的生活、学习带来极大的伤害。

1. 个人信息被 App 过度采集

据《2019 网民网络安全感满意度调查活动总报告》显示，近一年来，有 58.75% 的网民在日常生活中遇到过侵犯个人信息的行为，其中遇到个人信息泄露的达 85.36%。国家市场监督管理总局相关负责人介绍，一些互联网公司收集的信息与其所提供的服务并不相关。部分企业超出用户授权范围使用个人信息，包括进行商业推广、大数据"杀熟"，甚至未经授权将所掌握的个人信息提供给其他企业，有的被用于电话营销，有的甚至被犯罪分子用于网络诈骗。大学生社会经验欠缺，这样的事件在他们身上多有发生。基于网络服务的个人信息在被确认和收集的同时，也存在着被侵犯的威胁。（图 5.7）

2019 年 11 月，为 App 运营者自查自纠和网民社会监督提供指引，落实《网络安全法》等法律法规，国家互联网信息办公室秘书局、工业和信息化部办公厅、公安部办公厅及市场监管总局办公厅等联合制定了《App 违法违规收集使用个人信息行为认定方法》，明确规定，不应以改善服务质量、提升个人信息主体体验、研发新产品、增强安全性等为由，强迫要求个人信息主体同意收集个人信息。

图5.7 用户被过度索权

2. 电信网络诈骗猖獗

【典型案例5.4】

2016年8月19日,一个诈骗电话骗走了山东临沂准大学生徐某玉全部学费,也带走了这个18岁女孩的年轻生命。起因是网名"法师"的黑客杜某禹非法入侵高校招生平台网站,非法获取当年考生个人信息,其中就包含被害人徐某玉申请贫困生助学金的情况。杜某禹将这些个人信息向陈某辉出售,陈某辉冒充财政局工作人员以发放助学金为名拨打电话,才导致徐某玉接到诈骗电话后深信不疑,酿成了悲剧。

【典型案例5.5】

2019年11月10日晚,山西某高校女生小杨打开自己的某网站购物车查看,等着打折抢购。这时,屏幕上弹出一条信息"亲,在吗?为了避免一会儿刷单人员过多,造成网络堵车,只要你给我好评,我现在就可以给你打折。"小杨觉得提前购买不但能打折还能避免网络繁忙脱购,而且东西也是自己急需的,就迅速进行了交易。微信支付后,显示"交易成功,尽快为您安排快递派送",小杨随即写下了好评。这时又弹出一条信息"为了感谢您的支持,我可以送您两张优惠券,现在充值八折优惠,也就是以后在我的店购物相当于八折优惠,而且只有'双11'期间我们成交的前11个客户才有这个优惠哦。"小杨支付了160元,很快200元就回到了她的账户。小杨非常高兴,再看看这家店的东西还挺多,于是她就又支付了2000元,打算买上对方送给她的第二张优惠卷。可是,等了很长时间也没有回应,再联系对方,一看头像已变黑。

从北京市公安局反诈中心提供的2019年统计数据来看,电信网络诈骗案件发案中相对突出手段有:贷款及代办信用卡类诈骗、刷单类诈骗及冒充公检法类诈骗等。当前电信网络诈骗花样繁多,常见情形有:自称公检法要求汇款的,通知"中奖"、领取"补贴"却要你先交钱的,通知"家属"出事要先汇款的,在电话中索要个人和银行卡信息及短信验证码的,让你开通网上银行接受检查的,陌生网站要求登记银行卡信息的,等等。(图5.8)

大学生遇到类似情况,要提高警惕,防止被骗,宜遵循"五不一多"原则,即:未知链接不点击、陌生来电不轻信、个人信息不透露、验证号码不告人、二维码图不随扫、转账汇款多核实。

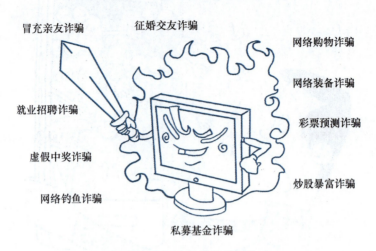

图 5.8　网络诈骗常见手法

3. 垃圾短信源源不断,垃圾邮件铺天盖地,骚扰电话接二连三

个人信息被泄露后,手机会突增很多无用信息,电子邮箱每天都会收到以推销为主的多封垃圾邮件,本来只有朋友、同学或亲戚知道的电话,会经常被陌生人骚扰。

4. 冒名办卡透支消费,案件事故从天而降

不法分子买到你的个人信息,在网上骗取银行的信用,恶意透支消费;甚至可能利用你的个人信息干坏事,公安机关可能会依据身份信息找到你,带来很多麻烦。

5. 非法分子编造假信,坑蒙欺骗乘虚而入

非法分子知道了你的个人信息,编造耸人听闻的消息来欺骗你;甚至还能说出你的家人、朋友或同学的详细信息,在你心神不宁之时,费尽心机地进行敲诈等。

三、预防信息安全事件

1. 网络信息安全防范策略

无论是局域网还是广域网都存在着自然和人为等诸多因素的潜在威胁,加强网络的安全措施可以较好地保证网络信息的完整性、可用性和保密性。(图 5.9)

图 5.9　维护信息安全从改正坏习惯做起

（1）物理安全策略。主要是保护计算机系统、网络服务器等硬件实体和通信线路免受自然灾害、人为破坏和搭线攻击；验证用户的身份和使用权限，防止用户越权操作；建立完备的安全管理制度，防止非法进入计算机控制室和各种偷窃、破坏活动的发生。

（2）访问控制策略。保证网络资源不被非法使用和非法访问，是维护网络系统安全、保护网络资源的重要手段，也是网络信息安全防范和保护的核心策略之一。

（3）信息加密策略。加密能较好保护数据、文件、口令、控制以及在网络中传输的数据。

2. 信息安全事件的预防措施

个人信息一旦被恶意利用，就会给我们造成一些意想不到的麻烦。保护信息安全要做到：

（1）不注册来源不明网站，谨慎使用手机号码注册。

（2）不轻易下载来历不明的App，安装App时认真阅读隐私政策。

（3）不扫描来历不明的二维码，以防被非法链接。

（4）淘汰的电子产品数据销毁要彻底，防止不法分子恢复。

（5）带有个人信息纸张单据处理需谨慎，要抹掉隐私信息。

（6）不要使用同一组账号密码，并且及时修改初始密码，避免造成严重损失。

（7）避免在社交软件填写详细个人信息，防止不法分子利用。

（8）慎用公共场所免费WiFi，防止用户名、密码泄露。

（9）不要点击短信和邮件中的未知链接，以免被"钓鱼"。

四、网络信息安全事件应急处置

1. 国家秘密泄露

高校人才云集、知识密集、信息资源丰富、涉外交往频繁，是意识形态领域和科学技术领域极为敏感、重要的地方。境外一些反华势力往往盯住高校进行一些窃取国家机密和情报的勾当，形式多样、手段隐蔽。所以，大学生一定要加强国家机密安全防范意识，维护国家利益。

发现国家秘密已经或可能泄露时的应对措施：

（1）拾获涉及国家秘密的文件、资料和其他物品，应当及时送交有关单位或国家安全部门。

（2）发现有人盗窃、抢夺、买卖涉及国家秘密的文件、资料和其他物品，应及时报告公安部门或国家安全机关。

（3）发现泄露或可能泄露国家秘密的线索，应当及时向有关单位或安全部门举报。

2. 个人信息泄露

（1）身份证丢失后，立即到当地公开发行的报纸上刊登"挂失声明"，及时到户籍所在地派出所办理身份证补办手续。

（2）存折、银行卡、信用卡、借书证或校园"一卡通"等重要证件遗失后，应立即到相关单位办理挂失或补办手续。

（3）当连续遭到不明身份的电话骚扰或短信骚扰时，应到通信运营商客户服务中心寻求帮助，必要时向当地公安机关报警。

（4）主流App均建立了举报投诉机制，公开了举报投诉联系方式，必要时通过举报投诉渠道维护自身合法权益。

第四节　预防网络犯罪

网络的迅速发展,为人类社会提供高质量生活的同时,也带来了网络犯罪的问题。近年来,以计算机网络为载体的大学生犯罪案件日益增多。大学生网络犯罪对自己的身心健康和学业发展均会产生不良影响,甚至导致严重的社会和法律后果。

一、网络犯罪概述

(一) 什么是网络犯罪

网络犯罪是指行为人运用计算机技术,借助于网络对计算机系统或信息进行攻击、破坏或利用网络进行其他犯罪的总称。它包括针对网络的犯罪行为和网络扶持的犯罪,具有犯罪现场和空间的虚拟性和隐蔽性等特点,其本质是危害网络及其信息的安全与秩序。

(二) 网络犯罪的特点

同传统的犯罪相比,网络犯罪主要有以下特点:

(1) 犯罪主体的高智能性。实施网络犯罪的行为人一般是网络高手或具有一定的计算机专长。

(2) 手段的隐蔽性。网络是个"虚拟的世界",绝大多数上网者都是以匿名方式进行网络活动,不易被发现识别,这给网络犯罪提供了极为便利的条件。

(3) 严重的社会危害性。随着计算机技术的发展,使得人们日常工作、生活对网络的依赖程度越来越高。因此,网络犯罪所造成的后果也越来越严重,对社会的危害性也越来越大。

(4) 突破时空的广域性。网络打破了传统的地区、国家界限,使信息传播范围大大拓宽,也正是这一没有传统地域疆界的虚拟世界,为网络犯罪的实施提供了自由的空间。

(三) 大学生网络犯罪的常见形式

(1) 非法侵入,危害网络安全。通过扫描系统漏洞、木马植入等非法手段,未经许可非法进入计算机信息系统,即我们通常所称的黑客行为。故意制作、传播计算机病毒等破坏性程序,影响网络系统正常运行,甚至造成大规模的网络瘫痪。

(2) 网络诈骗、盗窃。利用虚假信息迷惑他人,在取得他人一些信息后,实施金融诈骗、盗窃、窃取相关机密等。

(3) 散布、传播反动言论或虚假信息。通过网络认知并接受网上一些反动观点,对某些反动观点或者虚假信息加以摘抄、删改,或原封不动地照搬过来,在网络上散布、传播、蛊惑他人。

【典型案例5.6】

2020年初,新型冠状病毒感染的肺炎疫情防控工作正处于关键时期,社会高度关注、群众高度关切。1月29日18时许,违法行为人吕某强在家中利用微信先后在多个微信群内散布"在运城市空港北区××小区内,四个从武汉回来的人员感染新型冠状病毒肺炎,发烧不敢去治,都死了"的信息,造成一定范围群众恐慌。经查证,吕某强发布的信息系谣言,警方已依法对其予以行政处罚。

案例分析: 网络谣言加剧社会恐慌,引发社会信任危机,侵犯公民或社会组织的个体权利,污染了网络环境,扰乱了公共秩序,败坏了社会风气,损害了公共利益和当事人的声誉等。

《网络信息内容生态治理规定》(自2020年3月1日起施行)第四章明确规定,网络信息内容服务使用者和网络信息内容生产者、网络信息内容服务平台不得利用网络和相关信息技术实施侮辱、诽谤、威胁、散布谣言以及侵犯他人隐私等违法行为,损害他人合法权益等。(图5.10)

图 5.10 抵制谣言,营造清朗网络环境

(4) 网络赌博。网络赌博通常指利用互联网进行的博彩行为。网络博彩类型繁多,基本上现实生活中主要的赌博方式在网络中都可以进行。

(5) 制作、传播淫秽信息。有关机构的调查显示,网络上47%的非学术信息与色情有关,大学生正处于青春萌动期,很容易引发此类犯罪。

二、大学生网络犯罪的原因

随着网络信息技术的日益发展,周围社会环境的不断变化,网络犯罪的成因呈现出了多种方式,犯罪的手段更加巧妙,犯罪的领域更加广泛。大学生网络违法犯罪的根源主要有:

(1) 法律意识淡薄。由于网络的虚拟性、隐蔽性,犯罪者往往抱着可以逃避法律制裁的侥幸心理。还有个别大学生由于缺乏法律意识,在并没有认识到自己实施的是危害社会的行为时就已经构成了违法犯罪。

(2) 强烈的好奇心和表现欲。大学生正处于探索学习、心智逐渐成熟的成长期,精力旺盛,学习和接受新事物的能力特别强。面对他们无法了解的数据,在好奇心驱使下他们研发网络病毒或是强行破解密码,通过攻破网络防线,进入信息系统来表现其技术的高超。他们常把自己的行为当作是一种智力上的挑战。

(3) 网络管理体系滞后。目前网络管理工作治理相对技术而言稍显滞后,网络筛选过滤功能还不够强。不法分子利用网络世界的虚拟性和隐蔽性,散播大量的不良信息。由于大学生的世界观、人生观和价值观尚未完全定型,对某些有害信息缺乏辨析能力,这些有害信息有可能成为大学生实施网络犯罪的诱因。

(4) 家庭和学校教育的缺失。许多家长为孩子的学习购买了计算机,但自己对计算机了解较少,这种情况下,孩子就失去了家长的约束,缺乏必要的监管导致不少青少年在网络上迷失。此外,学校对大学生网络规范教育还存在一定的不足。

三、远离网络违法犯罪

青年大学生在使用网络时不仅要保护好自己,避免受伤害,更要主动将它与自律结合起来,通过各种形式不断强化自己上网的法律意识、责任意识和安全意识,培养健全人格和高尚情操,自觉远离网络犯罪的不良冲击。

(1)加强法律学习,增强法制意识。木受绳则直,人懂法则慎。大学生要主动学习计算机网络法律常识,用法规和行为规范来约束自己的行为。在论坛上发表言论时不能违反国家法令,提倡网络文明用语,不违背社会公德;自觉抵制任何利用计算机网络损害国家、社会和他人利益的行为。

(2)端正上网目的,远离不良内容。大学生应正确利用网络资源,丰富充实自己的知识储备,促进专业学习和人生发展。在接受网络科技知识的同时,端正上网目的,不浏览黄色网站,不点击和回复色情帖子,共同营造健康积极的网络环境。

(3)正确使用互联网技术。互联网技术博大精深,作为一名大学生要时刻保持谦虚的态度,不在互联网上炫耀自己或利用互联网实施犯罪活动,不随意攻击各类网站,一则这样会触犯相关的法律,二则可能会引火上身,被他人反跟踪、恶意破坏、报复,得不偿失。

(4)积极参与校园文化建设,丰富课余生活。主动接受学校的正确引导,自觉抵制网络中不良信息的影响和腐蚀。经常参加一些积极、健康、有益的活动,不断提高人际交往能力和实践能力,使自己在良好的氛围中学习和生活。

四、加强网络伦理道德修养

大学生要不断提高自己的理性自律,收拢个人放纵的意志欲求,以理性取代任性;自觉遵守网络规则,准确识别并抵制网上的不良信息,不断规范自己的网络行为,形成正确的道德观,树立高尚的网络道德。

(1)讲究社会公德,不以任何方式、目的危害计算机信息系统安全。
(2)珍惜网络匿名权,做文明网民。
(3)尊重他人的隐私权,不进行任何网络骚扰。
(4)尊重他人的财产权,不侵占他人的网络资源或财产。
(5)尊重他人的知识产权、通信自由和秘密,不进行侵权活动。
(6)诚实守信,不制作和传播虚假信息。
(7)慎独慎微、慎言慎行。
(8)远离罪恶和色情信息。

思考题

1. 网络信息安全问题对大学生会产生哪些不良影响?如何预防?
2. 网络综合症的主要类型有哪些?
3. 如何抵制和预防网络犯罪?试举例说明。
4. 大学生在上网时应遵守哪些行为规则?
5. 在网络交往中,大学生如何保证自身安全?

第六章 生活与食品安全

第一节 日常生活安全

一个人要成就学业、事业,拥有美好人生,必须养成良好的学习、生活和工作习惯。那些优秀学生之所以优秀,是因为他们都养成了良好的学习生活习惯。而平庸的人之所以平庸,是因为他们自我约束差、生活懒散、多有恶习。大学生由于生活阅历简单,安全常识欠缺,安全习惯养成不足,因此,在日常生活中经常遇到各类安全问题难以解决。大学生只有引起足够重视,积极学习相关知识,努力培养良好习惯,才能成功避免日常生活中各类伤害或烦恼。(图6.1)

图6.1 大学生应养成良好的生活习惯

一、日常疾病预防

大学生身体强壮,免疫能力相对较高,但由于远离家庭,失去了父母原有的无微不至的关照,加之生活在人员密集的集体环境中,社会活动又比较活跃,因此身患传染病或个体疾病也在所难免。这些疾病既损害健康,又影响学业,有的学生不重视防范和及时医治,容易加重或引起安全问题,给学习和生活带来困扰。传染病的防治在本书第三章已有阐述,可参阅学习。本部分只简要讲述常见的大学生个体疾病类型及防治。

(一) 胃炎

胃炎是指胃黏膜受物理化学及精神因素刺激后引起的炎性反应。它与气候变化、腹部受凉、饮食不调、暴饮暴食、药物刺激、情绪变化等有关。临床表现：左上腹部疼痛，伴有烧灼感、反酸、嗳气、食欲减退、恶心呕吐，并发溃疡时有规律性的夜间疼痛。防治措施：

(1) 根据气候变化随时增减衣服，避免受凉及过度疲劳。

(2) 保持心态平衡、精神愉快，避免生气、发怒。

(3) 饮食要规律，忌进食过快、过冷、过热、过辣；忌偏食及暴饮暴食，少吃油炸、高糖、高脂肪的食品；戒烟戒酒。

(4) 避免药物刺激。许多药物对胃黏膜有刺激作用，如阿斯匹林、消炎痛、强的松等，这些药应饭后服。

(5) 胃病应综合治疗，切忌乱投医、滥用药及迷信广告自购药。治疗原则：抗菌消炎、止酸抑酸、保护胃黏膜、镇静安定、止痛、助消化、中药调理等。

(二) 扁桃腺炎

在大学生中极为多见，多由溶血性链球菌引起。如果事先有感冒，可能为病毒后继发性细菌感染。发病前可能有全身无力和发冷，随后有咽痛，吞咽时尤甚。开始时大多位于一侧（以后蔓延至对侧），颌下或耳旁淋巴结可出现肿痛。随着病情发展，临床出现高热，体温可达39℃以上，全身酸痛，头痛，食欲减退。

扁桃腺炎一般用抗菌素治疗，同时应卧床休息，多饮水，用淡盐水漱口，以利细菌毒素的排出，并减轻咽痛。根据发热程度分别使用退热剂，减轻不适症状。对于反复发作，过于增大的扁桃腺可考虑手术切除。

预防措施：注意保暖，避免受凉感冒；要劳逸结合，不熬夜，不娱乐过度；注意饮食营养，加强体育锻炼，增强体质。

(三) 口腔溃疡

口腔黏膜、舌尖、牙龈常出现直径2～3毫米的溃疡，有剧烈的烧灼痛，咀嚼和接触咸味时尤甚，影响食欲、工作、学习。病程一般7～10天，愈合后不留疤痕，但容易复发。一处好后，他处又可发生，间隔时间长短不一。

口腔溃疡的病因常见于疲劳过度、消化不良、睡眠不足、熬夜、感冒发烧后，维生素B2缺乏等，总的看来，似与免疫系统机能降低有关。

得了口腔溃疡，经口服一些抗菌消炎药、维生素B2、维生素C，局部敷锡类散、西瓜霜喷剂、云南白药等，短期内即可愈合。另外，要调整生活规律，保证睡眠时间，不疲劳过度；注意口腔卫生及饮食营养，多吃新鲜蔬菜、水果。

(四) 急性阑尾炎

急性阑尾炎是外科急腹症中最常见的疾患，大学生中发病率也较高。急性阑尾炎症状主要表现在三个方面：

(1) 腹痛：病人发病开始时自觉上腹痛或脐周疼痛，几小时至十几小时后疼痛转移至右下腹。单纯性阑尾炎多呈隐痛或钝痛，程度较轻，有梗阻的化脓性阑尾炎多呈阵发性剧痛或胀痛。

(2) 恶心、呕吐：病变早期多有轻度的恶心、呕吐，吐出物多为食物。常伴有便秘、腹泻等症状。

(3) 轻度发热：发热一般不高，在37.5℃～38℃之间。

阑尾炎经医院确诊，原则上手术切除，轻者可行保守治疗，若反复发作应及时手术切除。

（五）疥疮

疥疮是一种由疥虫（螨虫）所致的传染性皮肤病。本病一年四季均可发生，多在冬春两季流行。它偏爱于住集体宿舍的学生，往往是一人患病，全宿舍遭殃。

患了疥疮常有剧烈的瘙痒，尤以夜间为重，故影响睡眠。

预防措施：注意个人及环境卫生，勤换洗衣服，避免同疥疮病人接触；尽量做到早发现、早隔离、早治疗；同学之间不要混睡；宿舍内物品摆放整齐，保持无蚊蝇臭虫、无垃圾堆积；勤开窗通风、保持空气新鲜；经常晾晒被褥。

（六）尿路感染

尿路感染可分为上尿路感染（主要是肾盂肾炎）和下尿路感染（主要是膀胱炎）。因有些肾盂肾炎和膀胱炎临床表现极相似，不容易鉴别，故临床上统称为尿路感染。

临床症状：尿急、尿频、尿痛等尿路刺激症状；一般无明显的全身感染症状；常有白细胞尿，约30%有血尿，偶有肉眼血尿。

预防措施：保持就寝床具清洁，外住宾馆时是要做到穿着内衣、内裤住宿；坚持淋浴；使用坐式马桶要注意清洁和消毒；注意性生活和生殖器的卫生，保持外阴清洁，勤换内裤，女生在经期更应注意局部卫生；性行为要注意安全措施，避免不戴安全套等危险行为。

（七）心理健康

在日趋复杂的学习生活环境里，大学生的心理安全问题越来越严重。心理不健康，生命得不到尊重和珍惜，自杀现象有愈演愈烈之势，大学生心理健康、生命安全受到前所未有的威胁。大学生常见的心理问题有：

（1）环境适应问题。在大一新生中较为常见。

（2）学习问题。表现为学习目的问题、学习动力问题、学习方法问题、学习态度问题、学习成绩差等。

（3）人际关系问题。表现为难以和别人愉快相处，没有知心朋友，缺乏必要的交往技巧，过分委曲求全等，以及由此而引起的孤单、苦闷、缺少支持和关爱等痛苦感受。

（4）恋爱与性心理问题。恋爱方面表现为单相思、恋爱受挫、恋爱与学业关系失衡、情感破裂的报复心理等。性心理常见问题有：由青春期困扰、婚前性行为、校园同居等问题引起的恐惧、焦虑、担忧等。

（5）性格与情绪问题。性格障碍是大学生中较为严重的心理障碍，其形成与成长经历有关，原因较为复杂，主要表现为自卑、怯懦、依赖、神经质、偏激、敌对、孤僻、抑郁等。

（6）神经症问题。长期的睡眠困难、焦虑、抑郁、强迫、疑病、恐怖等都是神经症的临床表现症状。

青年学生要积极认真参加学校组织的心理健康教育课程、讲座和活动，掌握一定的心理健康知识和心理自助的训练方法，加强自我保健，以此来增强抵御挫折和干扰的能力。遇到自己解决不了的困惑，要及时向班主任、学校心理健康辅导教师求助，使其得到尽快解决。

在不能改变客观的外界时，要试着提高自我的心理调适能力，保持良好心态，乐观面对生活，正确把握自己，树立积极向上的人生观，时刻绽放阳光笑颜。"勤奋上进、勇敢理性"是每个青年学子的座右铭，将它坚持下去。

二、生活急救常识

大学生在日常学习、生活中，往往由于自身原因或环境因素造成猝死、运动伤害、中毒等突发事件,如果能第一时间得到正确的急救,就能最大程度地避免死亡或降低伤害程度。

(一) 抽筋

抽筋,学名肌肉痉挛,指肌肉突然、不自主地强直收缩的现象。抽筋造成肌肉僵硬、疼痛难忍。发生部位及处理措施如下。

手指:抽筋的手先握拳,然后用力伸张打开,反复此动作,直到复原。(图6.2)

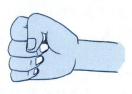

图 6.2 手指抽筋

手掌:两掌相合,未抽筋的手掌用力压抽筋的手掌向后弯,再放开,重复动作直至复原。

手臂:抽筋的手先握拳,再将小臂屈肩,然后伸臂伸掌,重复动作直至复原。

小腿:用手握住抽筋一侧的脚趾,用力向上拉,另一手向下压住膝盖,使腿伸直,重复动作直至复原。

大腿:将大腿和膝盖弯曲至腹部前,双手环抱,再放开并将腿伸直,重复动作直至复原。

游泳时发生小腿抽筋,应立即收起抽筋的腿,另一只腿和两只手臂划水,游上岸休息。不可惊慌失措,否则会因处理不当抽筋更厉害,甚至溺水。如会浮水,可平浮于水上,弯曲抽筋的腿,稍事休息,待抽筋停止,立即上岸。也可吸气沉入水中,用手抓住抽筋一侧的脚大拇趾,使劲往上扳折,同时用力伸直膝关节,在憋不住气时,浮出水面呼吸,然后再沉入水中,重复上述动作,反复几次后,抽筋可缓解,然后急速游上岸休息。在游向岸边时,切忌抽筋一侧的腿用力过度,以免再次抽筋。

(二) 中暑

1. 中暑预防

夏季不在阳光直射下长时间做剧烈运动,避免在日光下长时间暴晒,烈日下要戴遮阳帽或打遮阳伞;不在高温不通风环境中久留;多饮水,食用避暑的水果或药品;出现不适,尽早到阴凉通风处休息。

2. 中暑急救

(1) 立即把病人抬到阴凉通风处,解开过紧的衣扣。

(2) 让其饮用含盐的饮料,并服用人丹、藿香正气水等解暑药品。

(3) 用冷毛巾湿敷头部或用50%的酒精擦拭。

(4) 如果症状没有减轻,立刻送往医院就诊。

(三) 动物咬伤

在大学生活中,有可能出现被蛇、犬等动物咬伤的情况,需要及时进行处置。(图6.3)

图 6.3　生活中被犬、蛇等咬伤的处置

1. 毒蛇咬伤急救措施

（1）绑扎伤肢。立即在患肢伤口近心端 5～10 厘米处绑扎，以阻断静脉回流，减少毒素吸收、扩散。

（2）局部降温。将被咬肢体放低，用冰袋（冷水、井水）局部冷敷。

（3）排除毒液。保持镇静，力争在几分钟内排毒，切勿拼命奔跑去就医，防止吸收和扩散。

（4）急送医院。被毒蛇咬伤 12 小时内，可在医院切开伤口排毒抢救。

2. 狗、猫咬伤急救措施

（1）被狗咬伤（抓伤）后，应就地及时正确处理伤口，即用 20% 的肥皂水或 0.1% 的新洁尔灭彻底清洗伤口局部，反复用纯净水冲洗伤口，再用 3% 的碘酒和 75% 的酒精消毒，进行必要的清创。

（2）局部伤口不做一期缝合，不包扎，不涂抹任何外用药，以利于伤口排毒。

（3）已被污染的伤口应同时使用破伤风抗毒素和其他抗感染药剂处理。

（4）被宠物咬伤或抓伤后，只要有皮下渗血或出血点，就应及时注射狂犬疫苗。

（四）烧伤

根据烧伤的不同类型，可采取以下急救措施：

（1）防止休克、感染。为防止伤员休克和创面发生感染，应给伤员口服止痛片和磺胺类药，或肌肉注射抗生素，并让伤员饮用淡茶水、淡盐水等，一般以少量多次为宜。

（2）保护创面。烧伤创面一般可不做特殊处理，尽量不要弄破水泡，不能涂龙胆紫一类有色的外用药，以免影响烧伤深度的判断。

（3）合并伤处理。有骨折时应予以固定；有出血时应紧急止血。

（4）迅速送往医院救治。护送前及护送途中要注意防止休克，搬运时动作要轻柔，尽量减少伤员痛苦。

（五）急性酒精中毒

急性酒精中毒（俗称醉酒）是由于饮入过量的酒或其他含酒精的饮料后引起的中枢性兴奋或抑制的症状。酒精进入人体后，吸收较快而排泄较慢，故酗酒对人体伤害很大，重度中毒可造成死亡。急性酒精中毒的处理方法：

（1）催吐，尽量吐出胃中的残酒。

（2）饮用鲜果汁、醋或糖水解酒。

(3) 对于严重的酒精中毒者应送医院救治。

(六) 骨折

发生骨折的主要原因是外伤,如打伤、撞伤、挤压、跌伤。骨折局部可出现肿胀、瘀血、变形和功能障碍。触摸局部可感觉骨头变形,压痛明显,有异常活动及骨茬摩擦音。

骨折发生后,离医院较近者,可直接送医院或叫救护车。离医院比较远的病人,必须进行简单的处理,以防在送医院途中加重病情,造成不可逆的后果。处理方法:

(1) 如有皮肤伤口及出血者,要清除可见的污物,然后用干净的棉花或毛巾等加压包扎。

(2) 四肢开放性骨折(骨折断端经伤口暴露出来)有出血时,可用宽布条、布带在伤口的上方捆扎。捆扎不要太紧,以不出血为度,并且要隔1小时放松1~2分钟。上肢捆扎止血带应在上臂的上1/3处,以避免损伤神经。

(3) 上肢骨折可用木板或硬纸板进行固定,然后用绷带或绳索悬吊于脖子上。下肢骨折可用木板捆扎固定,也可将双下肢捆绑在一起以达到固定目的。

(4) 骨盆骨折可用宽布条扎住骨盆,病人仰卧,膝关节半屈位,膝下垫枕头或衣物,以稳定身体,减少晃动。

(5) 通过以上处置后,可搬运病人送医院。搬运病人动作要轻,使受伤肢体避免弯屈、扭转。

骨折的处置,要在专业医生的指导下学习演练。

(七) 出血

任何人如果意外受伤,首先要就地采取止血措施,然后尽快送医院急诊。快速止血方法:

(1) 指压止血法:用手指压迫伤口近心端的动脉阻断血运,是一种短暂(10~15分钟)的止血方法,用于出血量较多的伤口,有快速止血的作用。

(2) 包扎止血:用敷料或棉垫直接压住伤口或伤口周围(伤口由较深的异物或骨折断端外露时),再用绷带或三角巾进行包扎来止血。要点:①抬高患肢;②伤口浅表的异物予以去除后包扎,刺入体内的异物予以保留,骨折断端外露时,伤口周围加垫后间接加压包扎;③敷料覆盖超过伤口边缘3厘米以上。(图6.4)

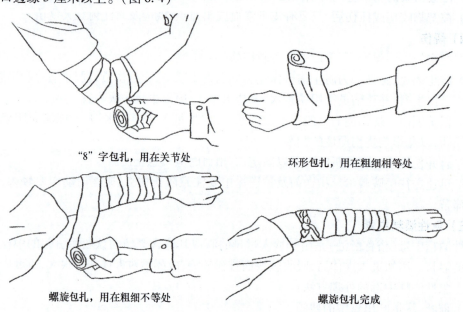

"8"字包扎,用在关节处　　　　　　环形包扎,用在粗细相等处

螺旋包扎,用在粗细不等处　　　　　　螺旋包扎完成

图6.4　常用包扎方法

（3）加垫屈肢止血法：四肢没有骨折时，用于腋窝、肘窝和腘窝较远的出血。在腋窝、肘窝或腘窝处垫上棉垫，并屈曲相应关节压迫此处的血管止血，再用绷带等固定该关节。

（4）填塞止血法：用于伤口较深较大、出血多的伤员。用敷料等塞入伤口内，再加压包扎。

（5）止血带止血法：肢体大出血时采用的一种止血、救命的方法。①抬高患肢，伤口处用指压止血法和直接压迫止血法止血；②在局部加垫，有表式、气囊止血带最好，没有时可选用宽布带作为止血带，禁用铁丝、电线、绳索等；③松紧适度，以伤口不出血为度。

（6）在明显部位准确标记时间，每50分钟放松3~5分钟，放松时用指压止血法和直接压迫止血法止血。

止血和包扎技术，要在专业医生的指导下学习演练。

（八）呼吸和心脏骤停

对于停止呼吸和心脏骤停的病人，可以采用心肺复苏的方法进行急救。当人在心脏病、溺水、车祸、药物中毒、高血压、异物堵塞时都会导致呼吸停止、心跳骤停，均可使用人工呼吸和胸外心脏按压进行抢救。心肺复苏术的步骤和要领：

（1）将病人平卧在平坦的地方，抢救者跪在病人的右侧，左手放在病人的前额上，用力向后压，右手指放在下颌处，将病人的头部向上向前抬起，使口腔、咽喉轴呈直线，防止舌头阻塞气道口，保持气道通畅。

（2）人工呼吸。抢救者右手向下压病人的颌部，撑开病人的嘴，左手拇指和食指捏住病人的鼻孔，用双唇包封住病人的口外部，用中等的力量，按每分钟12次、每次800毫升的吹气量吹气。一次吹气后，抢救者应抬头做一次深呼吸，同时松开左手。下次吹气按上一步骤继续进行，直至病人有自主呼吸能力为止。吹气量不宜过大，时间不宜过长，以免发生急性胃扩张。同时观察病人的气道是否畅通，胸腔是否被吹起。

（3）胸外心脏按压。抢救者在病人的右侧，左手掌根部置于病人胸骨中下三分之一处或双乳头与前正中线交界处，右手掌压在左手背上，两手的手指翘起不接触病人的胸壁，伸直双臂，肘关节不弯曲，以髋关节为轴，借助上半身的重力垂直向下按压，将胸骨下压4厘米至5厘米或者胸廓前后径的三分之一。按压频率至少每分钟100次。按压部位不宜过低，以免损伤肝、胃等内脏；压力要适宜，过轻不足于推动血液循环，过重会使胸骨骨折，形成气胸、血胸。

（4）胸外按压和人工呼吸交叉进行，一般每做30次胸外心脏按压，再做2次人工呼吸，如此反复。

心肺复苏术要在专业医生的指导下学习演练。

（九）晕厥

晕厥又称晕倒、虚脱，是因暂时性脑缺血、缺氧引起短暂意识不清而突然倒地。学生发生昏厥大都是因为减肥或低血糖引起的。如果意识不清时间超过10分钟，就可能发生昏迷，从轻度的功能失调发展到心脏病、脑中风等其他严重的情况。

（1）对出现晕厥先兆表现或已瘫倒在地的病人，应立即扶住并助其平卧在空气流通处休息，可将病人双腿垫高30°，这样做的好处是能够保证头部和心脏的供血。

（2）应适当松解病人的领带、腰带等。

（3）开始检查病人的意识，即大声呼唤并拍打其肩膀，并选择指压病人的人中、合谷等穴位，帮助其苏醒。检查病人的呼吸、脉搏的情况。如果没有呼吸和脉搏，应立即做心肺复苏。

（4）一般经过平卧休息、抬腿、通风等处理，晕厥病情就能缓解。如了解到发生晕厥的诱因和病因，针对性处理，效果会更好。

(5)患者反复发生不明原因的晕厥,必须呼叫急救电话"120",将其护送至医院做进一步检查治疗。

(十)猝死

猝死是指一个看起来健康的人,突然发生意料不到的非外因引起的死亡。

1. 大学生发生猝死的主要原因

(1)个别学生的主要器官有潜在疾病、暴发疾病,或学生属于异常体质、过敏体质。

(2)精神因素。如过度狂欢、愤怒、紧张、恐惧等引起猝死。

(3)剧烈的体力活动或过度疲劳。

(4)过度饮酒。饮酒不加节制,容易引起内脏器官功能衰竭,也可引起血管破裂死亡。

(5)外伤或感染。轻微的外伤或感染虽然不直接致命,但可使原有病变恶化,导致死亡。

(6)过冷过热、暴饮暴食等,有时也可能成为猝死的诱因。

2. 猝死现场抢救

(1)首先判断病人有无意识,如无意识,应立即呼救,以取得其他人的帮助。

(2)拨打医疗救护电话,同时迅速将病人摆好仰卧体位,并放在地上或硬板上。

(3)判断病人有无呼吸,如无呼吸,应立即做人工呼吸。

(4)如有脉搏,可仅做人工呼吸;如无脉搏,应立即作胸外心脏按压,每做30次按压,再做2次人工呼吸,如此反复进行,直至专业医务人员赶到。

三、溺水

游泳是一项有益身心的体育运动,但存在一定危险,稍有不慎可能发生事故。据统计,游泳溺死的人中有三分之一是15~35岁的男性,而其中又以游泳水平高者所占比例最大,因为他们往往忽略专家提出的安全游泳守则。大学生正处于活泼好动的年龄,很喜欢游泳、戏水等活动,或在学校游泳池游泳,或外出在海边、湖泊、水库等水域游泳。游泳溺水的情况时有发生,我们有必要知晓有关游泳的注意事项。

(一)预防溺水

(1)不要独自一人外出野泳,更不要到不了解、不知水情或易发生溺水伤亡事故的水域去游泳。

(2)要清楚自己的身体健康状况,平时四肢就容易抽筋者不宜参加游泳或不要到深水区游泳。

(3)对自己的水性要有自知之明,下水后不能逞能,不要贸然跳水和潜泳,更不能互相打闹,以免呛水和溺水。

(4)在游泳中如果突然觉得身体不舒服,如眩晕、恶心、心慌、气短等,要立即上岸休息或呼救。

(二)溺水自救

(1)溺水后要保持镇定,尽量将头后仰,口向上,口鼻露出水面后进行呼吸呼救。

(2)不可以把手上举,胡乱打水,以免身体下沉;双手划动,观察施救者扔过来的救生物品,迅速靠上去。

(3)当施救者游到自己身边时,应配合施救者,仰卧水面,由施救者将自己拖拽到安全地带。

(4)在游泳中,若小腿或脚部抽筋,千万不要惊慌,可用力蹬腿或做跳跃动作,或用力按摩、拉扯抽筋部位,同时呼叫同伴救助。(图6.5)

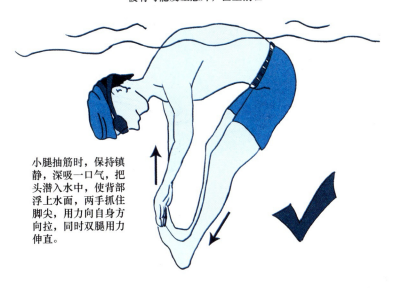

图 6.5 游泳时腿部抽筋处理

（5）溺水后保存体力,等待救援是最重要的。及时甩掉鞋子和口袋里的重物,但不要脱掉衣服,因为衣服能产生一定的浮力。

四、触电

触电是用电常见事故。电流对人体的损伤主要是电热所致的灼伤和强烈的肌肉痉挛,影响呼吸中枢及心脏,引起呼吸抑制或心跳骤停,严重电击伤可致残,甚至会危及生命。

（一）安全用电常识

（1）任何情况下严禁用铜、铁丝代替保险丝。

（2）接地线不得接在自来水管上;不得接在煤气管上;不得接在电话线的地线上;不得接在避雷线上。

（3）禁止用湿手接触带电的开关;禁止用湿手拔、插电源插头;禁止在拔、插电源插头时用手指接触触头的金属部分;禁止用湿手更换电气元件或灯泡。

（4）家用电器通电后发现冒火花、冒烟或有烧焦味等异常情况时,应立即关机并切断电源检查。

（5）电器损坏后要请专业人员修理或送修理店修理;严禁非专业人员在带电情况下打开家用电器外壳。

（6）在雷雨环境中,不可走近高压电杆、铁塔、避雷针的接地线体周围,以免因跨步电压而造成触电。

（二）宿舍内预防触电

宿舍是同学们用电最多且潜在危险最多的地方,为保证安全用电,要注意:

（1）使用安全可靠的用电设备。购买插座、台灯、充电器、灯泡等一定要到正规商店,购买正规牌子的产品,不要贪图便宜购买伪劣产品。

（2）遵守宿舍管理的有关规定,不使用电热毯等危险电器。

（3）检查电线或擦拭台灯、计算机等电器时,要先把总开关关掉,以免触电。不要用潮湿的手或抹布等接触正在使用的电器。

（4）插座不能过载，不要把多个插头插在同一个插座里，混插混拔十分容易误触电极。（图6.6）

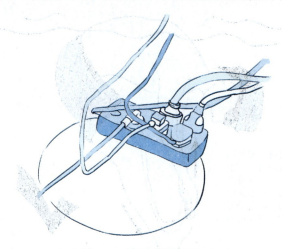

图6.6 插座使用不当容易触电

（三）触电事故应急处置

（1）将触电者迅速脱离电源，立即拉下电源开关或拔掉电源插头。若无法及时找到或断开电源时，可用干燥的竹竿、木棒等绝缘物挑开电线。切勿用手直接处理带电体和伤员。

（2）将脱离电源的触电者迅速移至通风干燥处仰卧，将其上衣和裤带放松，观察触电者有无呼吸，摸一摸颈动脉有无搏动。

（3）若触电者呼吸及心跳停止，应实施心肺复苏术抢救，及时拨打"120"电话呼救。

五、校园黄赌毒

当今社会快速发展，青年大学生很容易受到负面的诱惑而难以自拔，给自己、家庭和社会带来不可想象的后果。大学生应该树立远离黄赌毒的意识，不浏览不良网页，不传播淫秽视频，不参加赌博，不抽烟，不酗酒，不吸毒，自觉抵制黄赌毒的侵害。

（一）"黄"行学校

色情文化对青少年犯罪起着直接的诱发作用。当前，许多青年大学生抵挡不住诱惑，阅读淫秽书籍，观看淫秽视频，浏览色情网站等，从而导致许多严重后果：不想学习，致使成绩下降，进而旷课，逃学，在外过夜，甚至退学；纪律涣散，不能自拔，以身试法，坠入违法犯罪深渊；精神萎靡，行为放荡，道德败坏，丧失廉耻之心。

青年学生要追求高雅的生活情趣，自觉拒绝"黄色"诱惑，不浏览黄色网站，不观看、收听色情淫秽图书、音像制品等，养成良好的生活、行为习惯。（图6.7）

【典型案例6.1】

《高邮日报》2019年11月11日报道：2016年11月至2017年3月，被告人戴某建立微信群，向不特定人收取微信红包后将他人加入该微信群，后在微信群中发送淫秽视频供群内成员观看。2016年12月5日，陈某某使用其微信向被告人戴某支付20元微信红包后，加入上述微信群观看淫秽视频，在后期被踢出群后再次向戴某支付58元微信红包又进入该群。案发后，高邮市公安局提取陈某某手机微信中视频，经鉴定，85个视频属于淫秽物品。

图 6.7　严厉打击涉黄产业链

高邮法院一审认定：被告人戴某以牟利为目的，利用移动通信终端传播淫秽视频，其行为已构成传播淫秽物品牟利罪，依法判处被告人戴某有期徒刑一年，并处罚金。

（二）赌博猛于虎

赌博，是一种丑恶的社会现象，参与赌博百害而无一利。随着手机和计算机的普及，网络赌博开始蔓延，相较于传统赌博，网络赌博更易滋生违法犯罪，其覆盖面更广，传播速度更快，危害性更大。

（1）荒废学业、浪费青春。一些大学生赌博成瘾，导致时间不够用、精力跟不上，经常迟到、缺课；即使上课也是精神恍惚，下课后不做作业、不做研究。不少人考试不及格，被迫留级，浪费了人生中最宝贵的黄金岁月。

（2）影响他人、侵蚀校园。经常赌博的大学生，生活起居不能遵照学校的规定时间，不能遵守学校的作息制度，严重影响了其他同学的学习、生活。久而久之，同学之间便生出许多不快。赌博的同学还会慢慢地将一些意志薄弱的同学拉下水，造成负面影响，败坏了校风学风。

（3）诱发犯罪、危害社会。一些大学生长期参与赌博，输光后变卖物品，有的连生活费都无法解决，为了筹集赌资不惜铤而走险，与社会上的不法分子纠结在一起实施盗窃、抢劫，以身试法，走上犯罪的不归路。

（4）累及父母、祸害家庭。"十赌九输"，有些学生赌博虽未受到纪律处理，但因赌博债台高筑，拖累父母，也会对家庭造成极大伤害。（图 6.8）

（三）吸毒惨淡一生

当时代进入 21 世纪，世界走向新文明的时候，毒品这个曾经给人类带来灾难和祸害的"魔鬼"又以新的面目卷土重来。它已不再是同学们曾经听闻的海洛因、鸦片，而是新的化学物及其衍生物，如冰毒、"摇头丸"等新型合成毒品，正悄悄地向同学们走来。在我国，容易沾染合成毒品的重点人群,从年龄来分,以青少年为主;从职业来说,由过去的以无业社会青年为主逐步向商人、公司白领、演艺界人士、大学生和国家公务员等其他社会阶层蔓延扩散。(图6.9)

图6.8　赌博拖累父母

图6.9　大学生禁毒教育刻不容缓

2015年6月25日,"6.26"国际禁毒日来临之际,习近平总书记在会见全国禁毒工作先进集体、先进个人时发表重要讲话,强调对毒品"零容忍",坚定不移打赢禁毒人民战争,不获全胜决不收兵。

【典型案例6.2】

2018年6月,南京一所大学的在校学生欧阳,在校期间曾到一家酒吧内打工。勤工俭学本来是好事,可是,在酒吧里欧阳第一次接触了毒品,同时也结识了一些吸毒人员。周围人对毒品的肆意吸食,让欧阳对毒品放松了警惕。强烈的好奇心驱使他吸了第一口,此后,他便堕入了犯罪的深渊。

面对毒品的侵害,同学们一定要警惕,珍惜青春,自觉抵制。

(1) 牢固树立"抵制毒品,珍爱生命"的思想。要树立远大理想,用正确的人生观、世界观和价值观来指导自己,时刻牢记:"吸食毒品可耻,抵制毒品光荣,戒毒没有特效药",构筑起抵御毒品侵害的牢固思想防线。

(2) 认真学习禁毒知识,深入了解毒品的危害,尤其是对"摇头丸"、氯胺酮等新型毒品特点和危害性的认识,提高自我防范意识和保护能力,增强法制观念,进一步增强明辨是非、抵制诱惑的能力。

(3) 培养积极向上的生活情趣。从身边的环境开始,远离毒源,远离不利于同学们健康成长的各种场合,不因为侥幸和好奇心而去接触毒品。慎于交友,对他人的诱惑,要时刻保持高度警惕。在娱乐场所,不接受陌生人提供的香烟,不接受娱乐场所提供的免费饮料、食物,不随便离开座位。

(4) 不盲目攀比,盲目追求时尚;不要滥用药物(减肥药、兴奋药、镇静药等);远离高危场所,远离吸毒人群。

(5) 积极参与全社会禁毒活动,参加"不让毒品进校园活动""禁毒志愿者活动"等。

(四) 酗酒醉生梦死

近年以来,大学生酗酒现象日益严重,由此引发的违纪违法现象日益突出,作为社会中特殊的群体,大学生具备较高的文化素质,但是由于自控能力较差,非常容易受到不良习惯的影响,尤其是越来越严重的酗酒风气对校园文化的侵蚀,产生的问题越来越受到关注,成为亟待解决的难题。(图6.10)

图6.10 大学生不节制的醉酒人生

1. 酒精对大学生的危害

(1) 刺激和麻痹神经系统。酒精过量,会不同程度地造成心率加快,自控能力减弱,动作不协调,或引起疲劳、恶心、呕吐甚至酒精中毒。

(2) 学业荒废。醉酒的程度同智力恢复所需的时间大致成正比,在当今知识飞速更新的信息化时代,一个经常醉酒的人在工作和学习上的损失非常大。(图6.11)

图 6.11　大学生酗酒荒废学业

（3）惹是生非。醉酒后，神经处于高度亢奋状态，稍许的刺激都可能导致胡作非为。醉酒的人动辄摔倒、撞伤，酒后开车酿成大祸的事件比比皆是；酒后打架斗殴、寻衅滋事、伤害他人过铁窗生活的屡见不鲜，教训极为深刻。

【典型案例6.3】

2017 年 6 月，珠海某高校大一学生王某与同学聚会。因餐厅规定 3 分钟内喝下 6 杯总共 1800 毫升的鸡尾酒，500 元以内的消费就可以免单，所以王某不顾个人身体状况，4 杯褐色的酒一饮而尽。其间有人还拿着手机在计时。他喝下了第 5 杯酒后，干呕了几下，还能走下台阶，摆摆手，但到第 6 杯酒时，身体开始不听使唤，突然头一歪，重重地倒了下去，在一片"加油"声中走向死亡，再也没有醒来。

案例分析： 在大学生人身伤害案件中，很多都是因为当事人醉酒引起，或酒后自残，或失手将他人打伤、打死，追悔莫及。

2. 合理控制饮酒

国家教育行政部门明文规定，校园里不准经营烈性酒，学生守则中有严禁酗酒的规定。问题在于大学生是否真正认识到了酗酒的危害性。无论自斟自饮还是群饮，都不要忘记节制、适度。应该指出的是，一个真诚的人是不忍看到自己的同窗好友酒后出洋相的。

为维护大学生的身心健康，避免因学生醉酒或酗酒发生意外事件，教育部向全国学生发出了禁酒令，希望同学们加强学习，提高警惕，拒绝酗酒，维护身心健康。

第二节　兼职安全

当今兼职已经成为一种热潮，无论是上班族还是学生都会从事兼职工作。兼职不仅能赚取生活费，还能磨练意志，丰富经历，因此，越来越多的大学生选择在假期或课余做兼职。但在兼职过程中，学生被骗或者被侵害权益的现象层出不穷，这给很多兼职的大学生造成了很大的困扰。

一、常见兼职骗局

一些不法分子利用大学生单纯、涉世经验不足、急着找工作的心理，千方百计设立骗局。最常见的几种骗局如下。

（一）金钱骗局

金钱骗局主要指的是在兼职过程中，用人单位或中介机构以各种名义骗取大学生的钱财，主要包括骗取押金、培训费、中介费、加盟费和克扣工资。（图 6.12）

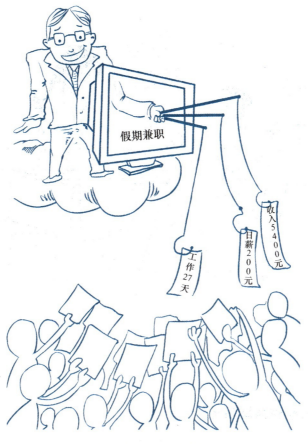

图 6.12　兼职金钱骗局

【典型案例 6.4】

2019 年 9 月，上海某大学在校大学生陈某为赚取生活费通过网络兼职，选择了 10 万元返现 8000 元一档的兼职刷单，但需垫付本金。于是，陈某将自己的某网络购物平台账户给了对方，对方下单，陈某再登录自己京东账号进行支付。第一笔刷单 5 万元，对方返现 4000 元至其支付宝账号。收到 4000 元兼职费用后，被害人陈某深信不疑，并继续通过该方式进行所谓的刷单兼职。

随后，被害人陈某根据对方要求，又先后刷单 78000 元。在其完成了 43 笔所谓的刷单，并支付了 78000 元后，其室友提醒她小心电信诈骗。随后，陈某要求对方返还自己已支付的 78000 元，但对方以尚未完成最后一单 10 万元的刷单任务，故不予返还。在同学的劝说下，被害人陈某最终选择了报警。

案例分析：网购作为新型的购物方式，以独特的购物理念和便捷的特点而颇受当代大学生青睐。然而社会上一些不法分子却利用网购平台，发布大量的虚假信息欺骗消费者。大学生要对网络购物平台"高额回报""快速致富"等广告冷静分析，避免上当受骗。

（二）"公关"骗局

对于一些女大学生来说,应聘临时模特或者礼仪是非常不错的选择,但也因为如此,给了不法分子可乘之机,他们利用高薪来引诱大学生。大学生往往求职心切,一不留神便掉入了不法分子的圈套,轻者骗财,重者骗色甚至遭遇贩卖团伙。(图6.13)

图6.13　兼职"公关"骗局

（三）产权骗局

一些公司利用考试、面试或者试用等形式,让大学生提交一些文字资料、创意方案等,而拿到样稿后,就以各种借口将求职者拒之门外。

二、提高警惕,确保兼职安全

（1）确认单位合法性。找寻兼职时,一定要保证兼职的信息可靠。找中介公司时,要看其是否有《职业介绍许可证》和工商部门颁发的营业执照。可以找自己非常信任的朋友或老师帮忙了解和介绍兼职信息。

（2）保持清醒不迷惑。"黑中介"大都以高薪低劳来吸引求职者,如代客泊车、导游、陪练等。青年学生到这种场所打工往往容易上当受骗,在应聘前要了解清楚应聘岗位从事的内容和性质,不要被眼前的高薪所迷惑。

（3）任何证件不能押。不管是身份证,还是学位证、毕业证,单位都是没有任何权力扣留的。去面试的时候,特别是初次面试,最好只带上证件的复印件,如果招聘企业要求带原件,出示之后一定要拿回来。不管以什么样的理由,证件原件都不要给任何企业保管。(图6.14)

（4）劳务协议必须签。对于兼职人员来说,他们与企业的关系是劳务关系,而不是劳动关系,因此不受《劳动法》的保护,而是受到民事法律法规的保护。应在工作开始前与用工单位签订劳务协议,协议书一定要权责明确,如工资额度、发放时间、安全等,关系到自己切身利益方面的问题一定要在协议中详细注明。

（5）任何押金不能交。任何招聘单位以任何名义向求职者收取抵押金、风险金、报名费等的行为,都属非法行为。招聘单位培训本单位的职工也不准收取培训费。求职者遇到此类情况要坚持拒交并举报,以确保自己的合法权益不受侵害。

图6.14 管理好个人证件

（6）高危风险要远离。娱乐场所鱼龙混杂，良莠不齐，常常有不法分子出没。为保障人身安全，尽量不要到酒吧、歌舞厅等娱乐场所工作。

（7）女生单独不赴约。部分女生的自我保护和防范意识比较差，在对方约见时，不加考虑就去见面，有时会遇到危险。建议女生不要单独外出约见，也尽量不要在夜间工作，如果可能的话，尽量结伴同行。

（8）网上欺骗要认清。有的个人或者小公司在网上发布信息，要求应聘者通过电子邮件等方式工作，比如翻译、创作等。然而学生从网上把邮件、创意等内容发过去以后，就会被告之不能采用，其实他们已经利用了学生的信息或智力资源。受骗后，网上很难取证。

（9）老师父母应知情。将兼职信息和工作所在地的电话给班主任和父母，这样方便他们在第一时间能够找到你，联系到你。

第三节　就业安全

随着高等教育事业的发展，高校毕业生的数量急剧增多，大学生就业压力越来越大。在新的就业制度下，大学生就业社会化、市场化程度进一步提高，就业市场更加宽泛，就业信息发布手段更加多样化。在越来越多的大学生求职活动中，就业安全问题日益凸现出来，亟须引起毕业生的高度关注。（图6.15）

一、大学生就业中面临的主要安全问题

（一）人身安全

大学生的社会阅历浅，加之求职迫切，容易被骗入传销组织和"血汗工厂"，人身自由受到限制，人身安全受到损害。一些女生在谋求就业岗位的时候被骗财骗色，甚至付出生命代价。

图 6.15 识别防范就业陷阱

(二) 财产安全

主要体现在利用试用期或实习期骗取廉价劳动力、上岗前先缴费培训和中介机构非法收费三个方面。用人单位抓住大学毕业生求职迫切的心理,有的不签就业协议或劳动合同先试用,等试用期满后再以种种理由辞退,有的在大学生经过多轮面试而确定应聘成功之后,又以安排毕业生岗前培训为借口,收取各种培训费用,但培训结束后却告知求职者条件不符,岗位已满而不予录用。(图 6.16)

图 6.16 试用期陷阱

【典型案例 6.5】

2017 年 11 月,山西省某高校毕业的小吴在一家职业中介交了 10 元注册费,成为会员后又交了 150 元的信息费,中介为他联系 5 个用人单位进行面试。没想到,小吴 5 次面试均碰壁,对方要么称"已招到人",要么称"不合适"。小吴发现,在该中介注册的其他大学生也遇到了和他一样的情况,他明白自己碰上了"黑职介"。

案例分析:"黑职介"利用大学生缺少社会经验,同时又求职挣钱心切的心理,收取信息费后提供虚假信息,找几家用人单位来回"忽悠"学生。甚至有些中介在收费后便人间蒸发,让学生投诉无门。(图6.17)

图6.17 职介陷阱

(三) 合同安全

(1) 不签劳动合同。随着新《劳动合同法》的贯彻实施,一般的单位在录用大学生时都会主动签署劳动合同。达成一致意见后,双方的约定要以书面合同条款明确下来,不能只有口头协议。有的毕业生或者害怕失去工作机会不敢提及合同,或者相信企业的种种借口而不签约。还有的同学以为签了《高校毕业生就业协议》就是签订了《劳动合同》。《就业协议书》与《劳动合同》存在着不同,《就业协议书》作为一份简单的意向性约定文本,很多诸如工作岗位、工作条件等劳动合同必备条款并不在其中直接体现。因此,单凭《就业协议书》对正式报到就业后的劳动权利无法提供全面保障。

(2) 签署有失公平的合同。在大学生择业求职的过程中,由于就业形势比较严峻,大学生往往处于弱势地位,很多用人单位都提出了一些明显的不合理条款,如违约金、服务期等。对于毕业生来讲,虽然知道这些附加条款是有失公平的,但也不敢明确表示异议,结果造成各种损失,以后在寻求仲裁机构维权时也相当被动。(图6.18)

图6.18 合同陷阱

（四）信息安全

大学生在求职过程中常常面对这样的两难境地：一方面，需要向用人单位提供个人的真实信息；另一方面，又要谨防个人信息被别有用心的人恶意使用。近年来，社会上一些不法分子利用学生社会阅历浅、感情纯真、家长不在身边的特点，对大学生、家长实施诈骗。

二、安全防范策略

（一）招聘信息仔细核查

大学生获取就业信息的渠道有很多，例如学校就业部门、亲友、网络、报纸和招聘会等。一般来讲，学校发布的就业信息比较安全。毕业生在校外获取就业信息的时候要选择可靠性高的信息渠道。应聘前，对于用人单位的信息要进行核实，可以通过电话、非正式走访单位、向当地就业服务机构查询等多种方式，尽量多地了解该单位的基本情况。若招聘信息中的招聘条件宽松，没有资格限制，待遇优厚与岗位不成比例，应提高警惕，并及时向所在院系的就业辅导员咨询了解。（图6.19）

图6.19　学会核实招聘信息

（二）填写资料留有余地

（1）不要填写不必要的信息资料。

（2）只交证件影印本，不交证件证书原件；将空白部分打叉；在复印件上最好注明"仅供应聘使用"。

（3）记录好何时何地向哪家公司投放了简历、何人接受并记录好投递方式，如招聘会现场递交、电子邮件、信件邮寄等。

不要担忧这些举措似乎显得对用人单位不够信任，恰恰相反，领导会从中发现你办事谨慎、成熟的潜质。

（三）面试环节三思后行

如果不是学校就业部门发布的信息，而是从其他渠道获得的信息，用人单位约你到非公开、非正式的场合见面，绝对不可贸然前往，面试地点偏僻或者要求夜间面试时，应加倍小心。毕业生单独外出面试时,要告诉同学或辅导员,让同学知道自己的去向及安排。如不能按时回来,应事先电话告知。

【典型案例6.6】

安徽某大学计算机专业女毕业生刘某,到安庆市一家人才交流市场找工作,一则招聘软件开发员的启事吸引了她。该招聘单位一名自称姓黄的经理在简单询问后,表示刘某比较适合这个岗位,如果她愿意,第二天可直接到公司办公室进行面试。第二天面试时,刘某才发现这个位于新河小区的"软件开发公司"的办公条件格外简陋,办公室里除了一张大床外什么办公设备都没有。该公司经理见她进来后,猛地将她摁在床上欲行不轨。慌乱中,该女毕业生咬破了黄经理的嘴唇,夺门而逃。逃出来之后马上报警,警察在她的指引下找到该办公室时,所谓的黄经理已经逃跑,直至半个月后,终将这名"色经理"擒获。经警方调查,黄某系无业游民,招聘启事中所讲的软件开发公司也是一个皮包公司。

(四) 合同签约审慎落笔

(1) 签约前一定要全面了解用人单位的详细情况,以免签约后发现与预期目标差距太大而反悔,承担违约责任。

(2) 确定与用人单位签订就业协议或劳动合同时,要明确工作内容、劳动保护和劳动条件(包括工作时间)、劳动报酬、违反劳动合同应承担的责任和劳动合同终止的条件等内容,不盲目签约。

(3) 对协议中不合理的条款,特别是附加条款要慎重,避免签订不公平的协议和合同。遇到违法违规合同,要用法律捍卫自己的权利。(图6.20)

图6.20 用法律武器保障正当权益

【典型案例6.7】

王某大学毕业,由于急于得到工作机会,没来得及仔细推敲合同里的条款,结果不但失去了工作还付了一笔违约金。据其称,他与公司签合同时还未毕业,但公司要求其进入实习期。在4个月的实习期里他卖力地工作,却只能得到300多元钱的"实习工资"。实习结束后,他以为工作已经敲定,打算回学校修完剩下的一些课程,9月再回到公司正式上班。但当他向公司请假时,公司却以合同中"工作前两年不得连续请假一周以上"的条款为由,认定王某违约,索要违约金。王某只好交了2000元的违约金。

案例分析：在大学生择业的过程中，像王某这种情况比较普遍。现实生活中，在职场上把"试用期"当成"剥削期"已经成为一些无良老板逃避法定义务的惯用伎俩。

（五）识别防范各类传销

传销是指组织者通过发展人员或者要求被发展人员以交纳一定费用为条件取得加入资格等方式获得财富的违法行为。传销的本质是"庞氏骗局"，即以后来者的钱发前面人的收益。新型传销：不限制人身自由，不收身份证和手机，不集体上大课，而是以资本运作为旗号拉人骗钱，用金钱吸引，让亲朋好友加入，最后血本无归。

1. 识别传销

从组织方式看，传销组织者承诺给予参加者高额回报发展他人加入，参加者再以同样的方式介绍和发展他人加入，以此组成上下线紧密联系的传销网络；从计酬方式看，组织者以参加者发展下线的数量为依据计算和给付报酬，编造暴富神话；从销售方式看，与直销的单层次销售（即推销员直接将商品推销给最终消费者）相区别，传销是多层次网络式销售；从经营目的看，传销不以销售商品为最终目的，而以发展人员数量，骗取钱财为最终目的；从人员组成看，以"找工作""合伙做生意""外出旅游""网友会面"等为借口，"杀"熟，诱骗亲戚、朋友、同乡、同事、同学到异地参与传销。

2. 防范传销

发现自己被骗参与传销活动后，要注意收集、保存介绍人的姓名、电话、账号、密码等相关证据线索；如果被骗到外地，发现陷入圈套时，要机智、冷静应对，在确保自身安全的情况下设法逃脱；发现传销活动证据确凿后，应设法与当地公安机关、工商行政管理机关取得联系，及时举报。（图6.21）

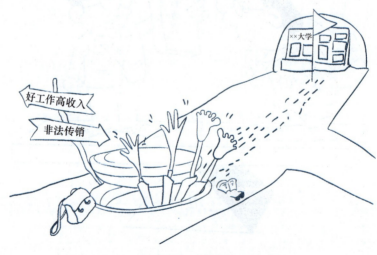

图6.21 传销陷阱

第四节 食品安全

大学期间，是人一生中知识增长和生长发育最为旺盛的时期，各器官机能逐渐趋向成熟，脑力和体力的活动十分频繁，思维活跃而敏捷。而生长发育状况、学习效率的高低，都与膳食营养有着密切的关系。大学生应掌握一定的营养知识和食品安全常识,养成良好的饮食习惯,确保日常饮食安全。

一、食物中毒

日常饮食中,大学生除了要根据自身的情况合理调配食谱外,应加倍注意食物中毒问题。近几年食物中毒事件频繁发生,如"毒大米""瘦肉精""苏丹红"等屡见报端,且经常掀起轩然大波,引发民众恐慌,食品安全成为人们关注的焦点问题。2016年8月19日,习近平总书记在全国卫生与健康大会上的讲话强调:要贯彻食品安全法,完善食品安全体系,加强食品安全监管,严把从农田到餐桌的每一道防线。在校大学生饮食安全意识的提高有助于改进学校食堂管理,防范食物中毒事故。

(一) 食物中毒的症状

食物中毒所出现的症状各异。有呕吐、发烧、腹痛和腹泻,与急性胃肠炎的症状相像,故称为"急性胃肠炎型的食物中毒";有以呕吐、腹内剧痛、高烧和严重脱水为主要症状,严重时,还会有虚脱、皮肤发紧、抽风和昏迷等症状,故称为"类霍乱型食物中毒";还有一类由葡萄球菌毒素引起的食物中毒,恶心呕吐、脱水、肌肉抽筋,严重的可以引起虚脱。

(二) 预防食物中毒

(1) 购买食品时要查看食品的生产日期、保质期、食品质量安全标志等。
(2) 不吃变形、变味、变色食品和包装破损或异常的食品(如包装袋胀气、胀罐)。
(3) 生熟食正确存放食用。
(4) 外出就餐要注意就餐环境卫生、餐具清洁,不吃装盒超过2小时的盒饭。
(5) 食品要存放在通风、干燥、避光的地方,做好防霉、防虫、防鼠工作。
(6) 不吃不熟的青豆角、鲜黄花菜;不吃发芽的土豆;不吃有异味的鸡蛋。
(7) 便后、饭前、加工食品前要洗手。

(三) 食物中毒应对措施

1. 及时发现中毒症状

很多食物中毒的患者不能及时发现自己的中毒症状,往往在送到医院的时候,症状已经非常严重。食物中毒后第一反应往往是腹部的不适,如腹胀、腹痛、腹泻,有时伴发恶心、呕吐。一旦有人出现上吐、下泻、腹痛等食物中毒症状,应立即停止食用可疑食物,及时到医院诊治。(图6.22)

2. 尽快排出有毒物质

(1) 催吐。对中毒不久而无明显呕吐者,可先用手指、筷子等刺激其舌根部的方法催吐,或大量饮用温开水并反复自行催吐,以减少毒素的吸收。如经大量温水催吐后,呕吐物已为较澄清液体时,可适量饮用牛奶以保护胃黏膜。但要注意当呕吐物中发现血性液体时,应暂时停止催吐,以免损伤消化道。

(2) 导泻。如果吃下去中毒食物的时间较长,超过2小时,且精神较好,可采用服用泻药的方式,促使有毒食物排出体外。

3. 保留样本立即就医

在发生食物中毒后,要保存导致中毒的食物样本,立即到医院进行诊断医治,不可自行处置草草了事。保留的食物样本用于提供给医院进行检测确定中毒物质,如果无法保留食物样本,也可保留呕吐物或排泄物。

图 6.22　食物中毒引发腹痛、呕吐

二、良好饮食习惯的培养

（1）生活规律，讲究卫生。合理安排作息时间，起居、餐饮、锻炼、学习要有规律，生活环境要保持干净整洁，餐饮环境要清洁卫生，习惯养成要从小事做起。

（2）定时饮水，少量多次。正常人每天饮水量至少应达到 1200 毫升。饮水应当少量多次，每次适宜饮水量为 200 毫升，晨起后应喝 300 毫升水。不能渴时才补水，因为感到口渴时，丢失的水分已达体重的 2%。运动前、中、后都要适量补水，剧烈运动前后应喝运动饮料。

（3）食物多样，均衡充足。一日三餐营养均衡，主副食粗细搭配要合理，荤素、干湿适宜。进食量与能量消耗之间要保持基本平衡，不可暴饮暴食，也不盲目减肥造成营养不足。多吃蔬果、乳类和豆制品，保证钙的供应充足。可适当吃零食，但方便面、烧烤不能常吃。若晚上出现饥饿感，应当补充易消化的食物如粥类、面包等，也可以补充少量水果和牛奶。

（4）多去食堂，少吃地摊。学校食堂一般管理规范，食材新鲜，卫生良好，餐饮质量和食品安全有保证。路边地摊虽然可能便宜快捷，但往往监管不力，条件简陋，卫生和质量都不易得到保证，出现食品安全事件时溯源和维权都难以进行。

（5）洁身自好，坚持锻炼。改正吸烟、酗酒、沉溺于手机游戏等恶习，改正不吃早餐和熬夜加餐的陋习；坚持锻炼身体，增强身体素质，提高抵抗力和免疫力，磨练意志和毅力，为将来更好地应对工作中的压力打好基础。

 思考题

1. 大学生应掌握哪些急救知识？
2. 结合一个案例，谈谈大学生如何避免"黄赌毒"的侵害。
3. 大学生常见的兼职和就业骗局有哪些，如何预防？
4. 大学生应该培养哪些良好的饮食习惯？

第七章 消防安全

消防是火灾预防和灭火救援等的统称,消防安全涉及各行各业、千家万户,与经济发展、社会稳定和人民群众安居乐业密切相关。贯彻"预防为主,防消结合"的消防工作方针,预防火灾和维护消防安全,是每个公民应尽的基本义务。

第一节 火灾概述

一、火与火灾

火是以释放热量并伴有烟或火焰或两者兼有为特征的燃烧现象。火的使用,对人类发展和社会进步产生了深远影响。但是,火一旦失去控制,就会给人类造成灾害。

火灾是指在时间和空间上失去控制的燃烧所造成的灾害。由于火灾的发生往往不局限于某一地区、某类场所、某个部位,无法事先确定何时、何地、何物、何种规模,只要条件具备必然发生,故火灾具有普遍性、突然性、随机性、严重性、必然性等特点。因此,预防火灾必须人人履行防范责任,时时消除侥幸麻痹思想,处处落实防范措施。

二、火灾形成的条件

火灾是由物质燃烧所引发,而燃烧的发生必须存在可燃物质,同时存在可供燃烧的着火源和助燃的氧气或氧化剂,即燃烧或火灾的形成必须具备三个条件:

(1) 一定的可燃物,如纸张、木材、衣物、被褥、酒精、汽油、天然气、氢气等;

(2) 一定的助燃物,如空气、氧气、氯气、高锰酸钾、过氧化钠等;

(3) 一定的着火源(热源、点火能量),如:明火、电火花、撞击摩擦产生的火星、高温物质、雷击、发热自燃等。

当以上三个条件同时具备,且相互作用,燃烧就会发生或持续。而燃烧的持续,所产生的热量不断向四周辐射扩散,使温度升高进而引起周边可燃物的燃烧,火势蔓延扩大,就会形成火灾。

三、火灾发展过程及特征

火灾从起火到形成灾害,通常会经历初起、发展、最盛(猛烈)和熄灭四个阶段,室内火灾的发展过程和特征可分别见图7.1火灾发展的温度-时间曲线、表7.1火灾发展各阶段特征。

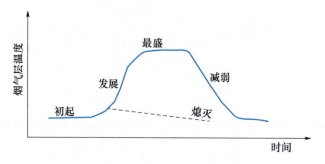

图 7.1　火灾发展的温度－时间曲线

表 7.1　火灾发展各阶段特征

特征 阶段	持续时间	烟火温度	火势特点
初起阶段	起火 3～10 分钟内	200～300℃	燃烧范围仅限于起火点附近,烟雾少,辐射热小,燃烧不稳定、速度慢,但呈上升趋势
发展阶段	起火 10 分钟以上	500～800℃	周围可燃物受热分解,气体对流增强,燃烧速度加快,燃烧面积扩大
最盛阶段	取决于可燃物燃烧性能、数量和通风条件	1000℃ 以上	可燃物 80% 卷入燃烧,燃烧强度最大,辐射热最强
熄灭阶段	受地理位置、火场环境等因素影响	200～300℃	可供燃烧物减少、辐射热减弱

室内火灾的发展由可燃烧的数量、燃烧持续时间、燃烧温度、环境条件等因素决定,而室外火灾由于供氧充足,起火后会很快发展到猛烈阶段。

四、火灾的分类

火灾可从不同角度进行分类。

(一) 按火灾发生场合分类

火灾按照发生场合不同,可分为建筑火灾、森林火灾、工矿火灾及交通工具火灾等。其中建筑火灾对人们的危害最严重、最直接,一直是世界各国火灾防治的主要方向。

建筑火灾也是高校火灾防控的重点。高校内的建筑物建筑层数高、人员高度密集、使用性质复杂、危险因素多,发生火灾往往难以及时扑灭且人员疏散困难,极易造成重大财产损失和人员伤亡。

(二) 按物质的燃烧特性分类

根据可燃物的类型和燃烧特性,火灾分为六类。

A 类火灾:固体物质火灾。如木材、煤、棉、毛、麻、纸张等火灾。

B 类火灾:液体或可熔化的固体物质火灾。如煤油、柴油、原油、甲醇、乙醇、沥青、石蜡等火灾。

C 类火灾:气体火灾。如煤气、天然气、甲烷、乙烷、丙烷、氢气等火灾。

D 类火灾:金属火灾。如钾、钠、镁、铝镁合金等火灾。

E 类火灾:带电火灾。物体带电燃烧的火灾。

F类火灾:烹饪器具内的烹饪物(如动植物油脂)火灾。

这种分类方法对防火和灭火,特别是对灭火器类型的选用具有指导意义。

(三) 按火灾损失严重程度分类

按照损失严重程度,火灾分为特别重大火灾、重大火灾、较大火灾和一般火灾四个等级。

特别重大火灾:指造成30人以上死亡,或者100人以上重伤,或者1亿元以上直接财产损失的火灾。

重大火灾:指造成10人以上30人以下死亡,或者50人以上100人以下重伤,或者5000万元以上1亿元以下直接财产损失的火灾。

较大火灾:指造成3人以上10人以下死亡,或者10人以上50人以下重伤,或者1000万元以上5000万元以下直接财产损失的火灾。

一般火灾:指造成3人以下死亡,或者10人以下重伤,或者1000万元以下直接财产损失的火灾。

此种分类中的"以上"包括本数,"以下"不包括本数。这一分类方法是设定火灾事故责任者法律责任的依据,也是统计分析各类火灾所占比重,指导和决策消防工作宏观措施的依据。

(四) 按火灾原因分类

按照火灾发生的直接原因不同,火灾可分为电气、违章操作、用火不慎、吸烟、玩火、放火、自燃、雷击、其他原因、原因不明等十大类。其中,电气火灾往往占火灾总起数的1/3以上。

据应急管理部消防救援局统计,2019年,城乡居民住宅火灾中有52%系电气原因引起,2018年1月至10月全国学校火灾中,因电气原因引发的火灾占43%,且日用电器、电动车、电气线路等引发的火灾问题较为突出。因此,规范用电行为,是在校大学生防范火灾的重要措施。

五、高校火灾事故的危害

在各种灾害中,火灾是最经常、最普遍地威胁公众安全和社会发展的主要灾害之一。在高校,火灾也是一种时有发生、危害后果极大、影响范围较广的灾害事故。

(一) 群死群伤危及生命

火灾事故常常造成人员伤亡,而校园内高层建筑多,教学楼、图书馆、实验室、体育场馆、公寓宿舍及文娱活动中心等场所人员大量聚集,遇有火灾险情,如处置和人员疏散不及时,极易酿成群死群伤的重特大事故,后果不堪设想。

【典型案例7.1】

2018年12月26日9时30分左右,北京某大学一实验室爆炸引发火灾,过火面积约60平米,造成参与试验的3名学生死亡。

2019年5月25日10时05分,河南某大学一宿舍楼起火,消防中队到场后,在组织灭火的同时冒着浓烟和高温从着火宿舍六楼成功疏散了四名被困人员。火灾未造成人员伤亡,但着火宿舍已被烧得面目全非。

2019年11月28日6时许,湖南某学院一学生宿舍起火,现场火势被扑灭后,消防队员清理火场时在厕所发现一名学生,但已无生命体征。

2019年12月18日19时52分,浙江某高校5号宿舍楼4层起火,消防队员到场后将火扑灭,并协助6名被困学生紧急疏散。起火宿舍内物品除床架外全部烧毁,阳台上的空调也被烧得只剩空壳。消防救援部门判定火灾原因为插线板故障引燃附近可燃物所致。

案例分析: 学生宿舍是火灾的易发部位,据统计,近5年全国共发生学生宿舍火灾2314起,平均每天都有宿舍火灾发生。而在夜间突发的学生宿舍火灾事故，危害尤为严重，若报警、处置、逃生不及时，极易造成人员群死群伤严重后果。

（二）公私财产损失惨重

在高校，学生宿舍内个人财产物品繁多，实验室里贵重设备、精密仪器、图书资料、动植物标本较为集中，校园内传承历史文化的古建筑防火等级偏低，如因安全上的疏忽而导致火灾，不仅会造成严重的财产损失，而且被毁的珍贵图书、科研资料、历史文物不可恢复，损失往往无法估量。

【典型案例7.2】

2017年5月15日20时30分许，天津某大学一女生宿舍楼四层失火。起火后楼内学生都及时撤出，无人员伤亡，但该宿舍楼系天津市文物保护单位。

2019年6月10日11时许，四川某高校一宿舍楼5楼着火，宿舍内床铺、桌椅、被子等所有物品烧毁殆尽，所幸火灾发生时宿舍无人。

案例分析： 任何一场火灾都可能造成重大后果，导致无可挽回的生命和财产损失。提高安全意识，及时排查整治火灾隐患，有利于防范火灾事故的发生。

（三）教学科研秩序紊乱

火灾的发生，不仅干扰正常的教学科研秩序，影响学校的发展稳定，严重的还会成为国内外舆论的焦点，造成不良的社会影响。

【典型案例7.3】

2017年3月18日20时10分许，山西某高校一实验楼发生火灾，4个实验室内的物品和楼外部分装饰材料被烧毁，直接财产损失10余万元。火灾虽未造成人员伤亡，但由于该实验楼为国家重点实验室，此次火灾一度成为舆论焦点，并且致使该实验楼的大部分教学科研项目停滞近两个月。

案例分析： 火灾危害的严重性突出表现在其间接损失上，由其导致的伤亡人员救治安抚、灾后恢复重建，以及对环境造成的破坏，对高校师生正常的教学科研、生活工作秩序的影响等间接损失往往无法估量。加强消防知识的学习，提高安全防范意识，对于预防火灾的发生，具有深远的意义。

第二节　火灾风险控制

火灾是一种不受时间、空间、地域限制，发生频率较高的灾害，掌握火灾风险控制方法，对火灾预防和应急处置至关重要。

一、火灾征兆辨识

火灾的本质是可燃物的燃烧，而燃烧属放热反应，通常伴有火焰、发光或烟气的现象，当所处环境中出现发热、发光、烟气和火焰等现象时，预示着可能有火灾发生。

（一）火灾发生征兆

（1）前期征兆。燃烧发生前期，通常会出现可燃物表面过热、有挥发性气体产生，电源线路绝缘皮发软、变色，电源开关连续跳闸或保险丝熔断、用电器停止工作，空气中弥漫有焦糊味和少量烟雾等。

（2）中期征兆。可燃物阴燃是火灾的中期征兆，通常出现明显的烟雾、物质燃烧的焦糊味和燃烧的声响。

（3）临发征兆。有明火初起,烟雾和焦糊味浓烈,燃烧的声响加剧,表明燃烧已经开始和形成。

（二）征兆辨识要领

日常生活中,识别火灾发生的征兆,可通过视觉观察有无发热、发光、发烟、火焰,以及味觉辨别有无物质燃烧的焦糊味、异常气味等,判断是否已有燃烧产生。也可利用火灾自动报警系统发出的报警信号,辨识、判断是否有火灾征兆。

二、火灾风险控制

火灾风险表示物质着火的概率以及火灾发生后的预期损失。在日常生活、学习和以后的社会工作中,要从防止物质发生燃烧着手,参照以下要求控制不同行为和场所的火灾风险。

（一）常见的三种行为火灾风险

1. 用火行为

（1）卧床吸烟、酒后吸烟,随意丢弃烟头。

（2）打火机、火柴等点火器具随意放置,在阳光或高温物体周边长时间暴晒或热辐射,随意点火玩耍。

（3）室内点蜡烛、点蚊香驱蚊、焚香、烧纸以及室外焚烧物品等使用明火行为。

（4）在禁止的区域和场所内吸烟、使用明火、燃放烟花爆竹、施放孔明灯。

（5）宾馆、商场、体育馆、公共娱乐场所等人员聚集场所营业期间动用明火施工作业。

（6）在没有安全防护的情况下动火作业,明火作业违反操作规程。

2. 用电行为

（1）使用没有质量合格认证或绝缘层老化破损的电线、插座、充电器、电褥子、电暖气等电器产品。

（2）除冰箱、网络设备等必须通电的电器外,人员长时间离开未关机断电;手机、充电宝等电子设备长时间充电或边充电边使用。

（3）超过额定功率、超负荷安装使用电器设备,大功率电器设备未单独供电,电线未独立敷设。

（4）高温灯具、大功率电器等用电设备安装在可燃物上或与可燃物距离过近。

（5）电气线路乱接乱拉,将不同型号、规格的电线连接,电气线路未做穿管保护直接穿过或敷设在易燃可燃物上以及炉灶、烟囱、加热设备等高温部位周边。

（6）电线电源插头与电源插座接触不实,固定插座松动,移动式插座老化或者串接。

（7）电源线路、用电设备、配电箱（柜）周边堆放易燃可燃杂物。

（8）自行或聘请不具有专业资质人员拆装、改造用电设备,在室内为电动车或其蓄电池充电,从室内拉"飞线"充电,将带有蓄电池的电动车停放在建筑内,使用不匹配或质量不合格的充电器为电动车或其蓄电池充电。

3. 用油用气行为

（1）易燃油类、易燃气体钢瓶存放在住人房间、人员稠密的公共场所,或放置在地下室、半地下室等通风不良的场所。

（2）实验室内易燃油类、气瓶超量存放,或与火源同室布置。

（3）易燃气瓶（罐）储存或使用场所未设置可燃气体浓度报警装置,未使用防爆型电器设备。

（4）可燃气体管道明设时，距离热源较近或敷设在加热设备或灶具正上方，擅自更改燃气管道线路。

（5）燃气管线、连接软管、减压阀、安全阀老化，超出使用年限，未定期检测维护。

（二）四类场所火灾风险

在控制上述三种主观行为风险的同时，客观上预防高校火灾还应重点防范下列四类场所存在的火灾风险。

1. 居住场所

（1）电吹风、卷发棒、电熨斗等加热器具使用后未冷却直接放置在衣物、被褥等可燃物上。

（2）楼道、阳台、床铺下堆放衣物、纸张等易燃可燃物品，存放汽油、酒精、烟花爆竹等易燃易爆物品。

（3）使用"热得快"、电热器、电暖器等大功率电器，用取暖设备烘烤衣物、鞋袜。

（4）集体宿舍内使用液化石油气罐、电磁炉、"热得快"等烧水、做饭，在走廊、楼道、地下室等公共区域使用液化石油气罐生火做饭、烧水，外出时未关火断气。

2. 学习或办公场所

（1）多个移动式插座长距离串接，插座负荷与所供电器设备功率不匹配。

（2）随意使用电热坐垫、加热器等大功率电器，增加场所用电负荷。

（3）用电设备位置频繁变动，电气线路多次拉扯、挤压，出现绝缘层破损漏电，固定插座松动等情况。

（4）易燃可燃物品或垃圾杂乱堆放、随意丢弃，易燃、可燃物距离电气设备较近或与之直接接触。

3. 教学实验场所

（1）电气线路、电器设备、固定插座、移动式插座等通电物品与纸张、衣物、化学试剂等易燃可燃物品直接接触或距离较近。易燃可燃杂物、材料杂乱堆放，不及时分类整理。

（2）未按规定贮存实验用品和化学试剂，易燃易爆物品未设置专用储存设施。

（3）携带火种进入易燃易爆场所，遗留或弥散的危险物品或粉尘未及时清理。

（4）实验时违反操作规程，私自改装或修理设备，导致机械火星、摩擦生热、电火花和静电放电产生明火。

4. 公共娱乐场所

（1）灯光、音响等用电设备靠近和接触幕布、布景等可燃材料。

（2）场所内采用泡沫、海绵、毛毯、木板等易燃可燃材料装饰，临时装饰物（氢气球、易燃可燃物挂件、圣诞树等）直接布置在电气线路、高温电器设备表面。

（3）活动中点蜡烛、燃放烟花、采用特殊灯光等可能引燃周边可燃物。

（4）易燃可燃物品超量存放、管理不当、贴近灯具等高温部位等。

第三节　火灾预防

控制可燃物、隔绝助燃物（控制氧含量）、清除着火源、破坏燃烧条件，防止燃烧的发生和发展是预防火灾的基本措施。了解火灾成因，强化消防安全责任意识，自觉遵守各项防火规章制度，养成个人良好的消防安全行为习惯，才能最大限度地预防和减少火灾事故的发生。

一、高校火灾事故的成因

在高校,学生宿舍和实验室是火灾发生的主要区域,电器、明火使用不当是造成火灾的主要原因,从近年来高校发生的火灾事故统计分析,多数火灾是由于大学生消防安全意识淡薄、缺乏基本的消防安全常识,违反学校管理规定而造成。因学生个人行为所引发的火灾事故成因主要有以下几个方面。

(一)违章用电

违章用电造成的火灾,主要表现在私自拉接电源线路,随意使用大功率电器,使用劣质电器,电器长时间处于运行或待机状态,电器照明或取暖等引燃可燃物。

【典型案例7.4】

2018年10月11日6时30分左右,广州某大学一名学生因使用劣质电源插板在靠床的书桌上给充电宝充电起火,引燃蚊帐并迅速蔓延,慌乱中宿舍同学用水将火熄灭,现场没有造成人员伤亡。

2018年12月26日10时许,长沙某高校一学生宿舍发生火灾,该宿舍一个床铺上的物品和其他衣物被烧毁,原因为学生离开宿舍时未关闭电热毯,电热毯发生故障引燃了可燃物。

2019年10月30日,广东某大学一女大学生半夜在宿舍床上睡觉时被烫醒,发现未在充电状态下的充电宝起火,所幸室友紧急断电并用两桶水将火扑灭,没有酿成大祸,但床上的床垫、被子、蚊帐都已被烧焦。

案例分析:高校火灾,尤以电器火灾突出,为个人方便,私自拉接电源线路、违规使用大功率用电设备、电器连接不规范,特别是"一插多用"(图7.2、图7.3)、电器长时间运行或待机状态无人看管、被褥覆压电源线路(图7.4、图7.5)、使用劣质电器等极易被忽视的不安全行为,常常是引发火灾的罪魁祸首。

图7.2 一插多用隐患大　　　　　图7.3 一插多用超负荷

(二)用火不慎

用火不慎指日常生活或涉及生活的明火使用失去控制而引起火灾,如点燃蜡烛照明、蚊香熏蚊、焚烧杂物垃圾、燃放烟花爆竹、燃放孔明灯等明火接触到可燃物而引起燃烧。

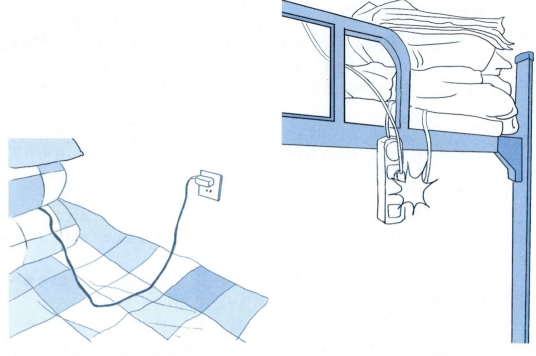

图 7.4 被褥覆压电源线路(1)　　图 7.5 被褥覆压电源线路(2)

【典型案例 7.5】

2016 年 8 月 17 日 1 时 30 分左右,烟台某大学一学生宿舍发生火灾,楼内 300 多人在浓烟中疏散,安全撤离,起火宿舍内物品被全部烧毁。起火原因疑为一学生点燃蚊香后外出上网,蚊香引燃周边杂乱堆放的鞋盒、衣物等可燃物所致。

案例分析:使用明火,需远离其它易燃可燃物,并加强火源管理。特别是燃放烟花爆竹、孔明灯,明火极易失去控制,因此,在学习生活中,必须提高安全用火意识,遵守校纪校规,杜绝或减少明火使用。

(三) 违反安全规定

违反安全规定是指在日常生活、实验、实习中,违反安全规定、操作规程或错误操作造成温度、压力、加热时间、速度等的失控而引燃可燃物,继而引发火灾。如违章使用酒精炉、液化气炉,存放易燃易爆危险化学品,化工实验中违反实验操作规程等。

【典型案例 7.6】

2016 年 8 月 14 日,山东某大学两名留校学生在公寓走廊使用液体酒精炉吃火锅,在没有熄灭火焰的情况下添加酒精,导致一人烧伤面积达 40%。

2019 年 6 月 20 日 16 时许,山西某高校一学生随同老师在室外分次烧毁废弃化学药品时,违反操作规程,将待烧毁的化学药品倒在未燃尽的报纸上,火势猛然扩大,导致其右手Ⅱ度烧伤。

案例分析:安全管理制度、操作规程,既是人们安全实践的长期经验积累和千百次事故教训的科学总结,也是遵从安全规律和保障人身安全的行为准则。严守安全规章,规范安全行为,才能免于事故灾害。

(四) 吸烟

吸烟引起的火灾包括卧床吸烟、随手乱扔烟头,以及在危险场所违章吸烟等。

【典型案例7.7】

2018年6－11月,山西某高校共发生6起道路旁垃圾筒着火事件,不排除是未熄灭的烟头丢入垃圾筒引燃可燃物所致。

案例分析: 烟头表面温度200～300℃,中心温度可达700～800℃,超过了棉、麻、毛织物、纸张、家具等可燃物的燃点,卧床吸烟、不分场合吸烟、随手乱丢烟头等不当行为,是一种动态火灾隐患,也是吸烟引起火灾的最普遍原因。

(五) 其它原因

其他原因如化学危险物品使用存放不当、自燃、玩火、纵火、建筑设施老化失修等。

【典型案例7.8】

2017年5月12日10时40分,兰州某大学一实验室起火,火势很快蔓延,楼内有学生被困。据该校相关部门负责人介绍,起火原因是两名做实验的学生在加热石蜡的过程中,石蜡突然起火并引燃通风厨的塑料厨壁所致。

2017年5月15日17时21分左右,山西某高校一教学楼前的草坪起火。后经排查,疑为学生点烧草坪内附着的柳絮玩火所致。

案例分析: 火灾常在人们意想不到的时间、部位和空间出现,任何环节的疏忽,都可能造成火灾。规范用火行为,不肆意动火、玩火,能有效预防和减少火灾事故的发生。

二、火灾预防的基本要求

(一) 增强消防安全意识

多年的火灾统计数据表明,我国火灾中80%以上是人为因素引起。高校内发生的火灾事故,多数也是由于学生消防安全意识淡薄,缺乏基本的消防安全常识,违反学校管理规定,违章用电、违章操作、用火不慎、吸烟等主观原因造成。大学生是高校的主体,在高校消防安全工作中具有重要地位和独特作用。如果学生消防安全意识淡薄,消防常识缺乏,扑救初起火灾和逃生自救互救能力低下,一旦发生火情,势必酿成火灾,造成严重后果。因此,在校大学生只有自觉提高消防安全意识,从思想上高度重视,增强消防安全的主动性和积极性,才能熟练掌握火灾防范处置技能,提升学校的火灾防控整体能力。

(二) 遵守消防安全法规制度

《中华人民共和国消防法》第五条规定:"任何单位和个人都有维护消防安全、保护消防设施、预防火灾和报告火警的义务。任何单位和成年人都有参加有组织的灭火工作的义务。"大学生在学习和生活中,不仅要严格遵守国家的消防安全法律法规和学校的消防安全管理制度,养成良好的个人安全行为习惯,履行维护消防安全的基本义务,而且要对发现的违反消防法规、影响消防安全的行为,及时予以指出、纠正、制止或者向消防管理部门举报。

(三) 牢固树立集体安全观念

人的社会属性决定了个人的成长和发展不可能脱离集体而独立存在,个人的行为与所在集体的整体利益又相互制约、相互影响。大学生在高校乃至以后职业生涯的学习、工作、日常生活中都不可避免地处于某个集体或某些集体场所,因个人的疏忽和失误而引发的火灾,不仅会直接危害自己生命财产安全,而且也会对所在集体以及集体中他人的安全利益造成威胁。因此,作为各种集体的一分子,大学生必须牢固树立"不伤害自己、不伤害他人、不被他人伤害、保护他人不受伤害"的集体安全观念,既要从自身做起,确保自己不受火灾伤害,也要担负起保护集体中其他人员不受火灾伤害的责任和义务,相互提醒、相互监督,及时指正他人的不安全行为和身边的消防安全隐患,创造全员互保的集体安全氛围,以集体的力量预防火灾事故。

三、高校火灾事故的预防措施

（一）宿舍防火措施

学生宿舍人员密集、电器种类繁杂、用电量大、可燃物品多,是火灾事故的易发区域,预防宿舍火灾应做到以下几个方面：

1. 预防电源线路、电器设备引发火灾

（1）不私拉乱接电源线路,不使用劣质电器,电源线路、用电器不近邻易燃物或被易燃可燃物覆压。

（2）不在宿舍内使用电炉、"热得快"、电热器、电暖气等大功率电热器具。

（3）用电器、充电器用完后及时断电,防止用电器长时间通电失火。

（4）离开宿舍时,要关闭电器开关,拔下电源插头,确保电器彻底断电。

2. 预防各类明火引发火灾

（1）不在宿舍内点燃蜡烛照明,点燃的蚊香要远离易燃物。

（2）不卧床吸烟、乱扔烟头,不在宿舍、楼道焚烧杂物。

（3）不在宿舍内存放易燃易爆化学危险品,易燃可燃杂物要及时清理。

（4）不使用煤气炉、酒精炉等可能引发火灾的灶具。

3. 发现火灾隐患及时向管理人员或有关部门报告

（二）实验室防火措施

实验室易燃易爆化学危险品数量大、用火用电设备多、实验过程复杂、火灾诱发因素多,用火用电、实验操作和化学危险品使用管理不当等,都容易引发火灾。

（1）遵守各项安全管理规定、安全操作规程和有关制度,不携带火种和与实验无关的易燃易爆品进入实验室。

（2）实验前主动认真接受专项安全知识培训,熟悉实验内容,掌握实验步骤、危险化学品使用要求、仪器设备操作要领和安全注意事项,了解实验中存在的不安全因素和控制措施。

（3）服从老师和实验员的指导,严格按实验操作规程操作,严守危险化学品保管、使用规则,不在实验室玩耍、打闹,不随意摆弄与实验无关的设备、仪器、试剂等。

（4）实验中不脱离岗位,随时检查与实验有关的电源、火源、水源、气源及实验设备运行情况。使用完毕后,及时关闭电源、火源及水源、气源等,清除杂物、垃圾,确认安全后,方可离开。

（5）熟悉水、电、气的开关阀门,熟记实验室灭火器材配放位置和使用方法,熟知突发火情的应急处置措施,随时做好灭火准备。

（三）公共场所防火措施

高校的教室、实验室、餐厅、图书馆、体育馆、会堂等公共场所,人员高度集中、往来频繁,用电设备多、用电量大,空间大、可燃装修多,且管理较为松散,一旦发生火灾,火灾蔓延快,极易造成重大人员伤亡。因此,进入公共场所,应自觉遵守相应的防火要求：

（1）遵守公共场所的消防安全管理制度,服从管理人员管理。

（2）不携带易燃易爆品、不吸烟、不使用明火,不随意触动电器设备开关、电气线路。

（3）不堵塞消防通道,不挪用或损坏灭火器、消火栓、防火门、火灾报警器等消防器材和设施。

（4）有意识地了解公共场所内部结构,留意安全标志,熟悉安全通道走向。

（四）草坪山林防火措施

冬春季节风干物燥,是草坪、山林火灾的多发时期,特别是山林火灾,一旦发生极易蔓延,不易扑救。预防草坪、山林火灾要做到以下几点：

（1）遵守消防法规，在草坪、山林及周边不吸烟、野炊、动用明火，不燃放烟花爆竹、孔明灯，不焚烧杂物。

（2）不携带火种、易燃易爆危险品进入山林。

（3）在封山管理期，不私自进入林区进行登山、旅游等活动。

（4）发现违规用火、吸烟等行为要勇于制止，发现火情立即报告。

第四节　初起火灾应急处置

火灾初起阶段是扑灭火灾的最佳时机，一旦发现火情要把握时机及时报警、快速处置。若扑救措施失败，火势失控，必须立即疏散撤离。

【典型案例7.9】
2019年3月29日凌晨1时许，北京某大学一学生宿舍着火。事发后，该校学生使用灭火器进行扑救，并自行组织疏散，在消防员赶到现场前已成功将明火扑灭，未造成人员伤亡。据事发宿舍楼的一位学生称，当时自己正在熟睡，突然被敲门声吵醒，被告知一宿舍阳台衣物起火，需要紧急疏散。

案例分析：掌握一定的初起火灾处置和自救互救常识，可及时阻止火势扩大和蔓延，减少火灾损害，避免人员伤亡。发现火情和火灾苗头，必须立即采取措施科学处置。

一、火灾报警

火灾的发展往往难以预料，任何人在任何时间和任何场所，一旦发现起火都要立即报警。

（一）报警方法

（1）向附近人员报警。采用大声呼喊等方式，向周围人员告知火灾信息或求援。呼喊时，可视情况不断敲击物品发出声响引起附近人员的注意。

（2）火灾报警器报警。按下建筑物楼梯口或楼道内的火灾报警器（图7.6、图7.7），向消防控制室值班人员报警。

图7.6　方形火灾报警器盒

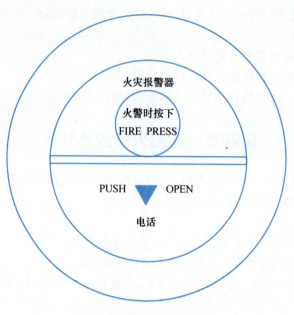

图 7.7　圆形火灾报警器盒

（3）电话报警。拨打火警电话"119"（在校内可拨打保卫处值班电话），讲清起火的建筑物名称、详细地点和部位（如几号公寓楼哪个宿舍、几号教学楼几层哪个房间、周围有哪些明显建筑物或道路标志）、着火物质、火势大小、有无人员被困、报警人姓名及电话号码等信息。同时要正确、简洁回答对方询问的其它问题。（图 7.8）

发现火灾迅速拨打火警电话"119"。报警时要讲清详细地址、起火部位、着火物质、火势大小、报警人姓名及电话号码，并派人到路口迎候消防车。

图 7.8　电话报警

(二)报警注意事项

(1)发现起火,应在选取沙土、水、灭火器等进行灭火的同时,呼救报警。如果火势较大,认为无能力扑灭时,必须立即边报警边撤离。

(2)向附近人员报警时,要尽量向周围人员告知着火的地点和物品,讲清是需要前来灭火还是紧急疏散,避免人们不明情况而引起惊慌混乱,造成不必要的人员伤亡。

(3)发现火灾后报警要及时,迟报、不报会延误灭火的最佳时机,导致小火酿成重灾。

二、初起火灾扑救

(一)常用灭火方法

按照燃烧原理,破坏已产生的燃烧条件,抑制燃烧反应是灭火的根本措施。常用的灭火方法是向起火物喷洒水、干沙土,用灭火器向起火物喷洒灭火剂,或者用沙土、灭火毯、湿抹布、湿棉被等覆盖起火物,利用冷却、隔离、窒息、抑制等作用使燃烧中止。灭火中要做到:

(1)判明情况。灭火时要迅速判明起火物质的类别、火势大小,确定灭火方法。如垃圾筒内的废纸刚起火时,可直接利用身边脸盆、水桶、水杯内的水直接将火浇灭;扑救门窗关闭、密闭条件较好的室内火灾时,没做好灭火准备前不能急于开启门窗,以防新鲜空气进入后助长火势。

(2)断电断气。火灾发生后,要立即拉闸断电,防止触电事故发生。当起火物为气体、油类时,要迅速设法关闭气源、油路阀门,减少可燃物的供给。

(3)就地取材。根据火灾类别选用适当的灭火器材和一切可用的工具灭火。如扫帚、沙土、棉被、脸盆和水桶内的水等。但应注意,忌水物质、碱金属、融化的铁水、带电物质火灾和可燃液体火灾,不适宜用水扑救。

(4)对准根部。使用灭火器灭火时,必须对准火焰的根部平行喷射。但扑救敞口容器内的油类等可燃液体火灾时,不能使用灭火器直接对着液体表面喷射,防止可燃液体喷出飞溅、火势蔓延。

(5)保护自身。火场中烟雾弥漫,灭火时,要做好自身防烟防火保护,并要防范起火物飞溅、压力容器爆炸、高空坠物及建筑构件坍塌等危险。

(6)背对出口。灭火时应背对逃生出口,一旦灭火失败,迅速从出口撤离火场。

(7)阻止蔓延。注意观察火势蔓延方向,及时清除起火物附近的其它可燃物,阻止火灾的蔓延。

(8)灭后浇水。明火扑灭后要向未燃尽的可燃物再次浇水冷却,防止死灰复燃。

(9)保护现场。灭火后要注意保护好现场,以便进行火灾原因调查。

(二)灭火器使用方法

1. 干粉灭火器使用方法

一提。用手握住灭火器提把提起灭火器,平稳、迅速地到达着火点附近。

二拔。接近起火点时,拔出保险销。不能把上压把和下握把用力握紧,否则保险销不容易拔开。

三握。在距着火物 2 米外,用一手握住胶管喷嘴的前端瞄准火源根部。

四压。用另一只手用力按下压把。

五扫。对准火源根部左右摇摆扫射,扫射时由外向内、由近至远将火扑灭。(图 7.9)

注意事项:

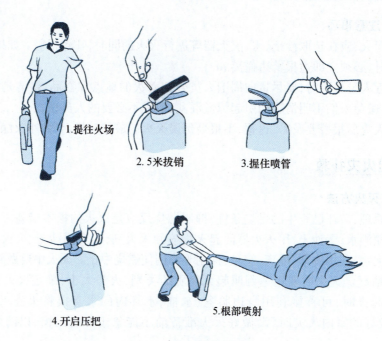

图 7.9 灭火器使用方法

（1）灭火器使用时应保持直立状态，不能平放或倒置，否则干粉不能喷出。

（2）室外使用时要处在上风位置。

2. 二氧化碳灭火器使用方法

与干粉灭火器基本相同，但因喷射的二氧化碳气体易被风吹散，影响灭火效果，应尽量避免在室外大风条件下使用。

注意事项：

（1）使用时要使二氧化碳尽可能多地喷射到燃烧区域，使之达到灭火浓度而使火焰熄灭。

（2）在喷射过程中，灭火器应保持直立状态，不能平放或倒置。

（3）不能直接用手抓住喇叭喷筒外壁或金属连接管，防止手被冻伤。

（4）室外使用时，要处在上风位置。

（5）在室内窄小空间使用时，灭火后操作者应迅速离开，以防窒息。

（6）扑救室内火灾后，人员进入前应先打开门窗通风，以防窒息。

（三）室内消火栓使用方法

室内消火栓是扑救建筑物室内火灾的主要设施，通常设置在建筑物的楼梯、楼道等公共区域内，使用方法见图 7.10。

注意事项：

（1）使用时须两人以上相互配合，并确认着火物已断电时，才能出水进行扑救。

（2）打开消火栓水阀开关需按逆时针方向缓缓用力旋转消火栓手轮，根据消防水带内水柱充实情况调整水阀开关大小，待水枪出水稳定后再迅速将阀门开启到最大状态。

（3）消防水枪出水量较大时须由两人把持，以避免水枪的反作用力造成出水方向不稳定和人员意外伤害。

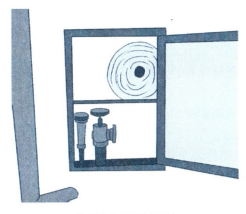
1.打开或击碎消火栓箱门

2.取出并展开消防水带

3.水带一端连接在消火栓接口

4.水带另一端连接在水枪喷头

5.打开消火栓水阀，水枪对准火源根部喷射水流

图 7.10　消火栓使用方法

三、常见火灾的初起扑救要点

（一）用电设备、电源线路起火

（1）用电设备、电源线路起火和起火物周边有用电设备时，要立即切断电源。当情况紧急，电源一时无法切断时，要立即使用干沙土、干粉或气体灭火器灭火。未断电时不可直接泼水灭

火,以防触电或电器爆炸。

（2）用电设备、电源线路打火冒烟或明火初起时,断电后可用湿抹布、湿棉被等直接覆盖灭火。

（3）电视机、计算机起火,不可用水、灭火器直接对着屏幕喷射,以防热胀冷缩引起爆炸。灭火时,要从侧面靠近,用湿衣物、湿棉被将明火盖灭。

（4）用电器起火后未经专业人员修理不得接通电源使用,以免短路、触电和再次起火。

（二）液化气、天然气泄漏起火

（1）利用水、灭火器灭火或用浸湿的被褥、衣物捂盖至明火熄灭,迅速关闭供气阀门断绝气源。

（2）液化气气罐阀门开关失灵时,可用湿布堵塞漏气处,再将气罐搬移到空旷地带排尽气体。在排放气体时要清除周边火源,以免引燃排出的可燃气体。天然气管道阀门开关失灵时,要立即撤离并联系维修人员关闭上一级阀门。

（3）液化气、天然气泄漏未起火时,要开启门窗通风,不得开关电源、使用电器设备、使用明火和打火测试,否则易发生爆炸。

（三）桌椅、被褥起火

可使用灭火器灭火,也可用脸盆、水桶等盛水向着火物上泼水灭火,同时要向燃烧点附近的可燃物泼水降温。

（四）身上衣服起火

衣服着火后不能奔跑,以防空气流动加快促进燃烧,或跑动时将火种带到别处,扩大火势。

（1）使用身边的抹布、毛巾、毯子等物品捂盖,如身边恰好有水,直接用水浇灭。

（2）迅速脱掉着火的衣服,或倒地来回滚动,利用身体压灭火焰。但滚动速度不能过快,否则火不容易压灭。

（3）附近有河流、池塘时,可迅速跳入浅水中。但皮肤已被烧破且烧伤面积较大,则不宜跳入水中,以防感染。

（4）衣服单薄或已有皮肤烧伤时,不能使用灭火器喷射,以防灭火剂引起烧伤创口感染。

（五）危险化学品起火

（1）保护自身安全,不单独一人灭火,出口应始终保持畅通。灭火时,要选择现场坚实的掩蔽体防护,并处在上风或侧风位置,以免遭受爆炸或有毒有害气体的侵害。

（2）易燃固体着火时,可用干沙土、水泥粉、湿棉被、干粉灭火器等灭火,但有忌水物质时,不可用水。有粉状固体时,不可用灭火器直接喷射,以防冲散粉尘,在空气中形成爆炸性混合物引发爆炸。

（3）易燃液体着火,可选择干沙土、水泥粉、湿棉被、灭火器等灭火,但比重小于水又不溶于水的易燃液体着火,不能用水扑救。敞口容器内的可燃液体着火,不能用灭火器直接对准液体表面喷射,不能使用沙土覆盖,以免液体冲溅、液位上升溢出,导致火灾蔓延。

（4）可燃气体着火,在关闭阀门切断气源后,再用雾状水、灭火器、细沙、湿棉被等扑救。明火扑灭后,要立即开启门窗通风,防止可燃气体聚积复燃。

（5）爆炸物品爆炸起火,可用雾状水或灭火器扑救,但不能用沙土等覆盖,以防再次爆炸。

（6）压力容器、密闭容器受火势威胁时,要喷水冷却、搬移、放空泄压或导走物料,防止容器过热超压爆炸。

（7）在有可能发生爆炸、破裂、喷溅等特别危险情形时,应尽快紧急撤离现场。

第五节　火场逃生自救

发生火灾时,要沉着冷静,根据火势大小、起火时间、楼层高度,利用疏散通道、室内物品等一切可利用的条件,灵活运用所掌握的自救逃生知识技能,选择正确的逃生路线和方法,快速逃生。预先熟悉所处环境,牢记疏散通道和出口的方位,是能在紧急情况时顺利逃生的关键。

一、火场逃生防烟保护

火灾时,物质的燃烧造成火场内含氧量大大降低,产生的高温烟气含有大量一氧化碳、氰化氢、氯化氢、二氧化硫等有毒气体,使得烟气成为火灾的头号杀手。建筑火灾中,约80%的死亡人数是因吸入高温有毒烟气所致。因此,在火场疏散逃生时,必须防范烟毒侵害。

(一)湿毛巾捂鼻防烟

逃生时,先将长方形毛巾连续对折3次叠成8层,再用水打湿并拧至水滴慢滴的程度,然后用其捂住口鼻,低身弯腰逃离火场,方法见图7.11。

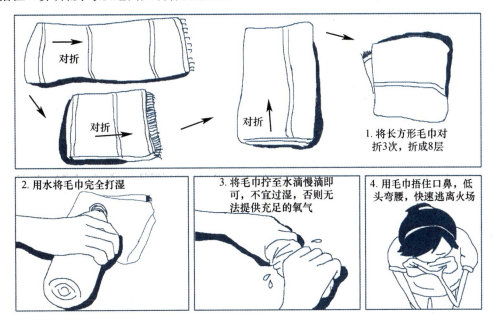

图7.11　湿毛巾捂鼻法

(二)逃生面具防烟

逃生面具是火灾时人员紧急逃生的有效呼吸保护装置,使用方法见图7.12。

二、火场逃生基本方法

(一)自救

被困火场时,要强制自己保持头脑冷静,判明火势大小、所处位置、周围环境和各种自然条件,抓住有利时机,就近、就便利用一切可利用的工具、物品,设法撤离。

1. 打开包装盒并取出呼吸器头罩

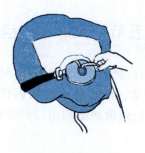
2. 拔掉滤毒罐前孔和后孔的两个橡胶塞

3. 将头罩戴进头部，向下拉至颈部，滤毒罐置于鼻子的前面

4. 拉紧头带，以妥当地包住头部，选择最安全通往紧急出口的路线出逃

图 7.12　逃生面具使用方法

（1）迅速撤至安全地点。优先选择距离最近、最安全的疏散楼梯或按照消防广播提示的疏散路线迅速撤离。身处房间开门撤离时，应先用手背弹触房门或门把手判断是否发热，如不发热须缓缓开启迅速撤出，并关闭房门，控制火势发展，为逃生赢得更长时间，否则应选择其他出口。逃离时所经通道已有烟雾时，要用湿毛巾捂住口鼻或佩戴逃生面具做好防烟保护，低身或匍匐行进。当通道被烟火封锁，应先向远离烟火的方向水平疏散，然后再向靠近出口和地面的方向疏散。下楼梯时应抓住扶手，以免被他人撞倒。

（2）利用现有救生器材。如现场有救生绳、缓降器等自救器材时，要及时利用救生器材逃生。

（3）利用建筑物本身及附近的自然条件。可利用建筑物的阳台、窗台、避难层、楼顶平台，以及靠近建筑物的低层建筑屋顶或其他构筑物等设施逃生。当房间内起火且门已被火封锁，可通过阳台或走廊在确保安全的情况转移至相邻未起火的房间，再利用这个房间的通道逃生。

（4）就地取材创造条件。火势不是十分猛烈时，可将衣服、棉被用水浸湿，披在身上快速逃生。火势较大，楼梯及通道无法通过时，可退至室内关闭房门，将床单、窗帘、绳索、消防水带等连接后拴紧在牢固的门窗框架、暖气管或其他承重物上，再顺着床单或绳索从窗口滑到地面；所处位置楼层较低（三层以下）且在烟火威胁、时间紧迫的情况下，可先向楼外地面抛下一些棉被、床垫、地毯等软质物品，然后沿落水管下滑或手扶窗台下滑，缩小跳落高度，并保持双脚首先着落在抛下的棉被、床垫上。

（5）寻找避难处所求救。疏散通道被大火阻断无路可逃时，应积极寻找容易被人发现的室外阳台、楼顶平台、有窗户的房间等避难处所，向救援人员发出大声呼唤、敲打金属物品发生声响、向外抛掷小物品、晃动鲜艳衣物等求救信号等待救援,在夜间时可使用手电筒或手机闪光灯不断晃动等辅助手段引起救援人员注意。也可选择火势、烟雾难以蔓延且易被楼外人员看到的房间,关好门窗,堵塞缝隙,或用水将门、窗和各种可燃物浇湿后,发出求救信号等待救援。

(二) 互救

在火灾现场,要通过相互配合、组织施救的方法,互助逃生。

(1) 从火场逃生时,遇有人员惊慌拥挤、疏散方向不明时,要主动指明疏散路线,积极维护疏散秩序,防止拥堵踩踏。遇有情绪失控、临险恐慌者,要用镇定的语气消除其恐慌心理,协助其有序撤离。遇有老弱病残、不能行走的儿童和失去知觉者时,要运用背、抱、抬、扛等措施,帮助其一并撤离。

(2) 逃离火场后在火场外发现人员被困时,可利用喊话、广播通知引导被困人员逃离。当疏散通道被烟火封锁,可采取架设梯子、架子、抛掷绳子等帮助被困人员逃生。也可在楼下放置软质物品、拉起救生网等,救助从楼上往下滑落的人员。

三、火场逃生注意事项

(1) 生命至上,不因寻找、携带、抢救贵重财物或忙于穿衣等延误逃生时间。

(2) 沉着镇定,控制情绪,不乱窜乱撞,不乘坐电梯,不轻易跳楼,不急于采取过激行为。

(3) 不随意开启门窗,撤离房间、通过防火门后要随手关闭,控制火势、烟气蔓延。

(4) 低层起火不能执意向下逃生,如人员聚集、疏散困难,可上至更高的楼层或楼顶避难。

(5) 服从救援人员的指挥,或耐心搜寻安全疏散指示,沿指示方向行进,不可低头乱跑、盲从他人,更不能在浓烟中大声呼喊、吵闹、直立奔跑。

(6) 利用绳索逃生时,绳索每1米左右要打结,固定处要远离火焰侵袭,并用毛巾、手套等保护手掌心。绳索不够长时,可下滑到无烟火的楼层窗台,破窗进入安全层,再撤离到室外。

(7) 沿落水管下滑逃生时,要注意检查固定是否牢固,否则不要使用。

(8) 被困于室内时,要靠近背火窗户或蹲在阳台角,避开烟火,靠墙躲避。

(9) 团结互助,主动协助体弱、患病、行动有困难的人员撤离,遇有人员摔倒要立即将其扶起,防止踩踏。

(10) 不围观火场,以免妨碍救援工作,或因爆炸、坍塌危害自身。

四、野外火灾现场的逃生自救

遭遇野外山林火灾时,要谨记:

(1) 保持镇定,及时报警求援,并迅速寻找安全地带转移。

(2) 身处火场,判断火势大小,密切注意风向变化,逆风快速逃生。

(3) 处于下风向时,用水弄湿全身、遮住口鼻或用衣物蒙住头部果断迎风穿越着火带,逃向火已烧过或杂草稀疏、地势开阔的地段、河流躲避。

(4) 在半山腰被大火围困时,应迅速向山下方向逃离。

(5) 火势较大无路可逃时,立即就地挖坑,脱去衣物躺入其中,再用铺上泥土的衣物覆盖身体,手曲成环状放在口鼻上以利呼吸,当火焰通过时,要屏住呼吸。

思考题

1. 《中华人民共和国消防法》规定个人在消防工作中有哪些基本义务?
2. 简要阐述什么是集体安全观。
3. 如何辨别火灾风险?列举出教学楼的火灾风险。
4. 怎样预防宿舍火灾事故?一旦宿舍发生火灾,需要采取何种措施进行处置和逃生自救?

第八章 交通安全与户外运动

第一节 道路交通安全

交通安全是指不发生交通事故或少发生交通事故的主观条件,即交通参与者要严格遵守交通法规,提高警惕,不因麻痹大意而发生交通事故。大学生道路交通安全,是指大学生在校园内外道路上遵守《中华人民共和国道路交通安全法》和其他道路交通法律、规章,在步行,骑自行车、电动车、摩托车,驾驶汽车,乘坐交通工具时确保人身安全。只要有行人、车辆、道路这三个交通安全要素存在,就有交通安全问题,一个小小的交通意外,也许会造成严重后果,断送美好的前程甚至生命。

一、道路交通安全事故

(一)大学生道路交通安全事故的类型

近几年来,随着各种车辆的剧增,大学生交通事故的发生率呈不断上升趋势。一般可分为校园内容易发生的交通事故和校园外常见的交通事故两种类型。大学生在校园内外发生的交通事故类型主要有人与车辆发生碰撞,乘坐交通工具发生事故致伤、致死,驾驶车辆违章发生交通事故致伤、致死,被车辆撞伤四种情况。

(二)大学生道路交通安全事故的原因

近年来,高校办学规模扩大,高校与社会交往频繁,校园内人车流量剧增,交通环境复杂,交通矛盾突出。总结大学生日常发生交通事故的主观人为因素,主要有以下几方面:

1. 思想麻痹,意识淡薄

许多大学生的交通安全意识比较淡薄,对危险感知存在一定局限性。主要表现形式:注意力不集中,表现为边走路边看书,或边听音乐,或边看视频,或发短信,又或左顾右盼,心不在焉;马路嬉闹,在路上行走时蹦蹦跳跳、嬉戏打闹,甚至有时还在路上进行球类活动,尤其是踢足球、拍篮球等;骑快车,高校校园面积比较大,许多大学生购买自行车、摩托车或电动车,课间骑车在校园中穿行,存在不守交规、不打手势、闷头猛拐、左冲右闯等情况。交通安全意识淡薄,常常埋下祸根。

2. 交通安全知识缺乏

许多大学生只注重学习需要考试的几门课程,很少主动学习交通安全知识,甚至有的连基本的安全常识都不甚了解,不按信号灯和交通标志线通行,随意横穿马路、与车辆抢道、遇到车辆不避让、匆忙跨越护栏,发生交通事故的概率就会增高。

3. 遵守交规自觉性差

有些大学生在日常学习和生活中没有养成自觉遵守法律、法规的良好习惯,自制能力和自觉性较差,在"只为图一时之快,不愿意多走一步"的心理作用下,经常做出违反交通法规的事情,如不走人行横道线、人行道、翻越栏杆等。

4. 驾驶人员操控不当

有些大学生刚领到驾照就在校园人员密集场所开车上路,驾驶经验明显不足,遇到紧急情况时往往惊慌失措,导致操控不当,容易引发交通事故。

5. 校园交通管理薄弱

有的高校对社会车辆进入校园没有统一的管理办法和规定,对校园内部分机构开设驾驶培训学校的行为没有进行统一管理和约束,对学生在校园内驾驶汽车缺乏规范,特别是有些机动车驾驶员把大学校园当成训练场,在校园里练习驾驶技术,成为校园交通事故的主要诱因。

二、道路交通安全常识

据统计,全世界每年有 100 多万人死于车祸,伤者不计其数。面对这些突发事件,人类并非完全被动。良好的预防意识、快速灵敏的反应,正确的救助技巧能最大限度地避免或减轻伤害,在千钧一发之际,化险为夷,在孤立无援之地,绝处逢生!

(一) 步行安全常识

(1) 行人步行时应当在人行道内行走;行人在没有人行道的道路上行走时,应靠道路的右侧行走;不在道路上进行滑滑板、滑旱冰、骑平衡车等有碍交通安全的活动。

(2) 横穿马路时,应走人行横道、人行天桥或地下通道;穿越十字路口时,要注意来往的车辆,应当按照交通信号灯指示通行,并服从交警的指挥和管理;在没有设交通信号灯的路口或在没有过街设施的路段横过道路时,要注意观察、避让来往车辆,做到"一停二看三通过",在确保安全的情况下迅速直行通过。

(3) 不在车行道、桥梁、铁轨、隧道等处逗留、玩耍、打闹、抛物等;不倚坐、穿越、攀登或跨越道路和铁路的隔离设施;不扒车、强行拦车;不进入高速公路、高架道路或者有人行隔离设施的机动车专用道行走。

(4) 突遇飞驰而来的汽车时,应立即朝与汽车行驶方向垂直的方向躲闪;不在车辆临近时,突然加速横穿道路或中途倒退、折返。

(5) 养成良好的出行习惯,在走路时不看手机、不听音乐、不接打电话;尤其是在十字路口、斑马线、楼梯、转弯等复杂路段要集中注意力。

【典型案例8.1】

2016 年 10 月 31 日,福州市某高校食堂附近,一辆社会车辆在倒车时,碰到两名边走路边看手机的学生,致两名学生受伤,伤者被送往医院救治,其中一名学生右股骨骨折,脸部、手臂也有擦伤,需住院治疗。

案例分析:随着智能手机的普及,导致大学校园内"低头族"越来越壮大。在路上,经常能遇到低头玩手机的学生,完全无视过往的车辆,如果再遇上心不在焉或技术不好的司机,很可能酿成一场惨重的车祸。珍爱生命,从放下手机开始。

(二) 骑行安全常识

(1) 自行车、电动车要在非机动车道行驶。在没有划分机动车道和非机动车道的道路上,应当靠车行道的右侧行驶,不逆向行驶。当不得不逆行时,要靠边行驶;车辆较多时,应推车行走。

(2) 穿越十字路口时,要严格遵守交通信号灯的指示通行。通过人行道时,要注意避让行人;在无人行横道的路段横穿道路时,要主动避让机动车,不与机动车抢行;横穿机动车道时,要下车推行;通过无人看守的铁道路口时,要确认安全后再通过。

(3) 骑车时不能横冲直撞、争道抢行,要注意前方情况和左右方的安全,当机动车临近时要让行;行驶途中左转弯时,要打手势向后面行驶车辆示意,禁止强行猛拐;设有左转指示灯的路口,左转指示灯(绿灯)亮时,才能左转;超车时在不妨碍被超车辆正常行驶的前提下,从左侧超越,不 S 形行驶。

(4) 在道路上骑车不互相追逐、打闹,不多人骑车并行或扶肩并行;不牵引、攀扶车辆或者被其他车辆牵引;骑车时不双手离把、不手中持物或使用手机;如遇到正在执行紧急任务的特种车辆(军警车、消防车、救护车、抢险车),应主动避让。

(5) 骑车途中刹车、车铃失灵时,要及时维修或推车行走;骑车载人或载物应遵守交通法规;严禁无证和酒后驾驶摩托车。

(6) 骑共享单车时,首先要检查车辆的安全性,检查刹车是否有效;要了解共享单车企业购买的意外险承保的是由于自行车本身原因而发生的意外伤害事故,仅保障的是日常骑行,但不承保高风险骑车行为。

(7) 骑共享电动车前,要佩戴安全头盔,检查刹车是否灵敏;遵守交通规则,在非机动车道内行驶,保持安全速度驾驶;杜绝闯红灯、随意变车道、逆向行驶、超速驾驶等危险行为,如要横穿道路时,应当下车推行。

【典型案例8.2】
2018 年 6 月 26 日,长沙市某高校两名大学生同骑一辆自行车前往岳麓山景区游玩。在两人骑行下山经过白鹤泉至穿石坡湖路段时,由于车速过快,再加上此路段坡度较陡且有急转弯,自行车来不及转弯径直冲向了路旁的树,车上二人瞬间被甩出去,造成一死一伤的惨痛事故。

案例分析:无视岳麓山景区禁骑标志、骑行未佩戴任何护具、逆行高速下坡转弯,是造成此次骑行意外事故的重要因素。户外骑行要自觉遵守相关规定和道路交通安全法。

(三) 乘车安全常识

(1) 不在禁止停车的地方候车及拦车;不携带易燃易爆等危险物品乘坐公共交通车辆,不向车外抛撒物品;乘坐公共汽车时,在站台或指定地点候车,待车停稳后,排队上车,按顺序就座;没有座位时,应该抓好车内扶手站稳;乘坐小型客车时,要主动系好安全带。

(2) 在乘坐机动车时,不要将手和头及身体任何部分伸出车外;不在车内随意走动、打闹,不睡觉,以免在发生事故时无法采取急救措施;遇火灾事故时,乘车人应迅速撤离着火车辆,不要围观。

(3) 开关车门时不要妨碍其他车辆和行人的通行;乘坐家用轿车或打车时,不从机动车道一侧上下车;不在道路中间上下车,下车时应注意后面驶来的机动车和非机动车,下车后,不要从车头前面贸然横穿马路。

(4) 不乘坐不符合安全规定的车辆,主要包括:不乘坐司机酒后驾驶的车辆;不乘坐非法运营或没有牌照的车辆;不乘坐严重超载或超员的车辆;不乘坐没有驾驶执照者驾驶的车辆;不乘坐两轮摩托车、农用车、小货车等。

【典型案例8.3】

2017年12月27日,据中国驻冰岛大使馆消息,一辆旅游大巴在冰岛南部发生车祸,车上载有40多名中国乘客,大部分为在英留学的中国留学生及其家长,确认一名中国留学生死亡,多人受伤。根据冰岛警方的通报,这场事故发生在冰岛一号环岛公路上,这辆载有中国游客的旅游大巴是与一辆载有立陶宛游客的汽车发生碰撞后倾翻;造成伤害的另外一个原因是大部分乘客没系安全带。

案例分析: 外出留学期间务必注意人身及交通安全,熟悉所在国的交通信号标志,遵守交通规则,保管好护照,在乘坐汽车时一定要全程系好安全带!

(四)驾驶安全常识

(1)遵守交通标志指示和交通信号指示,听从交警指挥,不驾驶有机械故障的"带病车"上路;在没有划分机动车道和非机动车道的道路上行驶时,应在道路中间通行;行驶时不超过限速标志牌标明的最高时速,与前车保持足以采取紧急制动的安全距离。

(2)行经人行横道时,应减速行驶;遇到行人正在通过人行横道,应停车让行;行经没有交通信号灯的道路遇行人横穿马路时,应当让行;不做接打电话、发微信、发短信、看新闻等危险驾驶行为。

(3)不酒后驾车,特别是不醉酒驾车。《中华人民共和国道路交通安全法》第九十一条规定:饮酒后驾驶机动车的,处暂扣六个月机动车驾驶证,并处一千元以上二千元以下罚款。因饮酒后驾驶机动车被处罚,再次饮酒后驾驶机动车的,处十日以下拘留,并处一千元以上二千元以下罚款,吊销机动车驾驶证。醉酒驾驶机动车的,由公安机关交通管理部门约束至酒醒,吊销机动车驾驶证,依法追究刑事责任;五年内不得重新取得机动车驾驶证。

(4)在发生交通事故后,要立即停车,开启危险报警指示灯,并在来车方向50~100米处设置警示标志,同时全力抢救受伤人员。

(5)在高速路上行驶的车辆发生故障,需要停车排除故障时,驾驶人应立即开启危险报警指示灯,并将车辆移至不妨碍交通的地方停放;车辆难以移动时,应当继续开启指示灯,并将警示标志设置在距事故车来车方向150米以外;车上人员应当迅速转移到右路肩上或者应急车道内,并迅速报警。

【典型案例8.4】

2019年6月4日,湖南湘潭市某高校校内东门附近发生一起交通事故。一名23岁的大学男生卢某驾驶共享汽车与一名推婴儿车的女子相撞,婴儿车内年仅1岁6个月的男婴经抢救无效死亡;女子脸上擦伤,腿部粉碎性骨折。

案例分析: 肇事男大学生卢某刚拿到驾照,租了共享汽车来学校找女友,因为开车时看手机导致事故发生。事实上,司机低头看手机的瞬间,车辆是处于无人驾驶状态的。据统计,开车时看手机发生事故概率是普通驾驶的23倍,开车时打电话发生事故概率是普通驾驶的2.8倍。警示:实验显示,开车时速达到60千米时,低头看手机3秒,就相当于盲开50米,一旦遇到紧急情况,刹停至少需要20米。请每一位驾驶员切记开车别看手机!

三、道路交通安全基本技能

(一)道路交通自救基本技能

(1)行走时,当有汽车、摩托车等机动车辆冲来,只要有所察觉,就要做出有效的躲避保护措施。如判断有可能被车撞到又来不及躲避时,要马上用双手抱头以保护头部,因为头颈部是最致命的部位。

（2）当骑自行车与汽车、摩托车相撞时，除了本能的抱头外，还应避免将身体往汽车、摩托车一侧倒，否则容易倒在车辆的轮子下面，要尽量使身体往外侧倒，减少自身损伤。

（3）当乘坐的汽车即将发生碰撞的瞬间，要马上做出相应姿势以自救。如是两车对撞，则坐在前排的人员要迅速做出如下姿势：用手腕护住前额，同时曲身抬膝，保护腹部和胸部（图8.1(a)）；其他人员则可向前伸出一只脚，顶住前排座椅，并在胸前曲肘，双手保护头部，顶在前排座椅背处（图8.1(b)）；如来不及做出上述防护措施，应迅速用双手抓紧扶手或椅背，双脚一前一后用力蹬，使撞击力分散在手腕和腿弯之间，以缓冲身体前冲的速度，减轻伤害程度。在发生后车追尾撞击的瞬间，要迅速做出如下姿势：把头部迅速靠在椅背头垫上，用背部承受撞击力，减轻伤害（图8.1(c)）；或迅速卧倒在座位上，用双手护住头部或胸部。

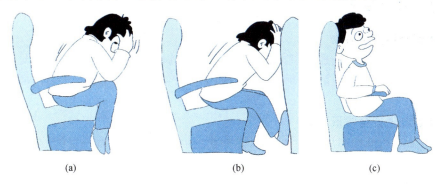

图8.1 乘车自救姿势

（4）在交通事故中，一旦受伤，要运用急救知识保护自己，保存力量等待救援，千万不要丧失信心。各种实例证明，人在绝望时容易死，只有怀着希望，调动潜能，才能渡过难关。

（5）本人或他人在车祸中受伤，应根据不同情况采取相应救助措施。出血：可以把衣服撕成布条，对出血的伤口进行局部加压止血；骨折：现场可以找小夹板、树枝等物，对受伤部位进行包扎固定；头部创伤：把伤者的头偏向一边，不要仰着，否则会引起呕吐，造成呼吸道堵塞，使伤者窒息；腹部创伤：要使伤者保持平卧体位，千万不要试图垫高局部，以免造成腹腔穿孔；如发现内脏露出体外，应把内脏尽量在原来的部位用容器扣在腹壁上，不要把内脏放入腹腔内，以免造成腹腔感染；呼吸、心跳停止：及时对伤者进行人工呼吸或实施心肺复苏术。

（二）汽车着火自救基本技能

（1）快速灭火。司机应尽快将车停下，关闭点火开关，并立即采取灭火措施，以免油箱爆炸。

（2）乘客应立即有秩序下车逃生。下车后，尽量远离汽车。

（3）如乘客身上着火，应尽快脱掉衣服，或就地打滚灭火。

（三）发生交通事故自救基本技能

发生交通事故后，要在第一时间进行报案和施救。对伤员采取正确的救护措施，可以最大限度地挽救生命和减少损失。

（1）及时报案。无论在校外还是校内，一旦发生交通事故，应及时报案，这样才有利于事故的公正处理，不要"私了"。若在校外发生交通事故，除及时报案外，还应该及时与学校取得联系，由学校出面帮助处理有关事宜。

（2）医疗救护。当在道路上发生造成人身伤亡的交通事故时，车辆驾驶人应当立即抢救受伤人员,并及时拨打"120"求救。

(3) 保护现场。事故现场的勘察结论是划分事故责任的依据之一,若现场没有保护好,会给交通事故的处理带来困难,造成"有理说不清"的情况。切记,发生交通事故后要保护好事故现场,并及时拍照留存。

(4) 控制肇事者。若肇事者想逃脱,一定要设法控制。自己不能控制时,可以寻求周围的人帮忙控制。若实在无法控制,要记住肇事车辆的车牌号码等特征。

第二节 水运和航运安全

一、水运交通安全

(一) 水运交通安全事故

水运交通安全事故,是指船舶、浮动设施在海洋、沿海水域和内河通航水域发生的交通事故,如碰撞、搁浅、触礁、进水、沉没、倾覆、船体损坏、火灾爆炸、主机损坏、货物损坏、船员伤亡、海洋污染等。

(二) 水运交通安全常识

大学生外出旅行或参加活动时,可能需要乘船。但水上航行具有一定的危险性,掌握一些安全常识十分必要。

(1) 大学生外出乘船时,应选择船况良好的船只,穿救生衣;不乘坐客船、客渡船以外的船只和超载船只;天气恶劣时,如遇大风、大浪、浓雾等,应尽量避免乘船。

(2) 上下船要排队,不得拥挤、争抢,以免造成挤伤、落水等事故;上船后留意观察救生设备的位置和紧急逃生的路径。

(3) 不在船头、甲板等地方打闹、追逐,以防落水,不拥挤在船的一侧,以防船体倾斜,发生事故;船上的许多设备都与安全有关,不要乱动,以免影响正常航行。

(三) 水运交通安全基本技能

1. 小型船只在内河湖泊发生事故时的自救

木制船只翻船,人被抛至水中时,应立即抓住船沿并设法爬到翻扣的船底上。如果是玻璃纤维、塑料制成的船只翻船可能会下沉;当舱内有大量空气时,船会漂浮在水面上,此时可设法抓住翻扣的船只,但须保持船只的平衡,切勿将船正过来。如果船下沉,应尽可能在翻船前抓住船上的漂浮物或木制品,当作下水后的漂浮用品。落水后如果离岸不远,可向岸边游去;若离岸太远,体力又不足,应随水漂浮,保存体力,一旦发现人员,及时发出求救信号(挥动手臂并叫喊)。如果不会游泳,又没有漂浮物依靠,可采取防溺技巧求生。

2. 船舶相撞或触礁时的自救

船舶相撞或触礁,发生剧烈颠簸时,可采取一些自救方法:相撞前,下蹲,抓住固定物,以免被甩伤或被抛入水中;下舱位乘客要迅速有秩序地转移到甲板上,套上救生圈,穿上救生衣,带上淡水、食品、大衣或毛毯、软垫物、手电筒、绳子等备用。如果船长决定弃船,乘客应在工作人员的指挥下,按顺序登上救生筏;如不能登上救生筏,不得不跳水时,要做好跳水准备:查清水面情况,不要选择有油污、不明漂浮物的水面跳下(也要避开先跳入水中的人群),以免遭受其他意外伤害。

【典型案例8.5】

2015 年 4 月 26 日,安徽铜陵市某高校两名男大学生在天井湖乘坐电瓶船游玩,15 时 50 分左右,游玩至南岛与井湖路驳岸之间湖面时,开船的学生发现后面乘坐的学生已经不在船上了,不知踪影,该生立即报警求救。当日16时45分,救援人员在天井湖南岛附近打捞起溺水学生,但经抢救无效死亡。

案例分析:大学生应提升自身安全意识,乘船游览或活动时,应事先做好安全措施,穿好救生衣;不单独前往深水水域或危险河道。珍爱生命,安全第一。

二、航空交通安全

(一)航空交通安全事故

1. 航空交通事故及类别

航空交通事故即飞行事故,是指飞机从起飞开车至着陆后关车的整个飞行过程中,发生的直接危及飞机和机上人员安全的事件。造成飞行事故的主要原因有自然原因和人为原因两种。自然原因指预见不到的天气突变或飞鸟撞击等。人为原因指操纵或指挥错误、维护保障不周或暴力劫持飞机等。

飞行事故可划分为失事和事故两类。失事指造成人员伤亡、飞机受到破坏或失踪(包括处于完全不能接近的地方)等后果的事件。事故指没达到失事的严重程度,但直接威胁飞机安全操作和使用的事件。飞机失事主要有起飞失事、高空解体、降落坠毁三种类型。

2. 航空交通事故的预兆

飞机失事常常发生十分突然,来不及向旅客发出警告,乘客应懂得飞机失事的各种预兆:机身颠簸;飞机急剧下降;舱内出现烟雾;舱外出现黑烟;发动机关闭,一直伴随着的飞机轰鸣声消失;在高空飞行时一声巨响,舱内尘土飞扬,机身破裂舱内突然减压。

(二)航空交通安全常识

随着我国人民生活水平的不断提高,因路途遥远乘坐飞机上学或回家的大学生越来越多,因此,大学生有必要掌握一定的乘机规则和常识,主动听、阅有关航空安全须知。

(1)乘坐飞机要带好自己的身份证等证件和机票,提前1~2小时到达机场办理登机手续;醉酒不能乘机,主要原因是酒后乘机对乘机者健康不利,酒后高空飞行易突发心脑血管疾病;其次,醉酒后不易控制自己的行为,对客舱其他旅客的安全构成隐患。

(2)准备乘机出行时,登机前不要吃得过饱,否则会带来不适之感,可能出现恶心或呕吐等症状。乘机前,不宜吃含纤维素较多和易产生气体的食物,如汽水、薯类、豆类、生菜、黄瓜、胡萝卜及花生等;也不要吃高脂肪、高蛋白食物。

(3)着适宜乘机的服装。尽量穿长袖长裤,因为遇到突发情况长袖长裤对身体的保护效果更好,另外尽量不要穿凉鞋,容易被异物割伤。

(4)飞机上禁止吸烟。烟草中的尼古丁是一种中枢神经毒麻剂,它会使飞行人员全身血管收缩,视力下降,而且污染机上空气环境,甚至导致火险。

(5)乘坐飞机时,不能将充气球类带上飞机,如果冲气球类进入客舱或货舱,由于飞行中气压的变化,球极有可能发生爆炸,影响到旅客的人身、财产安全,甚至影响到飞行安全。注意观察飞机有否异常之处,一经发现,及时向空乘人员报告。

(三)航空交通安全基本技能

1. 乘客登机后必须完成的工作

(1)观察自己所处的位置和紧急出口的位置,查看与自己的座位相近的登机门或者逃生门位置。一般情况下,紧急出口位置设在飞机机翼上方或客舱边。

(2) 认真听取、阅读有关航空安全知识及面罩、救生衣的使用方法,认真听取工作人员的提示。座椅上方设有阅读灯、通风器、呼唤铃、氧气面罩,熟悉这些装置的使用方法,特别是氧气面罩的使用方法。在飞机座舱发生减压的情况下,氧气面罩会自动从舱顶抛下来。在旅客座椅上方,有氧气面罩应急手动释放字样,有"推"的标记。推开后,氧气面罩自动下落到旅客面前。在释放板上,有使用方法的图形和文字说明。

(3) 系好安全带。飞机起飞时的速度很快,而且因爬高原因有很大的角度,为防止因低空云、风或驾驶员操作原因出现飞机的颠簸、抖动、侧斜等,致使乘客因碰撞而受伤或其他意外事故,要求乘客在飞机起飞前系好安全带。出于同样目的,飞机在空中穿越云层或遇扰动气流和下降着陆时,乘客也要系好安全带,这是非常重要的保护措施。

(4) 关闭电子设备。在大多数飞机上禁止使用手机、笔记本电脑、收音机和游戏机,因此登机后应及时关机。电子设备在使用过程中会产生干扰电波,这类信号可能会影响到飞机相关电子设备,打乱飞行系统的正常工作。尤其是在飞机起飞、爬升和降落时,即使产生的干扰只造成很小角度的航向偏离,也可能导致机毁人亡的后果。

2. 遇险时的应急安全技能

迫降是飞机因特殊情况不能继续飞行时的被迫降落,通常是在飞机发生故障、燃料用尽、迷航后无法复航、气象条件恶化等情况下进行。

(1) 飞机开始迫降或紧急着陆时,乘客应采取如下措施:迅速取下身上的尖锐物品(如假牙、眼镜、高跟鞋等),并将其放在前排座位背后的口袋中,以免身体受撞击时造成意外伤害。保持正确坐姿,臀部紧贴椅面,两脚前伸紧贴地板,背前弓,双手在膝下握住,身体向前倾,头贴住膝盖,系紧安全带。

(2) 飞机迫降或紧急着陆时,乘客应采取如下措施:飞机下坠时,要对自己大声呼喊并竭力睁大眼睛,用这种"拼命呼喊式"的自我心理刺激避免"震昏"。飞机落地后,在机组人员的组织下,从紧急出口处用坐姿跳到充气逃生滑梯上,迅速离开。正常人从滑梯撤离,应双臂平举,轻握拳头,或双手交叉抱臂(也可双手抱头),从舱内跳出落在梯内时手臂的位置不变,双腿及后脚跟紧贴梯面,收腹弯腰直到滑到梯底,站立跑开。跳滑梯时必须听从乘务员的口令一个接一个有序往下跳,不可推挤。如果飞机迫降在海面上,应迅速穿上救生衣。飞机上的软垫物,如座椅、充气逃生滑梯,可当作救生物急用。

【典型案例8.6】

2013年7月6日11点30分,韩国亚洲航空公司214航班在美国旧金山国际机场着陆失事,搭乘此航班的江山中学赴美夏令营中,有1人因未系安全带当场遇难,1人不幸被救援消防车碾轧遇难,另有1人重伤,经抢救无效于12日去世。

案例分析: 飞机遭遇故障需要进行紧急迫降时,在乘务员指导下,做好各项防范保护措施,以降低在非正常下降过程中的伤亡,并按照应急操作程序迅速安全撤离。

第三节 户外运动安全

户外运动是20世纪80年代由欧美传入我国的一项贴近大自然的新兴体育运动、休闲娱乐方式,能够满足参与者素质提升、能力提高、身体健康、放松休息、人际交往、刺激冒险、享受自然的需求。随着户外运动的高速发展和社会的发展与进步,户外运动被越来越多的大学生所接受和认可,成为当代年轻人生活时尚的一种标志。目前,大学生常见户外运动活动项目主要包括:

第八章 交通安全与户外运动

旅行、郊游、野营、登山、滑雪、滑冰、素质拓展训练、游泳、蹦极、滑翔运动等，涉及徒步、攀岩、穿越、探险、潜水、骑行、冲浪等具体实施方式。

户外运动具有不同程度的探索性与挑战性、团队协作性、体验式教育性、环境影响与制约性，以及人与自然高度融合性五个方面的特征。然而，户外运动在被大学生极力推崇的同时，安全事故却屡见不鲜。根据相关统计，户外运动事故发生数量呈逐年上升趋势。这些遇难事件大多与组织、技术、体能、经验、装备不符合要求等有直接关系。特别是在大学生由于自身安全意识淡薄和受来自外界因素的影响所引发的户外运动安全事故也在逐年攀升。

【典型案例8.7】
2018年8月18日，云南省某高校14名大学生在云南德钦雨崩村景区未开放区域游玩。期间，14名大学生坐在一独木桥上拍照，兴高采烈地不断变换姿势。由于小桥承受不住14人的重量，木头突然断裂，导致大学生纷纷掉到桥下。1人掉到桥下的石头上，摔成骨折；其余13人掉进激流中，其中1人被湍急的水流冲走，幸亏其他游客出手相救，阻止了悲剧发生。

2019年12月6日，四川省康定市某高校一名大学生上山观赏雪景被困超过9个小时，甘孜州康定市炉城路消防救援中队接到报警后，赶往事发区域，发现被困大学生处于海拔大约3600米的山顶上，坡度普遍大于60°，搜救极其困难。消防救援人员经过约4个小时的搜救，于晚上8:30成功找到被困大学生并将其安全带下山。

案例分析：以上列举的例子只是近年来大学生户外运动安全事故的部分案例，每一次事故所导致的后果都十分惨重。大学生肩负着推动国家发展和社会进步的历史责任，作为有理想、有知识、有能力、有纪律的社会精英群体，其户外运动安全事故频繁发生，为当前的大学生户外运动发展敲响警钟。

一、户外运动安全事故

（一）大学生常见户外运动事故

户外运动安全通常是指在户外运动中不发生或少发生安全事故的主观条件，即在户外运动中遵守各项安全规定，增强安全意识，不因麻痹大意而发生安全事故。户外运动中的安全事故可分为两类，即人身安全事故和财产安全事故。本节着重介绍户外运动中的人身伤亡事故。在各项户外运动中都可能发生人身伤亡事故，尤以游览和探险名山大川、江河湖海的危险最大，最易发生人身伤亡事故，概括起来主要有以下几种常见情况：

1. 水域安全事故

水域环境既包括海滩、河流、小溪、湖泊等自然水域环境，也包括水库、喷泉等人工水域环境。水域安全事故是指大学生在以上水域环境中进行户外旅游、运动休闲活动时发生的安全事故，其中溺水是最典型、最常见的事故。

【典型案例8.8】
2018年5月17日，安徽省合肥市某高校几名大学生到一片上千平方米的池塘内野游，期间发生意外，其中两名大学生不幸溺水。在被救援人员打捞上岸时，两名溺水者已没有生命体征。经调查，该池塘虽然不大，但水下却有深坑；深坑出现的区域便是两名溺水者溺亡的地方。

案例分析：要谨记不能到野外水域游泳；在野外自然水域，如发现溺水，要及时、科学施救；及时呼救、报警，并拨打"120"；采用现有条件，如竹竿、绳索，尽量在岸上救生，不要轻易下水。

2. 山地安全事故

山地安全事故主要指发生在山地、高原范围内的旅游、运动休闲安全事故，主要表现形式为高原反应、脱水、迷路、坠崖、山路拥挤等事故以及由于滑坡、泥石流、雪崩、暴风雪等自然灾害导致的安全事故,这类事故较常发生在爬山、踏青、郊游、野营、野外拓展、旅游等户外休闲活动中,参与者和受害者多为在校大学生。

【典型案例8.9】

2018年5月1日,陕西省西安市某高校大学生邓某在鳌太线上太白山景区登顶太白山的途中失联。失联时,邓某只穿了一件短袖,背着小背包,没有配备专业的户外装备,而且没有携带任何食物补给,也没有帐篷。救援队动用50余人搜索,使用无人机、热感搜索仪、声音扩音检测仪等辅助装备进行搜救;搜索线路长度超过200千米,搜索面积达100平方千米,但一直杳无音信。

案例分析:邓某走失的区域为小文公庙至大爷海景点之间,已超出太白山景区范围,为太白山自然保护区范围,也是进行鳌太穿越的必经线路。根据《太白山自然保护区条例》,私自闯入太白山自然保护区都属于违法行为。

3. 沙漠安全事故

沙漠地区普遍具有缺水、沙暴、昼夜温差大、植被覆盖率低等特点,自然条件恶劣。但沙漠也有独特的风光和体验,正因为如此,沙漠吸引了越来越多的游客前往探险和体验,其中大学生背包游客占了相当大的比例。虽然这些大学生可能从书本或媒体上了解到不少关于沙漠以及自救的知识,但是安全事故仍然屡屡发生。(图8.2)

图8.2 沙漠探险

【典型案例8.10】

2015年5月27日,中国登山协会山地救援培训人员接到救援报警,吉林省长春市某高校两名男学生,于17日从阿拉善盟额济纳旗进入巴丹吉林沙漠,计划徒步穿越,原定27日走出沙漠,但至今未与亲友取得联系。接到报警后,内蒙古阿拉善右旗、额济纳旗调动多方力量启动沙漠搜救。当救援队伍于29日6时分别到达两个发现地时,发现一名失联大学生潘某(江苏无锡人)意识清醒,但是身体虚弱,救护人员对他进行了救援。不幸的是另一名失联大学生赵某(山东青岛人)已经没有任何生命体征,确认死亡。

案例分析:徒步穿越沙漠存在不少安全隐患。徒步负重穿越沙漠会耗费大量的体力能量,迷路、过热、窒息的沙暴以及饥饿、缺水等都是潜在危险,还可能遭到打劫。

4. 空中安全事故

空中安全事故主要是指大学生在参加离开地面的空中运动和训练过程中所发生的安全事故。这些空中运动和训练项目包括大学生素质拓展训练、山洞攀爬、滑翔运动、摩天飞轮、海盗船、热气球、过山车、蹦极等。由于这些项目的参与者主要是青年,而且其刺激性、挑战性和趣味性等特点也正好满足大学生的好奇心、挑战困难的自信心和提升战胜恐惧心理能力的自我诉求。因此,大学生往往会忽略此类项目对肢体技能、体力、防护装备的高要求以及该项目本身所存在的危险。

【典型案例8.11】

2013年4月5日,17岁女学生吴某利用假期到主题乐园游玩,乘坐了悬吊式"云霄飞车"。一阵天旋地转后,所有乘客都下了车,吴某却脸色铁青、呕吐瘫软在座位上,堂弟发现后赶紧向工作人员寻求帮忙,救护人员采用仰躺式为其实施心肺复苏,急救14分钟后送医,但仍回天乏术。

案例分析:空中挑战性游戏项目对个人的身体是有严格要求的。云霄飞车游戏项目会让人体快速改变高度位置,在重力牵引下,身体为维持血流稳定,血管会收缩,对血管壁造成压力,容易发生意外。因此有心血管疾病或有自主神经病症者,都不宜搭乘;尤其年轻大学生很少体检,往往不知自己可能有潜在性心血管等疾病,加上玩乐时过度兴奋,一旦发作往往措手不及。

(二)大学生常见户外运动事故的原因

1. 个人因素

(1)安全意识淡薄。这是在校大学生的普遍特征,安全意识的相对缺乏使大学生不能尽快意识到危险的存在,在没有任何应对危险的准备和防备的情况下,一旦危险发生,手足无措,最终发生事故。

【典型案例8.12】

2019年10月30日,湖南省某高校一名大四女学生邓某独自一人前往华山旅游。在华山西峰观景拍照,在拍照选择角度时,意外从悬崖坠落身亡,随之与同学失去微信联系。通过监控录像调查:当时有5名游客和2名工作人员在现场,当时游客四处分散都在拍摄景色,邓某站在悬崖边取景时,背对着山崖,仰身将手机往上要自拍,但由于脚踩在凹凸不平的交接处,再加上防护栏也不高,突然之间踩空后翻,从山顶跌落。

案例分析:由此可以看出造成此次安全事故的主观原因是邓某安全意识淡薄,没有采取有效安全保护,导致突然发生意外。因此,外出旅游要尽量避免单独行动,在景区游玩时要注意安全防护设施是否到位和所处位置是否安全;尽量减少自拍,拍照时要站稳,选择安全位置选景拍照。

(2)身体素质较差。户外活动对参与者的身体素质有较高的要求,多数大学生没有大强度锻炼身体的习惯,其体力和体能都相对较弱,导致参加探险、自助旅游等具有挑战性的项目时常常力不从心。

(3)户外经验不足。户外运动中的经验在很大程度上决定着参与者在陌生环境里的适应能力,大学生在户外运动时,使用防护装备逃生、自救等经验和知识十分欠缺,造成较大的安全隐患。

【典型案例8.13】

2015年10月18日,安徽省黄山市某高校两名大学生,各骑一辆山地车沿着休宁县源璜线游玩返回时,在途经璜尖岭段一下坡拐弯处,其中一名女大学生谢某疑操作不当或刹车失灵,撞上路旁护墩后坠崖。随后,谢某被众人救起送到医院,经抢救无效于当晚死亡。

案例分析:户外骑行要遵守交通规则,佩戴安全帽,并采取适当的安全防护措施。出发前要对车辆进行安全检查,特别是刹车装置;骑行中注意保持车距,下坡时不能突然变线急刹车。没有户外骑行经验的人,不要单独行动,更不要去山路上骑行,防止安全事故发生。

2. 环境因素

偶遇自然灾害而造成的大学生户外休闲活动安全事故占有一定的比例,如地震、火山爆发、滑坡和泥石流等地质地貌灾害以及洪水、暴雨、沙尘暴、干旱和海啸等气象水文灾害。

【典型案例8.14】

2018年7月30日,四川省成都市某高校一名老师带领4名研究生前往新疆阿克苏温宿县开展野外地质构造数据采集。当徒步穿越戈壁洪沟时,突遇暴雨山洪自然灾害,被洪水冲走。一名研究生被冲出3千米后抓住树根幸免于难,其余4名师生不幸遇难。

案例分析:户外运动和从事户外地矿研究工作时,要提前了解当地的天气情况,防止突遇暴雨、泥石流等自然灾害。山洪来时,应该尽量往高处撤离;如果来不及撤到山坡等高地,可爬上附近的大树或岩石上暂避洪水;不幸落水时,应抓住洪流中的树枝等漂流物,顺流而下,在河湾等水流较缓处游到岸边,爬上河岸。

3. 制度因素

制度因素主要体现在两个方面,一是我国目前缺乏针对大学生较热衷的、安全隐患较大的自助游、自驾游、探险游等户外运动休闲项目的法规以及针对运动休闲业的行业制度规范;二是目前绝大多数旅游机构和高校尚未意识到户外安全教育培训的重要性,相关制度尚未完善。

4. 管理因素

目前,我国大学的户外活动多采取学校社团、班级甚至是驴友自发组织的出行方式。由于资金有限、责任落实不到位、组织结构不完善、经验不足等一系列因素,导致大学生在进行户外活动过程中缺乏规范性、组织性和专业性,从而埋下安全隐患。

5. 装备因素

大学生户外活动中部分项目要求学生在空中、山体或山洞等完成攀登、跳跃、行进、下降等动作,这些动作需要保护装备才能安全完成。保护装备往往以专业登山器材为主,主要包括:安全带、铁锁、钢锁、八字锁、下降器、上升器、登山绳、头盔等,且应遵循UIAA(国际登山联合会标准)或CE(欧洲标准),绳索和头盔要求必须有UIAA认证。大学生由于团队或个人资金有限,没有使用规定防护装备,因此可能存在一定安全隐患。另外,不严格遵守安全操作规范,也会极大地增加安全事故的发生概率。

【典型案例8.15】

2015年12月26日,浙江省宁波市某高校大一学生洪某与高中同学结伴在大罗山景区山路骑行,在一U形拐弯大下坡处,不料连人带车坠下近10米高的山崖身亡。后经当地警方确认,事发时洪某骑乘的是一辆"死飞"自行车,且未佩戴安全头盔。"死飞"又被称为单速车、固定齿轮自行车,是一种没有单向自由轮的自行车,车轮与脚踏板永远处于联动状态。事故中大学生洪某骑行的"死飞"自行车是瓯海区某自行车店销售的,系无前刹(前刹购买后加装)、"后轮采用飞轮倒转制动"的"三无"产品,与普通自行车存在明显区别,不符合国家相关标准及技术要求。

案例分析:户外骑行时要选用正规厂商生产的合格自行车,确保符合国家标准;外出时一定要首先对车辆的安全性进行检查,做好必要的安全防护,如佩戴安全头盔等。安全头盔是摩托车、电动车等骑乘人员生命安全的最好保护!

二、户外运动安全常识

户外郊游、旅游、野营、滑雪、滑冰等运动有利于大学生开阔眼界、陶冶情操、提高生命质量,但户外活动中接触外界情况复杂多样,存在的危险因素很多,所以,大学生要心中装着安全,处处注意安全。

(一)旅游安全常识

随着经济的迅速增长,我国旅游业的发展十分迅速。但随之而来的安全问题也日渐突出,特别是作为旅游新生力量的大学生来讲,近年来发生的一系列旅游安全事故已经引起国内外研究者及相关部门的高度重视。作为大学生,应该了解基本的旅游安全常识和掌握基本的安全技能,以降低出游时发生事故的几率。

学生组团出游需注意的事项:选择一个组织能力强、威望高的学生做团长、队长,并且一经确定,就必须听从他的正确指挥。选择关系亲密的、乐意听从团长指挥的人做团员,尽量不要与个人主义极强的成员组团。如果是组团自驾游,一定要选择驾车经验丰富、路况识别能力强、有强烈规则意识的学生做司机或向导,一般不建议学生组团自驾游。遵守乘坐长途汽车、火车、轮船和飞机的注意事项。出发前,备好详细交通图,要保证电子地图设备电量充足。

学生报团游需注意的事项:选择信誉好、资质合格的旅行社,并依法签订旅游合同和购买"旅游意外伤害险"。旅游之前,要做好充足的准备,对所去的旅游景区要有充分的了解。每次出发前提醒司机检查车辆,了解司机是否酒后驾驶、疲劳驾驶、驾车前是否服用了嗜睡的药物。进入景区要听从导游的引导,注意过往车辆,遵守交通规则,并互相照顾。在旅游中增强自主管理,遵守景区各项规定,通过旅行团出游的,听从导游的安排。

【典型案例 8.16】

2017 年 12 月 31 日,来自湖南、北京、辽宁三所高校的 11 名大学生通过旅游网站租用非营运中型客车,前往黑龙江省牡丹江市雪乡旅游,路途中与捷达牌私家车涉嫌追逐竞速,发生惨烈车祸,4 名北京某高校大学生当场死亡,另外 7 名大学生不同程度受伤。

案例分析:追逐竞速,是指行为人在道路上高速、超速行驶,随意追逐、超越其他车辆,频繁、突然并线,近距离驶入其他车辆之前的危险驾驶行为。这起事故的主要原因是"租用非营运车辆"和"两车涉嫌追逐竞速"。乘坐非法营运车辆安全风险大。外出旅游包租或乘坐车辆时,一定要核实车辆是否具有营运牌照,乘坐正规营运车辆,切勿包租或乘坐私自揽客的"黑车";另外,发现车辆驾驶人涉嫌违法驾车或车辆超员要果断向交通执法部门举报!

(二)郊游野营安全常识

郊游、野营活动地点大都远离城市,比较偏远,物质条件较差。要注意以下几点:

(1)准备充足的食品和饮用水。准备好必需用品,包括:通讯工具;手电筒、电池;常用药品和卫生用品;指南针、多用小刀;救生袋、尼龙绳;地图、雨具、帐篷、睡袋。根据目的地气候和天气情况选择合适的服装,并且戴颜色鲜艳的帽子。

(2)活动中不随便单独行动,应结伴而行,防止发生意外;不要随便采摘、食用野蘑菇、野菜和野果,以免发生食物中毒;晚上应充分休息,以保证有充足的精力参加活动。

(3)宿营要选择坚硬、平坦、干燥、背风的地方搭设帐篷(图 8.3),注意防雨、防洪、防虫害;帐篷一定要牢固,不要带炉子、煤气或提灯进帐篷;为避免野兽侵害而点燃的篝火须与营地保持安全距离,并派人轮流看守,以防发生火灾。

图 8.3 在坚硬、平坦、干燥、背风的地方搭设帐篷

(4) 如果对登山野营的目的地不熟悉,且缺乏户外运动经验,应该找一名当地的导游或参加有组织的团队。

【典型案例 8.17】

2019 年 3 月 31 日,贵州省贵阳市花溪区黔陶乡鬼架桥附近,一个由 16 名大学生组成的野营团在野外露营时遭遇暴雨,山洪暴发阻断了返回的道路,遂报警求援。花溪消防大队清溪路中队 20 名救援人员及时赶到,利用绳索搭建救援通道,成功将受困 16 名大学生转移到了安全地带。

案例分析:该野营团通过网络邀约组建,团队成员相互不熟悉,当天下午扎营在谷底的小溪边;再加上晚上突降大雨,山洪暴发,溪水暴涨,山体滑坡随时有可能发生,危及到人身安全。野外扎营在山谷和小溪边,为人身安全和后续救援埋下了隐患。

(三)登山安全常识

1. 登山安全常识

实习或旅游途中,登峰凌顶,或观日出,或赏夕阳,或眺望茫茫云海,或目睹巍巍群山,尽情地享受自然美,这是大学生的追求。为防止不慎发生意外,通常应懂得以下几个方面的安全知识:

(1) 要合理携带行装用具,最好带上拐杖、绳子和手电筒;天黑以前,一定要到达预定目的地,避免夜间零星露宿。

(2) 不要穿塑料底鞋或高跟鞋登山;登山时可少穿一点衣服,但汗流浃背时要注意保暖,防止受凉感冒。

(3) 雨天、雾天时不要冒失走险路,以免因浮土、松动石头、路滑、视线不清而失足滑跌;雷雨时要防雷击,不要攀登高峰,不要在树下避雨。

(4) 登山要根据各人的体质,量力而行,结伴而行;登山期间,可多次休息,但每次休息的时间不宜过长,以免着凉;喝水时不可狂饮,否则汗量会增加,更容易造成身体疲劳。

(5) 要注意山林防火,入山不带火,走路不吸烟,不在山林野炊,严格遵守山林防火规定;不进入景区明令禁止的区域或未经开发的自然保护区,违规登山。

【典型案例 8.18】

2018 年 2 月 2 日,广东两男一女 3 名驴友在四川四姑娘山攀登玄武峰时遇险,其中一名广东省某高校女大学生在海拔约 5100 米处摔伤了腿,悬挂于崖壁,同行人员遂下山求救。经过搜救人员两天搜寻,终于找到伤者,而现场救援人员称,"她身上被积雪覆盖,只能看到头盔和脸,基本确定遇难"。

案例分析: 遇险大学生登山未报备,属于违规登山。遇险的 3 名驴友都未持有登山许可证,登山活动未在户外活动管理局登记备案,也未购买实名制户外门票。导致相关搜救人员对登山者的攀登时间、攀登行程、紧急联系人、攀登路线等情况无法掌握,在登山者遭遇危险的情况下不能第一时间实施救援。

2. 野外生存安全基本技能

野外可以采用如下方法发出求救信号。

(1) 烟火信号。如寻求救援,夜间可在高处燃点火堆;白天可燃烟,在火上放置青草,冒出烟雾(图 8.4)。

图 8.4 烟火求救信号

(2) 地对空信号。在开阔的地段,如草地、海滩、雪地上可以因地制宜制作地面标志。如将队形排成或将青草割成"SOS"的形状(图 8.5),尽可能大一些,字的直径至少要有 5~10 米,也可在雪地踩出或用树木、石块摆放出相应标志与空中联络。

图 8.5 地对空 SOS 求救信号

（3）旗语信号。用色彩鲜艳的布条系在木棒上，做大幅度的"8"字形运动。

（4）声音求救信号。大声呼喊或者借助其他物品，如斧头、棍棒敲打树木发声求救。

（四）滑雪安全常识

滑雪是一项具有较高危险性的运动，参与者应格外小心谨慎。初学者在进入大型滑雪场前，应尽可能找专业滑雪教练学习指导滑雪，先选择初级雪道练习滑雪，技术未达到一定标准的，切勿进入到中高级雪道。在滑行中如果感觉雪具异常，应及时检查，若不能自行解决时，要求助工作人员。另外，到滑雪场滑雪时，不要忘记买保险，保留好滑雪场门票，以备出现纷争时维权。滑雪安全常识具体如下：

（1）滑雪前要做热身运动，办理手续过程中可以进行踏腿、扩胸等运动，让身体充分活动开；穿雪板时应先将雪板平行放于雪地上，如雪地不平应使雪板垂直于滚落线，穿时应先穿下山板。用雪仗作支撑，先将雪靴前端插入靴夹前部的凹槽内，对准靴夹后端用力踩下。这时靴夹应将雪靴固定于雪板上，然后引身向上跳动检查滑雪靴与滑雪板的连接是否牢固。

（2）根据自己的水平选择适合自己的滑雪道，要循序渐进，最好能请一名滑雪教练；初次滑雪者应从基本的走法练起，包括穿雪板行走、侧方向走、八字登山行走、变方向行走，然后再在平地或坡道上练习滑行。

（3）在结伴滑行时，相互间一定要拉开距离，切不可为追赶同伴而急速滑降；严防碰撞，撞在别人身上或树上、护拦网上，轻则挫伤，重则骨折。（图8.6）

图8.6　滑雪时保持安全间距

（4）安全摔倒：滑行中如果失控摔倒，摔倒后不要随意挣扎，尽量迅速降低重心向后坐。一般情况下，可以举手和双臂，屈身，任其向下滑动，要避免头部朝下，要绝对避免翻滚。

（5）摔倒后，轻微活动一下身体，检查是否受伤；确认滚落线方向；将滑雪板举向空中后，向山下侧放置；双板平行并与滚落线垂直，然后起身站立。

（6）靠边歇停：若停留休息时，要停在滑雪道边上，要充分注意并避让其他滑雪者，重新进入雪道时也如此。

【典型案例8.19】

2017年1月16日，北京某高校一名女研究生在崇礼区的万龙滑雪场滑雪时意外受伤，经送医院抢救无效，不幸身亡。经了解，遇难者带有头盔，但在没有运动员证的情况下上了腾龙道（一条很陡的滑雪道），并练习旗门技术，在过完旗门后速度太快没有及时刹住，滑进树林撞到了树上，造成了意外事故。

案例分析： 滑雪谨记要量力而行，注意体能，注意雪道难度，穿好各类护具；不上不适合自己的雪道，不上雪场未开的雪道，不贪练高速度技术。

（五）滑冰安全常识

滑冰融健身、娱乐于一体,是一项深受大学生喜爱的活动。滑冰保证安全的常识主要有以下几个方面:

（1）穿戴护具。全套护具应包含:头盔、护肘、护膝与护掌。服装厚度、松紧度以不妨碍运动为宜,戴手套,以免摔倒时擦伤皮肤。做好热身准备,和参加任何运动一样,每次练习前都应先做准备活动。让全身主要关节动一动、拉拉筋,尤其是手腕、脚踝、膝盖、大腿关节与腰部。

（2）初学滑冰者,不可性急莽撞,学习应循序渐进,特别要注意保持身体重心平衡,避免向后摔倒。应在规定范围内练习,或尽可能在人少的地方练习。在滑冰的人多时,要注意力集中,避免相撞。

（3）滑行时要俯身、弯腿,重心向前,滑倒了也会往前摔,不会摔尾骨。初学者最常见的问题就是滑行中直立身体,引起重心不稳摔伤尾骨,如果出现这种情况,侧身用手撑地,减少冲击。同时,避免头部过低或撞到冰面。

（4）摔倒时做自我保护。当要向前或向侧摔倒时,要主动屈膝下蹲,用双手撑地缓冲,减小摔倒的冲击;当要向后摔倒时,也要主动屈膝下蹲,降低重心,尽量让臀部先着地,并注意保护尾骨处,同时低头团身,避免头部后仰磕地;摔倒时应尽量避免直臂单手撑地,这样很容易损伤手腕。

（5）不可避免冲撞的时候,重心侧向倾斜,有利于避免正向冲撞和躲闪,保护好头部和胸部,可以伸手缓冲撞击;摔倒后要立刻跪在冰面上,并慢慢起来,如果不能及时爬起要有同伴的保护,无人陪同时要自己监视周围人的动向,防止他人撞击造成意外伤害。

（6）不要长时间躺在冰面上或者坐在冰面上,因为他人滑行时冰刀（特别是速滑刀）可能会戳到躯干和头部造成严重伤害,如果需要他人帮助,可以呼叫周围的人。

（7）同伴摔倒时,若没有必要,尽量不拉其起来,特别是在自己穿冰鞋的时候,可能会造成自己的摔倒,同时给对方带来二次安全威胁。

思考题

1. 野外迷路如何办？如何辨别方向？如何拨打求救电话？野外求救方式有哪些？
2. 乘坐黑车有什么危害,为什么不能乘坐黑车？乘坐黑车被诈骗怎么办？
3. 校园内如何保持自己交通行为的合法性和警觉性？
4. 住宿宾馆和旅店有哪些安全注意事项？
5. 乘坐飞机时,登机后应完成哪些安全工作？

第九章 教学安全

我国现有普通高等院校 2600 余所,在校学生数量非常庞大,近年来教学安全事故主要涉及课堂教学、实践教学、第二课堂活动等环节。为了确保大学教学工作的正常有序进行,国家出台了一系列规章制度,如《关于加强大中小学国家安全教育的实施意见》《关于高校实验室安全工作的意见》等文件。结合国家的相关文件及近年来的典型案例,本章重点介绍主要教学活动中安全事故的成因、特征、防范及应急措施,力争起到提高师生安全技能,达到"教育一个学生、带动一个家庭、影响整个社会"的目的。

第一节 课堂教学安全

课堂教学是学校教育教学工作的最基本组织形式,也是最核心环节,分室内课堂教学与室外课堂教学。学生在参与室内课堂教学日常活动中,由于场所及设施设备相对固定、安全性好,课堂教学秩序规范有序,所以一般认为室内教学危险性不高,发生安全事故的概率小。但现实中的一些突发性或群体性危及师生健康和生命安全的意外事件,还需引起广大师生的注意。学生在参加室外课堂教学尤其是体育教学时,由于活动场所比较开放,部分教学器材也难免存在一定的安全隐患,所以室外课堂教学过程中发生的安全事故相对比较多。

一、室内课堂教学安全

(一)常见室内课堂教学安全事故类型

(1)课堂教学进程中学生突然发生疾病。
(2)课堂教学进程中发生学生之间斗殴、学生袭击教师等意外事件。
(3)课堂教学过程中学生因心理原因发生的自伤、自残、自虐类事件。
(4)课堂教学中由于教师体罚和变相体罚学生等违规操作导致的安全事故。
(5)课堂教学进程中发生其它自然或人为的突发安全事故。

(二)突发安全事件一般处理程序

在课堂教学中若突发意外,在保持镇定的前提下,应按以下程序进行处理:
(1)先行救治。在课堂教学过程中,一旦发现突发安全事件,要以"救治受伤者为先"的原则,由主要学生干部协助任课教师先送受伤者到学校医院或就近医疗机构救治,对于不能随意移动、搬动的特殊伤病员,须立即联系校医院要求医生及时赶到现场处理,防止受伤者伤势和病情加剧。

（2）马上报告。任课教师或其他"第一发现人"，在送受伤学生到医务室的同时，尽快报告班主任及相关部门领导。

（3）稳定秩序。在送受伤学生到校医院的同时，其他学生要听从任课教师指挥，稳定局面，尽最大努力阻止事态的进一步发展。

学生发生意外事故后，当事人及"第一发现人"应按学校有关规定提交书面报告，其基本内容应包括：事故发生的时间、地点；当事人姓名、年龄；当事人所在年级、班级；事故概况和事故原因；事故造成的损害；救助情况；其他应当报告的事项。

（三）室内课堂教学事故预防

大学生应树立"学生安全人人有责"的思想，在课堂上服从班主任、任课教师、班集体的管理和教育，从自身做起，坚决做到以下几个方面：

（1）上课期间遵守课堂纪律，不随意离开座位、追逐打闹以免造成安全事故，因特殊情况离开课堂需经任课教师批准。

（2）使用圆规、小刀等锐器时注意安全，不可随意对人进行舞弄，以免造成伤害。

（3）课堂期间，同学之间要避免相互之间的口角、打架、斗殴等不安全行为。

（4）严禁在教室内私拉乱接电线，使用违禁电器，乱动配电盘、插座、消防器材、应急灯等，更不准在教室存放易燃易爆和有毒物品、焚烧废纸及废物。

（5）在专用教室上课（如计算机室、书画室、形体室、音乐室等），必须遵守专用教室的特殊要求。

（6）不可将贵重物品存放于教室，最后离开教室的学生，要随手关好门窗及关闭电源。

（7）下课及课间，禁止在楼道、楼梯、阳台等场所大声喧哗、打闹、起哄、追逐，禁止从楼梯栏杆向下滑行或翻越护栏，禁止向楼下抛洒杂物、吐痰、吐唾液。

【典型案例9.1】

2014年11月11日，上海某大学一名大四女生因忙于考研，任课教师上午第一节课点名时未到受到批评，上午上第三节课时，该女生竟将刚打的热水泼向任课教师，造成其面部、颈部烫伤。

案例分析：造成该事故的原因是学生忙于考研而没有正常上课受到批评便心生怨气，并没有认识到自身的错误与老师进行很好沟通，同时任课教师对上课学生点名属于正常的教学管理，因此，该事故是教师在正常履职情况下受到的侵害，学生将负法律责任。

二、体育课等室外课堂教学安全

（一）常见的体育课安全事件类型

（1）在体育运动中由于过度的活动和奔跑造成肌肉与韧带拉伤。

（2）肢体被利物割伤划破导致出血或软组织挫伤。

（3）身体发生严重碰撞造成骨折。

（4）因为自身的体能和身体素质原因，造成休克、昏迷。

（5）内在原发性疾病显现或加重。（图9.1）

（二）体育课安全事件应急处置

（1）不要惊慌失措，按照平时所学的救护知识积极进行急救。

（2）如有大量出血和休克现象，应根据出血的部位采取相应的止血和抗休克急救。

（3）若出血心脏骤停，可原地仰卧，立即采用心肺复苏术进行抢救，同时拨打"120"并向校医院医生求救。

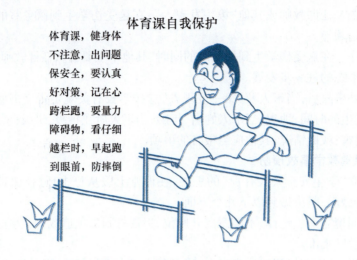

图9.1 体育运动中安全问题要时刻放在第一位

（4）若出现晕倒、抽搐等中暑症状，应尽快把病人抬到阴凉的地方，解开衣扣和裤带，把身体垫高，然后用凉水敷头部及擦身，有条件的可用酒精擦身降温。如病人神智清醒，可饮大量的凉茶或糖水、盐水、苏打水、西瓜汁等，严重者由校医、班主任陪同立刻送往医院，并及时向学校领导汇报。

（5）遇有学生四肢无力、面色苍白等症状，立即将其安置阴凉通风处，给予补充水分，并将其送往校医院救治。

（6）如果伤势不明，又不知该采取什么措施时，应向周围有抢救经验的人求助，同时按就近原则找校医或拨打"120"。

（三）体育课的安全防范

（1）时刻要有安全意识。要了解自身是否有原发性疾病等，若有课前应向老师讲明，同时选择适宜自己参加的运动项目，并根据对参加项目的熟悉程度，确定自己的活动量和锻炼方式，注意运动过程中的安全环节。（图9.2）

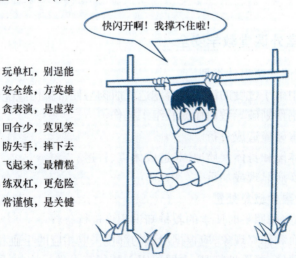

图9.2 体育项目要量力而行

（2）做好运动前的准备工作。预先学习掌握运动防护动作、要领,同时做好物质方面的准备,例如:场地、器材的选择和检查,必要的防护器材,个人的衣服、鞋袜、饮水等。在做准备活动时,准备活动的内容和量度要视活动的项目、气候条件及个人身体状况而定,一般冬天准备活动时间要适当长些,严禁不做准备就仓促上阵锻炼和比赛。

（3）做好运动中的保护。首先要做好自身保护。需穿戴保护用品的,要严格按规定穿戴好保护用品;对自身易伤和较弱的部位要格外小心;对有身体接触的项目,要尽量避开各方面都优于自己或悬殊较大的选手。尤其在进行篮球、足球等项目的训练时,要学会保护自己,同时也不要因动作野蛮而伤及他人,在这些争抢激烈的运动中,自觉遵守运动规则对于安全非常重要。其次是组织好各个环节的专人保护,决不能图省事随意简化任何一个保护环节。最后要选择好器材、场地,不使用不安全的器材;一般不在条件太差的场地(环境)锻炼,如锻炼也要严格谨慎,并有保护措施。(图9.3)

图9.3 体育运动必须有保护措施

（4）有条件的学校最好组织学生进行体育课意外伤害事故救急演练,提高学生自我保护意识及处理突发事件的能力,以便将伤亡降低到最小。

【典型案例9.2】

杭州某大学女学生在入学体检时,检查出"心前区二级杂音",不宜参加剧烈运动。但是该生参加了学校组织的"1000米跑步测试",跑出大约300米时,晕倒在跑道上。20分钟后救护车赶到时,该生心脏已停止了跳动,后经医院诊断死亡原因为心搏骤停。

案例分析:造成事故的原因是该生由于身体疾病的原因,不能参加剧烈运动,应及时向任课教师说明原因,选择合适的体育项目进行锻炼,从而不至于酿成严重后果。

【典型案例9.3】

2013年4月9日,江西某高校大一新生打篮球时因篮球架倒下被砸身亡。据查,当时该校6名学生在学校五栋教学楼后的篮球场练习篮球,准备参加12时45分举行的学院篮球比赛。其中被砸学生从北面篮球架下带球向南面的篮球架练习上篮,就在上篮一刻,篮球架突然向前倒下,其被篮球板下沿砸中,当即卧地不起,现场同学立即拨打"120",等医生赶到事发现场时,发现该生已无生命体征。

案例分析：造成该安全事故的原因，一方面由于学校对体育设施的日常护理及检修不到位，存在安全隐患；另一方面也有学生对体育设施存在的安全隐患注意不够、疏于防范的因素。

第二节　实践教学安全

大学生在校期间除了课堂学习，实践环节也是其学习的重要组成部分，实践教学主要指实验、实习、实训、军训环节。大学生参加实践课教学时，由于教学场所、仪器设备、教学内容等存在的危险系数大、安全隐患多，因此学生的实践教学环节的安全教育尤其重要。

一、实验教学安全

实验室是大学从事人才培养和科学研究的重要基地，在培养学生实验、创新能力的过程中发挥着不可或缺的支撑作用，是高水平教学和科研工作顺利开展的基础条件。

大学生在实验中，经常与具有毒性、腐蚀性、易燃烧性和爆炸性的化学药品直接接触，在水、电等高温、电热设备的环境下进行实验，实验中使用设备、玻璃仪器、电器、药品等都潜伏着很大的危险性，稍不注意，就会发生割伤、触电、中毒、烫伤、着火和爆炸等意外事故。（表9.1）

表9.1　近十年我国高校实验室典型安全事故

事故发生时间	事故内容	人员伤亡情况
2019年2月27日	南京某大学实验室发生火灾事故	无人员伤亡
2018年12月26日	北京某大学实验室发生爆炸燃烧事故	3名学生死亡
2016年9月21日	上海某大学化学实验室发生爆炸事故	2名学生重伤，1名学生擦伤
2016年1月10日	北京某大学实验室发生火灾事故	现场无人员伤亡
2015年12月18日	北京某大学实验室发生爆炸火灾事故	1名学生死亡
2015年6月17日	苏州某大学实验室发生爆炸事故	无人员受伤
2012年3月6日	北京某实验楼发生火灾事故	无人员伤亡
2012年2月15日	南京某大学实验室发生甲醛泄漏	学生喉咙痛、流眼泪
2011年12月7日	天津某高校学生实验时发生灼伤	1名学生手部严重受伤
2011年10月10日	长沙某高校实验室发生火灾	无人员伤亡
2011年6月21日	济南某高校发生玻璃仪器爆炸事故	1名女生面部被炸伤
2011年4月14日	四川某大学实验物料意外发生爆炸	3名学生受伤
2010年5月25日	浙江某大学实验室发生火灾	无人员伤亡

虽然在实验过程中潜伏着各种意外因素，但只要学生在思想上加以重视，具备必要的实验安全知识，认真做好实验前的预习，注意听从老师的指导，在实验过程中严格执行操作规范，在动手做实验之前多想想怎样才能做到安全实验，事故是完全可以避免的。即使万一发生意外事故，只要事先掌握了一般的救护措施，也会及时妥善地加以处理，不致酿成严重后果。因此，大学生在做实验之前必须掌握一定的实验安全知识，必须认真学习实验安全指导，养成安全实验的良好习惯。

（一）常见实验教学事故及原因

1. 火灾事故

实验室火灾事故的发生非常普遍，造成这类事故的主要原因如下：

（1）在实验过程中擅自离开实验室较长时间或实验结束后忘记关电源，造成设备通电时间过长、温度过高，引起火灾。

（2）供电线路老化、超负荷运行，导致线路发热，引起着火。

（3）对易燃易爆物品操作不慎或保管不当，使火源接触易燃物质，引起着火。

（4）在实验室抽烟或乱扔烟蒂，接触易燃物质，引起火灾。（图9.4）

图9.4　实验室注意火灾预防

【典型案例9.4】

2016年1月10日，北京某大学化学实验室发生火灾，起火时实验室内无人，现场有刺鼻气味、黑烟冒出，实验室放置的冰箱及冰箱内存放的化学试剂被烧毁，未造成人员伤亡及其他财产损失。起火原因是由于冰箱线路短路引发自燃所致。

2. 爆炸事故

爆炸事故多发生在使用易燃易爆物品和压力容器的实验室，造成这类事故的主要原因如下：

（1）违反操作规程使用设备、压力容器(如高压气瓶)而导致爆炸。

（2）实验设备老化，存在故障或缺陷，造成易燃易爆物品泄漏，遇火花引起爆炸。

（3）对易燃易爆物品处理不当(如三硝基甲苯、硝酸铵等)，导致燃烧爆炸。

（4）由火灾事故引起的仪器设备、药品等的爆炸。

【典型案例9.5】

2018年12月26日15时，北京某大学环境工程实验室，学生进行垃圾渗滤液污水处理实验时发生爆炸，事故造成3名参与实验的学生死亡。造成该事故的直接原因是学生在使用搅拌机对镁粉和磷酸搅拌、反应过程中，料斗内产生的氢气被搅拌机转轴处金属摩擦、碰撞产生的火花点燃爆炸，继而引发镁粉尘云爆炸；间接原因是学生违规冒险操作实验，实验室违法储存危险化学品，实验室管理不到位。

3. 机电伤人事故

机电伤人事故多发生在有高速旋转或冲击运动的机械实验室、需要带电作业的电气实验室

和一些有高温的实验室(图9.5),造成这类事故的主要原因如下:

图9.5 车床操作不当造成伤人事故

(1)操作不当或缺少防护,造成挤压、甩脱和碰撞伤人。
(2)违反操作规程或因设备老化而存在故障和缺陷,造成漏电和电弧火花伤人。
(3)使用不当造成高温气体、液体对人的伤害。

4. 中毒事故

中毒事故多发生在存有化学药品和剧毒物质的化工实验室或有毒气排放的实验室,造成这类事故的主要原因如下:

(1)违反操作规程,将食物带进有毒物的实验室,造成误食中毒。
(2)设备老化、存在故障或缺陷,造成有毒物质泄漏或有毒气体聚积,酿成中毒。
(3)管理不善,造成有毒物质散落流失,引起人员中毒、环境污染。

5. 触电事故

高校实验室几乎都涉及操作用电,发生这类安全事故的主要原因如下:

(1)违反操作规程,乱拉电线、乱接插座等。
(2)因设备设施老化而存在故障和缺陷,造成漏电触电。

6. 化学灼伤事故

化学灼伤事故多发生在化学实验室,由于学生皮肤直接接触强腐蚀性物质、强氧化剂、强还原剂,如浓酸、浓碱、氢氟酸、钠、溴等引起的局部外伤。造成这类事故的主要原因有以下几个方面:

(1)在做化学实验时没有根据实验要求配戴护目镜,眼睛受刺激性气体熏染,化学药品特别是强酸、强碱、玻璃屑等异物进入眼内。
(2)在紫外光下长时间用裸眼观察物体。
(3)使用化学毒品时没有配带橡皮手套,而是用手直接取用化学毒品。
(4)在处理具有刺激性的、恶臭的和有毒的化学药品时,没有在通风橱中进行,吸入了药品和溶剂蒸汽。

(5)用口吸吸管移取浓酸、浓碱、有毒液体,用鼻子直接嗅气体。

(二)常见实验教学事故应急处置

1. 火灾事故

(1)实验室出现火灾事故时,现场人员要冷静处置,迅速判断在场人员是否有人身安全危险,如确有生命危险时,应立即通知现场所有人员及邻近实验室人员迅速逃离,及时、迅速向指导教师报告。

(2)如现场火势对人身安全无明显威胁,特别是在火灾发生的初期阶段,应立即切断现场电源,迅速组织人员使用现场或邻近的灭火器、消防设施等及时扑救。扑救时,应按照"先人员,后物资,先重点,后一般"的原则进行。

(3)如经扑救,仍无法控制火势蔓延时,应迅速拨打"119"报警。并在确保无生命危险时,组织抢救重要物资,减小火灾损失,同时在安全区域等候、引导、配合消防人员灭火。

(4)根据火灾类型,采用不同的灭火器材进行灭火,详见"第七章 消防安全"。

2. 爆炸事故

(1)现场人员在确认安全的情况下,及时切断电源,迅速关闭相关管道阀门或搬离危险物品,防止再次发生爆炸,及时向实验室负责人报告。

(2)当爆炸现场明显威胁人身安全时,所有人员应听从临时召集人的安排,有组织的通过安全出口或用其他方法迅速撤离爆炸现场。

(3)当判断无力自救时,应立即向专业救援部门求助,爆炸引发火灾时,按照火灾处置措施处置。

3. 中毒事故

实验中若感觉咽喉灼痛、嘴唇脱色或发绀、胃部痉挛或恶心呕吐等症状时,则可能是中毒所致。视中毒原因实施以下急救后,立即送医院治疗,不得延误。

(1)首先将中毒者转移到宽阔安全地带,解开领扣,使其呼吸通畅,让中毒者呼吸到新鲜空气。

(2)误服毒物中毒者,须立即引吐、洗胃及导泻,患者清醒而又合作,宜饮大量清水引吐,亦可用药物引吐。对引吐效果不好或昏迷者,应立即送医院洗胃。孕妇应慎用催吐救援。

(3)重金属盐中毒者,喝一杯含有几克硫酸镁的水溶液,立即就医。不要服催吐药,以免引起危险或使病情复杂化。砷和汞化物中毒者,必须紧急就医。

(4)吸入刺激性气体中毒者,应立即将患者转移离开中毒现场,给予2%~5%碳酸氢钠溶液雾化吸入、吸氧。气管痉挛者应酌情给解痉挛药物雾化吸入。

4. 触电事故

触电急救的原则是在现场采取积极措施保护伤员生命。

(1)触电急救,首先要使触电者迅速脱离电源,越快越好,触电者未脱离电源前,救护人员不准用手直接触及伤员。

(2)使伤者脱离电源方法:切断电源开关;若电源开关较远,可用干燥的木棍竹竿等挑开触电者身上的电线或带电设备;可用几层干燥的衣服将手包住,或者站在干燥的木板上,拉触电者的衣服,使其脱离电源。

(3)触电者脱离电源后,应视其神志是否清醒来采取措施,神志清醒者,应使其就地躺平,严密观察,暂时不要站立或走动;神志不清者,应就地仰面躺平,且确保气道通畅,并于5秒时间间隔呼叫伤员或轻拍其肩膀,以判定伤员是否意识丧失。禁止摇动伤员头部呼叫伤员。

(4)抢救人员立即就地对伤员施行心肺复苏术,并设法联系校医务人员接替救治或拨打

"120"请求救治。

5. 化学灼伤事故

（1）强酸、强碱及其它一些化学物质，具有强烈的刺激性和腐蚀作用，发生此类化学灼伤时，应用大量流动清水冲洗，再分别用低浓度的（2%～5%）弱碱（强酸引起的）、弱酸（强碱引起的）进行中和。处理后，再依据情况而定，做下一步处理。

（2）溅入眼内时，在现场立即就近用大量清水或生理盐水彻底冲洗（图9.6）。每一实验室楼层内备有专用洗眼水龙头。冲洗时，眼睛置于水龙头上方，水向上冲洗眼睛，时间应不少于15分钟，切不可因疼痛而紧闭眼睛。处理后，再送校医院治疗。

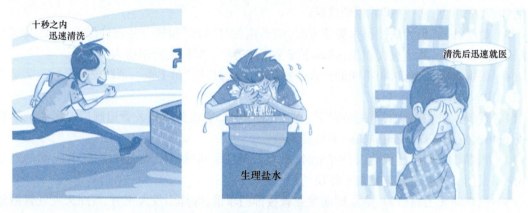

图9.6　化学灼伤眼睛的应急处置

（三）实验教学事故的预防

（1）严格遵守实验室的各项规章制度，遵守仪器设备使用操作规程。

（2）实验课前必须认真预习，服从教师及有关实验技术人员的指导，不得在实验室内做与实验无关的事。

（3）保持实验室的严肃、安静，不得在实验室内大声喧哗、嬉闹，不准在实验室内吸烟和吃东西。

（4）严防事故，确保实验室的安全，发现异常情况，要及时报告。

（5）实验结束后，经指导教师同意方可离开实验场所。

以上列举的是实验教学中最常见的安全事故类型、处理预防措施，其它的特殊安全，如：生物安全、核辐射安全等，涉及到这些实验安全在实验须知中都会详细说明，同时实验室也有详细的安全操作规程，广大同学一定要认真阅读并严格遵守，同时听从指导教师的指导。

二、实习教学安全

实习是培养学生动手实践能力及将理论与实践进行有机结合的集中性实践环节，主要分校内实习（工程训练、电子工艺实习等）及校外实习（毕业实习、生产实习等）。工科类学生的实习教学主要涉及大型机械、电子设备的操作，如：普通车床、铣床、数控车床，数控加工中心，激光切割机等，这些设备价格昂贵、转速高、危险系数大且实习场所人员密集度高，因此，实习中存在的安全隐患多，发生事故的危害性大，本节将予重点介绍。人文、经管、艺术等非理工科类学生的实习虽然不涉及大型的仪器设备操作，但是学生在实习过程中财产、心理、交通等安全问题也不容忽视，请参阅本书其他章节认真学习。

（一）实习教学事故的主要成因

（1）学生心理准备不充分。学生由课堂教学进入实习场所,对实习环境、实习过程,甚至对实习设备充满好奇,认识理想化。对实习中可能遇到的种种困难、问题与突发事件,缺乏应有的心理准备。因此,一旦遇到突发事件,变得手足无措,工科学生因操作失误导致事故时有发生。

（2）学生安全意识淡薄。学生对于学校与企业的安全教育,缺乏足够的重视,造成交通、住宿、饮食等日常性的安全事故,尤其是工科类学生看到带班师傅熟练操作觉得比较简单,认为自己已完全掌握,高估了自己的能力,对于实习伤害事故的危害性认识不够深刻。

（3）学生违反实习场所安全规定。实习场所对学生的着装、安全要求、实习设备的安全操作规程等都有详细的规定,学生不按着装要求随意着装、违反设备的操作规程、不遵守实习场所的安全要求导致安全事故时有发生。

【典型案例9.6】

2011年9月21日,太原某高校学生在校内进行铣工操作实训时,因与同学聊天,注意力分散,铣床的进给速度应设为75转/分钟而错设为375转/分钟,由于进给速度太快,导致发生铣床的刀轴断裂、挂臂被顶断的安全事故,所幸未造成人员伤亡。（图9.7）

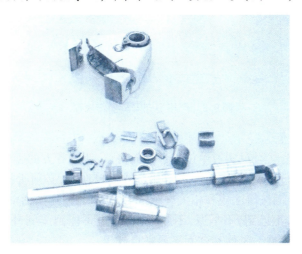

图9.7　铣床断裂的刀轴及挂臂

案例分析:造成该安全事故的原因,一是学生违反了铣床的操作规程,即铣床在实习操作时的进给速度应为75转/分钟,而不是375转/分钟;二是学生违反了实习的安全要求,即在操作机器设备时不得与其它同学聊天、接电话及做与实习无关的事情。

（二）实习教学事故的预防

1. 校内实习安全防范

（1）须按时参加实习动员大会,明确实习目的,了解实习内容,时间安排和纪律要求,自觉接受必要的安全教育。

（2）遵守实习区域的各项规章制度,尊重指导教师。

（3）实习前严格按照要求着装,扣好扣子,女生长发要扎紧并盘起,戴好工作帽,禁止穿凉鞋、拖鞋、短裤进入实习区域。

（4）实习时,必须在老师的指导下,严格按照安全操作规程进行操作,以确保人身安全及设备安全。

（5）不准携带任何与实习无关的物品进入实习区域,不准攀爬吊车、墙梯和任何设备,不准在实习区抽烟、吃零食、随地吐痰以及高声喧哗,严禁在实习区域内打闹、串岗。

(6)进入实习区域操作前,须熟悉本次操作要点,明确操作内容和安全注意事项,保持较好的状态,严禁在疲劳状况下操作,不得在操作时接听电话或闲聊。

(7)服从指导教师的管理,严格按照指定工种、指定岗位、使用指定设备、工具和材料进行实习,不许在工程训练区之间来回串岗,严禁乱拿材料、乱动实习区域内其它设备。

(8)对于动手操作环节,严格按照安全操作规程进行操作(图9.8),不得随意乱动开关、手柄、旋钮、按钮等。若操作过程中出现意外情况,应立即切断电源,保护好现场,并及时报告指导教师。

图9.8 严格遵守安全操作规程

2. 校外实习安全防范

(1)实习前,学生应与学校、实习单位签订书面协议,明确各方的责任、权利和义务。

(2)严格遵守各项行程规定,在前往实习地点或返校期间,必须听从指挥、服从命令、听从统一调度,严格遵守国家的法律法规和相关规定,不得从事任何违法活动。

(3)遵守劳动纪律,不迟到,不早退,不脱岗串岗,更不能到车间外玩,有事请假。按时出发、返回住宿地点,按时就寝。午休和夜间不要私自外出。

(4)进车间必须穿好工作服。女生戴好工作帽,将长发放入帽内,不得穿高跟鞋、凉鞋、拖鞋。操作设备时不准戴手套,严禁身体、衣袖与转动部位接触。

(5)严格遵守安全操作规程,注意人身安全。正确使用各工种器材与生产设备,未经允许不得擅自调换工种和设备,更不得私自动用其它设备、仪器和车辆,不准乱动开关和按钮。

(6)遵守交通法规提高防范意识,不乘用不合规定的车辆。发现安全隐患及发生特殊问题应及时向实习单位领导或实习指导老师报告,不得拖延。

(7)保持信息畅通。学生应与学校(指导教师)、实习单位、家长保持密切联系,及时反映实习中遇到的困难和问题,主动争取得到帮助和支持。

三、军事训练安全

大学生在校期间的军事训练主要是对大学生的军事理论、基本军事技能进行训练,通过对大学生进行军事化训练管理,为大学四年良好习惯的养成打下坚实的基础。军训期间常常存在很多安全隐患,如人身安全、心理安全、财产安全等方面的安全问题。下面主要介绍在队列训练期间发生率高的安全事故的原因及预防。

（一）队列训练安全事件的原因

（1）学生身体存在疾病。各高校在军训前都会采取体检、口头征询、书面征询等方式对受训学生的身体健康情况摸底，但部分学生的遗传病、隐形病若检查不出来，在军训的高温、高强度下，就容易出现非正常死亡。

（2）学生身体不适。部分学生在军训过程中明显感觉身体不适，但出于锻炼自我、集体荣誉等因素，仍然坚持参加军训，结果晕倒在地，甚至出现"笔挺式"倒地，造成面部、膝盖受伤；有些学生勉强参加超过自身承受能力的挑战性科目，导致摔伤、崴伤、骨折等伤害。

（3）学生没有良好的饮食习惯。部分学生经常性不吃早饭就参加军事训练，导致体力跟不上，训练强度过大时很容易晕倒，更有甚者伤害到自身。

（4）违反纪律和命令。有的学生无视纪律，不听指挥，在军训场地追逐打闹、擅自触动枪械刺刀，造成自己或他人受伤；个别学生甚至私自拆装枪械、偷藏零件弹药，造成重大违规违纪事件。

（二）队列训练安全事件防范

（1）准备合适的装束。军训宜穿制式军鞋、球鞋、运动鞋，忌穿高帮鞋、高跟鞋、凉鞋和拖鞋。鞋号宜稍大一点，鞋子里面最好垫一块软鞋垫。袜子要柔软，应多准备几双。

（2）准备合适的饮水容器。容量要大，瓶口要大，及时补充水分和盐分，以运动饮料、茶水、盐水最佳，不要拼命喝白开水或矿泉水，避免以盐锭剂补充盐分。

（3）准备常用药品。如清凉油、人丹、润喉片、十滴水、藿香正气水等。

（4）注意饮食，补充营养。军训期间应多吃一些肉类、蛋类，最好还要多吃点汤菜类。不要挑食，同时注意补充各种维生素。避免香烟、酒精和咖啡等容易刺激中枢神经的物质入口，影响休息。

（5）劳逸结合，按时作息。军训期间要按时作息，特别是要抓紧时间午休，保证睡眠，确保有充沛的体力，为军训打下良好的身体基础。（图9.9）

图9.9 劳逸结合确保军训安全

（6）注意生活卫生。多洗热水澡，衣服要勤洗勤换，不吃过期变质食物，不喝生水，大雨或大汗淋漓后不要急于喝水，稍微休息片刻再补充水分，以免引起肠胃疾病。

（7）注意防暑。戴帽子可减缓头部吸热的速度，纯棉的汗衫有消暑的作用。切忌用冷水洗头,勿打赤膊,以免吸收更多的辐射热。可以在太阳穴上擦点风油精或者花露水。

(8) 不要强撑。如果军训中体力无法支持,不要硬撑。特别是体质较差的同学,如感觉头晕、眼花、要晕倒,应立即喊"报告",原地坐下,待眩晕过后再到阴凉地休息片刻。如果出现意外,应及时就医。如出现烫伤、崴伤等情况,切忌按摩和热敷,应该立即用凉水冲洗15分钟,之后找校医处理。

【典型案例9.7】

据新华网报道,2014年9月12日,天气并非十分炎热,湖北某高校的新生们却有些熬不住。军训第二天,因体力不支等晕倒的"伤员"就达三四十人。校方无奈决定,将当年的军训场所,从往年的田径场改到有树荫的柏油路。

案例分析: 该案例一方面说明军训期间由于天气炎热,大学生要按照军训安全防范要求采取必要的防暑措施;另一方面,要根据自身的身体条件,进行适当训练,当身体出现不适情况时应及时报告并注意休息,不可强撑。

第三节 第二课堂活动安全

第二课堂是相对于第一课堂而言的,即在课堂教学任务以外有目的、有计划、有组织进行的形式多样的带有素质教育内涵的教学活动,如科学研究、创新创业、志愿服务、课外竞赛、文艺汇演、社会实践等。校外第二课堂活动以科技活动、文化活动和社会实践活动居多。

一、科技活动安全

科技活动是高校开展课外教育的重要方法,是进行大学生素质教育的主要阵地。参加科技活动,可以丰富课外生活,培养兴趣,增长科学知识,提高大学生的组织能力、协调能力、交际能力、创新能力等。但在参加科技活动或各类社团活动时必须注意安全问题。

(1) 在决定参加某项科技活动前,首先要详细了解科技活动组织方的背景。该组织单位是否合法,是否得到了相关机构的许可,组织结构和规章制度是否完善,本次科技活动的目的和宗旨是什么,该组织单位还开展过哪些活动,其口碑如何等。在决定参加活动前,可以向老师、学长请教,不可盲目参加,以免上当受骗或误入非法组织。

(2) 根据自己的兴趣爱好和学习情况稳妥参加科技活动或竞赛。同学在决定参加前必须考虑自己的专业学习负担情况,应以专业学习为第一位,不可因为参加科技活动影响自己的正常学业。

(3) 提高自我保护意识。在参加科技活动或竞赛时,应提高自我保护意识,要注意个人信息的保护,不要轻易将自己的联系方式、住址等告诉给不必要的陌生成员。

(4) 团队参加科技活动时要约束自己的行为。团队成员要相互协作、相互配合、相互理解、相互忍让,要克制不良的嗜好。要服从领队的指挥,不从事有损集体的活动;要入乡随俗,尊重他人,遵从法律,避免与组织方发生冲突。

二、文化活动安全

大学生特别喜欢参加各种各样的大型文化活动,特别是知名度高的学者、政治家、艺术家、明星等出席的活动,往往容易情绪激动。需要注意的是,各种集会和文化活动丰富了大学生的课余生活,开阔了大学生的视野,同时也存在着多种安全隐患。

在参加各类公共场合的文化活动时,除了要防备前面所讲的用火、用电、防范诈骗及交通意外等事故外,最容易发生的还有踩踏事故。如果发生踩踏事故,首先要保持镇定,并根据实际情况采取一些自救措施(详见第三章第三节"群众活动安全")。

三、社会实践活动安全

为了增强大学生的实践能力,丰富社会知识,提高综合素质,绝大多数高校将假期社会实践活动作为大学生素质拓展的主要项目之一。大学生社会实践活动,少部分为学校统一组织的社会调查,支农、支教、科技、文化、卫生"三下乡"等项目,大部分为个人或小群体单独联系的实践类社会锻炼活动。无论以何种方式进行,大学生都需要走出校园,独自应对社会生活,因此个人社会实践活动期间的安全问题不容忽视。

大学生参加社会实践活动,涉及主要安全问题有交通安全、人身财产安全、住宿安全、实践现场安全、野外实践安全、卫生疾病安全等,除了牢记其它章节的人身财产安全、生活与食品安全、交通安全与户外活动安全的主要内容外,还应注意以下几方面:

(1)携带好在目的地活动所需的必要证件和生活必需品。如学生证、身份证、介绍信、衣物、洗漱用具、防晒驱虫用品、雨具、药品等。行李应压缩打包,轻便实用,便于携带。

(2)服从指挥,听从安排,自觉遵守实践单位的规章制度。

(3)注意饮食卫生,多吃新鲜蔬菜及水果,饭菜以清淡为宜,及时补充营养与盐分,饮食应节制有规律,不要乱吃东西。万一不幸发生食物中毒事件,立即就地救治。

(4)尊重当地的风俗与礼仪,不要随便议论与讥讽。与陌生人打交道时要把握分寸。遇到可能会产生的纠纷,必须保持冷静、忍让、克制。

(5)不在危险的地区(如江边、湖边、密林、危崖)逗留。如因实践活动需要接近危险地段(如参观化工厂、变电站、发电厂)时,需有专业人士陪同,并有安全防护措施。

【典型案例9.8】

2011年7月23日,重庆某大学学生在安徽天柱山进行暑期社会实践活动,上午登山时天气良好,但下午两点时天气突变,很快下起了暴雨,并伴随闪电和巨大的雷声,8名同学遭遇雷击,导致4名学生受伤、1名学生死亡的安全事故。

案例分析:造成该事故的直接原因是遭遇强雷暴天气,学生遭雷击所致;间接原因是学生对实习地自然环境存在的隐患掌握不够、认识不足、采取防范措施不严密。

四、学生组织者义务

无论是参加科技活动、文化活动还是社会实践活动,一定要按上述要求做好安全防范,同时作为组织者的学生还应该做到以下几点:

(1)要在活动前制定详细的活动方案,活动方案需按要求征得学校同意。

(2)实践活动时要有计划、有组织,并邀请教师专门指导,确保安全。

(3)协助指导老师在活动前对学生进行全面的安全教育,尤其是对个别学生要耐心做好思想工作,并采取切实可行的措施,保证学生的安全。

(4)要将手机等通信设备开通,随时随地与指导教师取得联系,确保联系畅通。

(5)对较远路途的活动,一定要做好充分饮用水、食品、衣物、资金等的准备。

思考题

1. 课堂教学及体育运动过程中的安全事故如何处理?如何预防?
2. 简述实验教学常见安全事故类型及应急处置。实验实习事故如何预防?
3. 第二课堂有哪些主要活动?参加这些活动需要注意哪些安全事项?

第十章 环境安全与自然灾害

第一节 环境安全

环境安全,本节中所指的环境安全专指校园内部、外部环境安全。在高校校园内外,因学习、生活环境中的危险因素而引发的事故,有时会造成大学生伤亡。对校园内外环境潜在安全隐患的了解与防护,将有利于提高学生的自我保护能力。

一、施工工地

(一) 工地隐患及识别

高校校园内,经常会有一些新建工程项目和房屋设施修缮项目,这些工程施工工地及其附近常常会存在一定的安全隐患:

(1) 高处坠落:人员从临边、洞口(包括屋面边、楼板边、阳台边、基坑边、预留洞口、电梯井口、楼梯口)等处坠落;从脚手架上坠落;在安装、拆除龙门架和塔吊过程坠落;安装、拆除模板时坠落;结构和设备吊装时坠落。

(2) 坍塌:现浇混凝土梁、板的模板支撑失稳倒塌;基坑边坡失稳引起土石方坍塌;拆除工程中的坍塌;在建工程围墙及屋面板质量低劣坍落。

(3) 物体打击:人员受到同一垂直作业面的交叉作业和通道口等处坠落物体的打击。

(4) 触电:经过或靠近缺少防护的电气线路造成触电;搭设钢管架、绑扎钢筋或起重吊装中碰触电气线路造成触电;使用各类电器设备触电;电线破皮老化或开关箱缺失触电。

(5) 机械伤害:各类起重机械、混凝土机械、钢筋加工机械、木工机械、挖掘机械等运行中造成伤害。

(6) 其他伤害:各种运输车辆容易造成车辆伤害;氧气、乙炔气瓶容易造成火灾爆炸;地面各种铁钉等容易造成扎伤等。

【典型案例10.1】

2015年9月4日上午,济南某大学一名大一新生在入学报到时,被学校礼堂上坠落的天井盖砸中身亡,其母也被砸伤。该校礼堂楼顶正在施工,施工地点靠近楼顶边缘,应该是施工过程中操作不当,导致事件的发生。

案例分析:"安全来自警惕,事故源于麻痹",思想上的麻痹是导致事故产生的主要原因。在学习生活中,要常树防范之心,常思安全之念,面对周围环境,自觉养成辨识危害因素、分析危害后果的良好习惯,防范危害因素造成伤害。

(二) 工地安全防范措施

(1) 注意施工工地的警示标识,不擅自进入施工区,远离塔吊起重臂覆盖区域。(图10.1)

图10.1　建筑工地的塔吊

(2) 不在工地附近逗留、观看、玩耍,以免高空坠物伤人。
(3) 路过施工工地要注意脚下,防止扎伤或绊倒。
(4) 不随意推拉防护围栏等,不靠近在建工程围墙,以防倾倒、坍塌砸伤。
(5) 不进入施工车道,避免施工车辆造成交通事故。

二、校园设施设备

校园设施设备主要包括学校的房屋建筑设施、交通设施、体育设施和器材、教学科研设施设备、宿舍和食堂及其它生活设施设备。因为年久失修、锈蚀磨损、开裂松动等本质因素或维护不周、操控不当、使用疏忽等人为原因,校园设施设备常常导致人员砸伤、摔伤、撞伤等安全事故。(图10.2)

图10.2　体育设施伤害

【典型案例10.2】
2017年9月17日早上7:25,浙江某学院王某某同学在宿舍上铺摔下。同寝室学生在第一时间拨打了"120"急救,班主任、辅导员随即赶到宿舍。经医院抢救无效死亡。

2013年4月9日,江西吉安某大学一大一新生打篮球时因篮球架倒下被砸身亡。

校园设施设备事故防范措施:

(1)留意房屋建筑设施是否有墙皮脱落、墙体裂缝、护栏松动等情况,远离年久失修房屋建筑设施。

(2)经常检查宿舍床板及护栏是否牢固,上下床铺时抓牢栏杆避免摔伤。

(3)在活动场地运动时,避免摇晃体育设施设备等非正常活动,以免造成砸伤、摔伤等安全事故。

(4)注意观察设施旁是否设立警示标志或防护措施,不靠近易发生危险的设施设备,不出入存在安全隐患的场所。

(5)发现故障隐患及时报告学校维修。

三、高处坠物

(一)高处坠物危害

此处的高处坠物主要指建筑物、构筑物或者其他设施及其搁置物、悬挂物发生脱落、坠落造成的人员伤害。30克的鸡蛋从4楼抛下可在人头顶砸出肿包;从18楼抛下,能砸破人的头骨;从25楼抛下,冲击力足以致人死亡。(图10.3)

图10.3 高处坠物很可怕

【典型案例10.3】

2019年11月17日晚,湖南省岳阳市天气骤变,刮起了大风,19时左右,位于百盛购物中心门口发生了一起事故,一名正在公交站台等车的女大学生被从天而降的一块建筑夹板砸中,经送医院抢救 1 小时后,仍无任何生还迹象,宣布临床死亡。

案例分析:刮风下雨天要加强警惕,注意主动防范暴风暴雨引发的高处坠物砸伤。

（二）高处坠物安全防范措施

（1）不高处抛物,这是违法行为。

（2）注意检查房屋。定期检查门窗边沿螺丝、窗框、阳台和天面悬挂物是否松动,外窗玻璃是否变形、破裂,阳台种植植物、花盆等是否可能坠落,外墙是否渗水等情况。

（3）关注警示牌通告,一般经常坠物的路段常贴有警示牌等标志,注意查看绕行。

（4）行走在高层建筑路段,尽量走有防护的内街。

（5）刮风下雨天更要注意,如沿海地区城市,多暴风暴雨天气,是坠物的高峰期,更要小心观察。

（6）经过高大树木、高架广告牌、过街天桥、地下通道时,提高警惕。

四、户外触电

户外触电伤害分为单线触电、双线触电、高压电弧触电、跨步电压触电。户外以跨步触电伤害较多。

【典型案例 10.4】

2016 年 8 月 7 日晚,徐州遭遇暴雨。因地下电线经暴雨浸泡漏电,徐州某学院 3 名大学生途经校内积水道路时倒地,其中两人送医不治身亡。

案例分析:由于事故发生在水环境中,人员触电后不易逃脱。施救人员贸然下水救人,极易产生二次触电伤害事故。

户外触电安全防范措施:

（1）不在变压器、架空线、高大树木、广告牌以及路灯附近停留、避雨。

（2）不靠近、触摸电线附近的树木、电杆、斜拉钢丝。

（3）不贸然趟走积水。

（4）发现有人触电倒地,不要急于靠近搀扶。

（5）遇到电线掉落至自己附近,以安全方式尽快远离,注意跨步触电。

户外触电后的救护,请参阅第六章:触电事故应急处置。

五、校园周边场所

校园周边,存在众多的饭店、旅馆、市场、网吧、歌厅、出租屋等陌生环境,经常发生大学生烧伤、烫伤、中毒等伤害或治安事件。

为避免校园周边场所的伤害事件,每位学生都需积累安全经验,提高分析、识别校园周边危险因素的能力,辨别陌生环境中潜在的危险因素,推断引发危险的可能性。不进入安全防护设施不完备的饭店、网吧、出租屋等校外经营场所;进入校外场所要观察是否有安全通道、消防设施等,发生意外时,做好紧急避险和自救互救工作。

【典型案例 10.5】

2017 年 12 月 9 日 18:40,山西省某高校 13 名学生在校外某饭店的包间内吃炭火烤鱼。吃饭历时近 2 个小时,约 20:40 准备离开回校时,有 1 名学生发生抽搐现象,3 名学生出门遇冷风后发生腿软眩晕现象,5 名学生有轻度头晕症状,其余几名学生略感头晕。21:10 左右 13 名学生步行至校医院治疗,校医院初步确认为一氧化碳中毒,进行了吸氧治疗;22:30左右,13名学生转往上一级医院接受进一步治疗。经过大夫诊断确诊后,采用常规处置和高压氧仓吸氧等治疗措施,两三天后13名学生才逐渐恢复正常。

六、军工设施设备

军工设施设备是指直接用于武器装备科研生产的建筑设施和工艺、试验、测试等专用设备设施。军工关键设备设施的目录,由国务院国防科技工业主管部门会同军队武器装备主管部门、国务院国有资产监督管理机构建筑设施和工艺、试验、测试等专用设备设施部门制定。军工设备是学校学科理论与实践结合的重要载体,在教学科研中具有重要作用。安全、完整和有效使用军工设备不仅利于教学研习,也是保障国家安全、预防安全事故的要求。军工设施设备有其自身的安全特点,如保密、精密、易碎、易燃、易爆、有毒、辐射等,学生在使用时应遵循实验室规定及教师指导。

(一)安全隐患

(1)未经批准擅自进入重点实验室,导致失密、泄密。
(2)实验课后将剩余危险药品带回宿舍或散布到其他区域。
(3)参观、研究后,将枪械、弹药等军工物资私自带回或违规拍照。
(4)不遵循实验室相关物品使用规定,引发实验事故。
(5)擅自进入军工禁区,违反禁令等。

(二)安全防范

对军工设备的使用与管理应遵循以下原则:
(1)严格遵守军品(管制品)原料、设备出入库审批制度、责任管理制度。
(2)设备及原料使用要严格遵守操作规程,谨防失火、爆炸事故发生,使用应听从教师的安排。
(3)枪械不得在库外过夜,研究、使用完毕后必须当日归还入库。
(4)做实验时要做好防机械伤害、防毒工作,严禁学生将军械零部件及药品带出实验室,有毒残液要按程序妥善处理。
(5)易燃、易爆、易制毒药品要妥善分开保管,按药品性能和使用实际,分别做好储藏工作和台账记录,确保安全。
(6)实验室电路及电源总闸由任课教师负责控制供停。

七、铁路沿线

安全是铁路运输的生命线,是运输生产永恒的主题。某些高校由于历史沿革、地理位置、专业设置等特殊性,校园内部或附近存在铁路设施,某些高校校园内还可能存在军用运输专线或军事研究专线。保持铁路设施设备完好、安全畅通是每位师生应尽的责任和义务。

【典型案例10.6】
山西某高校校园内有一条铁路横贯东西,大学生时常会沿铁路行走、拍照、休闲。该校2千米外还有另一条铁路通往某风景区,大学生常会沿线步行前往风景区旅行游玩,途中多次穿越隧道。在这一过程中大学生常常会违反规定,冒险穿行,影响列车运行安全或造成伤亡事故。(图10.4)

图 10.4　高校校园内的铁路及道口

案例分析：火车运行速度很快，从进入人的视线到行驶至人的旁边，只需短短的几秒钟，人们往往来不及躲闪，极易造成交通事故。

铁路沿线安全防范措施：

（1）行人和车辆在通过设有信号机的无人看守道口时，发现有火车驶来，应立即躲避到垂直距铁路钢轨 2 米以外处，不在铁路上行走、停留、嬉闹，严禁抢行穿越铁路。

（2）不击打列车，不拆盗铁路设施和车辆配件，严禁销售、收购铁路器材。

（3）不在铁路上存放雷管、炸药、煤油、汽油、酒精、棉花等易燃、易爆物品。

（4）不攀爬停在道轨上的列车，不在铁轨上堆放妨碍列车行驶的物品，自觉维护铁道卫生。

（5）不翻越护栏横穿铁路，铁路桥梁和铁路隧道禁止行人通行。

（6）不在铁道周围经商、购买商品。

八、军事禁区

军事禁区是指根据军事需要，按照国家法律规定划定的由军队控制、不得擅自进入的范围、区域。或者说，是根据军事需要所划定的、禁止无关人员进入或限制其活动的特定区域，其边界通常设有醒目的标志。某些军事禁区紧邻高校校园，禁区安全与校园安全关系紧密。

【典型案例 10.7】

山西某高校校门西侧 500 米有一个军事禁区，学校自学生大一入学时便明确告知禁止靠近，但一些学生不予重视，或者好奇心强，擅自进入禁区。某学生春游时，无意翻山进入某部队库房第三道岗哨之内，经过问话、调查后，部队通知学校将其"领回"。

军事禁区相关规定：

（1）军事禁区属于管制军事重地，涉及国家的军事秘密，保守军事秘密，维护国防安全，是每个公民的义务。

（2）高校紧邻军工禁区的，严禁学生擅自进入军事管辖区域。（图 10.5）

图 10.5 军事禁区禁止入内

（3）确因学习、生活需要进入的应先和驻军取得联系，自觉遵守禁区有关规定，服从警卫人员管理。

（4）学生要识别标志牌，不允许随意摄影、录相或提供测绘、地质资料等，一经发现，由驻军直接移送公安部门查处。

（5）在军事禁区外围安全控制范围内，可以照常生产、生活，但是不得进行爆破、射击以及其他可能危害军事设施安全和使用效能的活动。

九、山地水域

有的高校坐落在山脚、景区，校园内外有山地、森林、河流、湖海等。这些自然环境给师生娱乐休闲、强身健体、人际交往等带来了非凡价值，但风险隐患同样不可小觑，常有探险迷路、坠落悬崖、骑行失控、野泳溺水等遇险事件发生。大学生先要了解相关安全常识，分辨危险地带可能存在的隐患并有效防范，才能享受大自然的恩赐。

山地水域的安全防范措施，请参阅学习第八章第三节：户外运动安全。

第二节 自然灾害

自然灾害是由自然因素为主导造成人类生命、财产、社会功能和生态环境等损害的事件或现象。2012 年以来，我国统一将自然灾害划分为气象水文灾害、地质地震灾害、海洋灾害、生物灾害和生态环境灾害 5 大类 39 种自然灾害（表 10.1）。

表 10.1 我国自然灾害分类表

大类名称	小类种数	灾害名称
气象水文灾害	13	干旱灾害、洪涝灾害、台风灾害、暴雨灾害、大风灾害、冰雹灾害、雷电灾害、低温灾害、冰雪灾害、高温灾害、沙尘暴灾害、大雾灾害、其他气象水文灾害
地质地震灾害	8	地震灾害、火山灾害、崩塌灾害、滑坡灾害、泥石流灾害、地面塌陷灾害、地裂缝灾害、其他地质灾害

（续）

大类名称	小类种数	灾害名称
海洋灾害	6	风暴潮灾害、海浪灾害、海冰灾害、海啸灾害、赤潮灾害、其它海洋灾害
生物灾害	7	植物病虫害、疫病灾害、鼠害、草害、赤潮灾害、森林/草原火灾、其他生物灾害
生态环境灾害	5	水土流失灾害、风蚀沙化灾害、盐渍化灾害、石漠化灾害、其他生态环境灾害

大学校园发生的自然灾害事故并不多，但以下类型的常见自然灾害，大学生应对其特点和危害有所认识，积极主动做好防范与应对。

一、暴雨洪涝

暴雨洪涝灾害主要是指因大雨、暴雨或长期降雨量过于集中而产生大量的积水和径流，排水不及时，致使土地、房屋等渍水、受淹而造成的灾害。主要有雨量大、范围广、历时长，洪水量级高、洪灾损失重、突发性强，先兆特征不明显，时空分布不均等特点。

1. 暴雨洪涝危害

每小时降雨量16mm以上，或连续12小时降雨量30mm以上，或连续24小时降雨量50mm以上降水强度的雨就形成了暴雨，暴雨等强降水过程常常引发流域洪水、山洪暴发、水库垮塌、堤坝决口、城市内涝等灾害，进而造成冲塌房屋、冲毁桥梁、阻断交通、中断电信等其他危害，甚至危及人们的生命安全。同时部分山体地质松软的地区易造成突发性山体滑坡、泥石流等次生灾害。（图10.6）

图10.6 洪涝灾害

2. 暴雨洪涝防范与应对

（1）当暴雨来临时应关好门窗，将置于阳台、窗外的花盆等易坠物品移入室内，并采取室内防止雷击的应对措施。

（2）在室外积水中行走，速度要缓慢，并认真观察路面上的积水状态，防止跌入窨井或坑洞中。

（3）在地势低洼地区，应留意暴雨持续时间和雨量大小，尽快转移到地势高的地区。

（4）易受洪水淹没的地区，有连续暴雨发生时，要关注当地或学校的洪水警报，及时收听收看天气预报。

（5）洪水来得太快，来不及转移时，迅速向山坡、高地奔跑躲避，或向垂直于洪道方向的两侧跑动，或立即爬上屋顶、楼房高层、大树、高墙等高处，做暂时避险，等候救援人员营救，不要独自涉水转移。

（6）发现高压线铁塔倾倒、电线低垂或断折时，要远离这些危险物，找适合的地方避险，不可触摸或接近，防止触电。

（7）保存好尚能使用的通信设备，尽快与当地政府防汛部门取得联系，报告自己的方位和险情，积极寻求救援。

（8）如已被卷入洪水中，要尽可能抓住固定的门板、泡沫塑料等能漂浮的东西，寻找机会逃生。

（9）洪水过后，要服用预防流行病的药物，做好卫生防疫工作，避免发生传染病。

[典型案例10.8]

2012年7月21日至22日，中国大部分地区遭遇暴雨，其中北京及其周边地区遭遇61年来最强暴雨及洪涝灾害。截至2012年8月6日，北京已有79人因此次暴雨死亡，其中：溺水46人，触电5人，房屋倒塌3人，泥石流2人，创伤性休克2人，高处坠物2人，雷击1人。根据北京市政府举行的灾情通报会的数据显示，此次暴雨造成房屋倒塌10660间，160.2万人受灾，经济损失116.4亿元。

二、风暴

风暴，泛指强烈天气系统过境时出现的天气过程，特指伴有强风或强降水的天气系统。如台风、龙卷风、雷暴、低气压、寒潮等强烈天气系统造成的大风暴雨。一般在热带或副热带地区的风力达到6级以上，在中、高纬度地区的风力可达到8级以上，称为风暴。

1. 风暴危害

风暴灾害中，台风与龙卷风比较常见，台风是一种破坏力很强的灾害性天气，龙卷风是一种少见的局地性、小尺度、突发性的强对流天气，是在强烈的不稳定天气状况下由空气对流运动造成的强烈的、小范围的空气涡旋。台风、龙卷风经过可拔起树木、摧毁建筑设施、掀翻车辆等，可切断交通、电力、通信等，造成人民生命、财产的巨大损失，带来生产生活的巨大破坏。（图10.7）

2. 风暴灾害防范与应对

（1）收到天气预警，禁止外出。已经外出的人员要尽快归校，确实来不及返校的可就近进入商场、车站等较为安全的公共场所，并与学校保持电话联络。

（2）风暴来临时，应立刻离开危险房屋、活动场所或其他简易临时住处，到附近比较坚固的房屋内躲避。

（3）待在室内时要注意关好门窗，检查门窗是否坚固；取下悬挂的东西；风暴预警发布后，要切断电源，不要在室内使用计算机、手机，看电视等，以防雷击和触电。

（4）住在低洼地区和危房中的人员要及时转移到安全住所。

（5）在野外遇到龙卷风袭击时，应迅速朝龙卷风移动方向的垂直方向跑动，伏于低洼地面、沟渠等，但要远离大树、电线杆、广告牌、围墙等，以免被砸、被压或发生触电事故。如在汽车中，应及时离开。

图 10.7　风暴灾害

（6）在家遇到龙卷风时，远离和龙卷风同方向的窗、门、房屋的外围墙壁，尽可能在龙卷风相反方向角落或比较坚固的小房间抱头蹲下，保护好自己的头部。

三、雷电

雷电灾害是伴有闪电和雷鸣的放电现象，是因雷雨云中的电能释放、直接击中或间接影响到人体或物体，对人们生命财产造成损害的自然灾害。雷电一般产生于对流发展旺盛的积雨云中，因此常常伴随着强烈的阵风和暴雨，有时还可能伴随冰雹和龙卷风。（图 10.8）

图 10.8　雷电灾害

（一）雷击危害

（1）雷电可直接击中人，造成人身伤害。

（2）雷击常常损毁没有防雷措施的高大建筑、烟囱、高塔、无线电天线、电线杆、孤立树木、户外巨型广告牌等,造成砸伤或触电。

(3) 雷电还可通过电源、天线、信号收发设备的线路等侵入室内,击毁家用电器等设备或元器件。

(4) 当雷电击中木材、干草、燃油、火药等易燃物品时,会引起火灾。

【典型案例10.9】

2018年8月31日下午5点半左右,武汉某学院3名大学生准备一起到校外吃晚饭。当他们走到学校东门附近的空地时,只听到突然一声巨响,其中一名男生骆某遭到雷击后,直接倒在了地上。另外一个男生也栽倒在地,但他很快就爬了起来。现场工作人员先后帮倒地的骆某做了心肺复苏等抢救措施,但都没有挽回其生命。当天傍晚6点左右,法医现场确认骆某遭雷击身亡。事发时并没有下雨。

(二) 雷击防范与应对

1. 室内避雷

(1) 雷电天气时,及时关好门窗。

(2) 应离开照明线、电话线、电视线等线路。

(3) 在电闪雷鸣、风雨交加之时,拔掉家用电器插头,避免收听收音机、接打电话、上网、洗澡等。

(4) 打雷时,最好待在房间的中央位置,不要停留在电灯正下方,不要依靠在柱子旁、墙壁边、门窗边。

(5) 保持室内干燥,房屋漏水应尽快修理好。

(6) 不要将晒衣服、被褥用的铁丝接到窗外、门口,以防铁丝引雷。

2. 户外避雷

(1) 立即寻找避雷场所,可选择装有避雷针、钢架或钢筋混凝土的建筑物,但是注意不要靠近防雷装置的任何部分。

(2) 若找不到合适的避雷场所,可以蹲下,两脚并拢,双手抱膝,尽量降低身体重心,减少人体与地面的接触面积。

(3) 不要待在露天游泳池、开阔的水域或小船上;不要停留在树林的边缘;不要待在电线杆、旗杆等没有防雷装置的物体附近;不要停留在铁轨、摩托车、铁丝网、金属窗、广告牌等外露的金属物体旁;不要靠近高压变电室、高压电线等电力设备;不要接触天线、避雷装置的接地导线、建筑物外墙等;不要赤脚站在泥地或水泥地上;不要靠近孤立的高楼、烟囱或大树(山顶孤立的大树下尤其危险);既不要在山顶或高丘地带停留,也不要躲进空旷地带孤零零的棚屋、岗亭等低矮建筑,紧急情况下,尽快找干燥的洞穴躲避。

(4) 不要挥舞金属工具和物品,如金属立柱的雨伞、羽毛球拍等。

(5) 多人一起在野外时,应相互拉开几米距离,不要挤在一起。

高压电线遭雷击落地时,旁边的人要保持高度警觉,当心地面"跨步电压"的电击。逃离的正确方法:屈膝下蹲,双脚并拢,跳着离开危险地带。

(6) 关闭手机等移动设备。

3. 雷击急救

因雷击而受到伤害的人,他的身体是不带电的,抢救时不必有顾虑。

(1) 呼吸、心跳均自主者,就地平卧,安静休息,严密观察,暂时不要站立或走动,防止继发休克或心衰。

(2)呼吸停止、心搏存在者,就地平卧解松衣扣,通畅气道,立即做人工呼吸。
(3)心搏停止、呼吸存在者,应立即做胸外心脏按压。
(4)呼吸心跳均停止者,则应实行心肺复苏术。

四、雪灾

雪灾是因降雪形成大范围积雪、暴风雪、雪崩或路面、水面、设施凝冻结冰,严重影响人的生存与健康,或对交通、电力、通信等日常生活造成不便的自然灾害。

1. 雪灾危害

雪灾发生时,主要会造成以下几个方面的影响:妨碍交通、通信、输电线路等生命线工程安全;压坏树木房屋;大雪常伴随低温,可能导致人们的面部、手脚等冻伤;形成道路积冰,致使交通事故多发和行人跌倒或摔伤。(图10.9)

图10.9 雪灾影响交通

2. 雪灾的防范与应对

(1)暴雪来临前要减少外出活动,特别是尽可能减少乘车外出,并躲避到安全的地方。
(2)不要待在不结实不安全的建筑物内。
(3)外出时,要采取防寒保暖和防滑措施。
(4)步行时尽量不要穿硬底或光滑底的鞋,骑车时可适当给轮胎放些气。
(5)驾驶车辆应采取防滑措施,听从指挥,慢速行驶。
(6)如果被积雪围困,要尽快拨打"110""119"等报警求救电话,积极寻求救援。

五、沙尘与雾霾

沙尘天气是由于强风将地面大量尘沙吹起,使空气相当混浊,水平能见度显著下降的天气现象。雾是指近地层空气中悬浮的大量微小水滴或冰晶微粒的集合体,使水平能见度降低的自然现象。霾是大量极细微的干尘粒等均匀地浮游在空中,使水平能见度降低的空气普遍混浊现象。

1. 沙尘与雾霾的危害

沙尘天气会以风沙流的方式造成房屋、道路、植被等被大量流沙掩埋,尤其是对交通运输造成严重威胁;携带细沙粉尘的强风可摧毁公共设施、树木、建筑物等;形成大气污染,在沙尘暴源地和影响区,大气中的可吸入颗粒物增加,大气污染加剧。

雾霾天气容易诱发气管炎、哮喘等呼吸道疾病,容易引发心脑血管疾病;雾霾天气中空气含氧量低,会使心脏跳动加速,使人胸闷、气短,容易引发各种细菌性疾病;雾霾里含有的有害颗粒物非常多,所以雾霾比吸烟更易致癌;能见度低,容易发生交通事故。

2. 沙尘与雾霾的防范与应对

少开窗;应尽量少外出,必须外出时,戴上专业防尘口罩,防止吸入沙尘及有毒物质;尽量少在沙尘、雾霾天气进行娱乐活动,更不要锻炼身体。(图 10.10)

图 10.10 沙尘和雾霾天气时做好防护

六、冰雹

冰雹灾害是指强对流性天气控制下,从雷雨云中降落的冰雹(固体降水物),对人民生命财产和农业生物造成损害的自然灾害。冰雹突发性强,常伴随雷电大风天气。冰雹的直径一般为 0.5~5 厘米,有时可达 10 厘米以上。(图 10.11)

冰雹的危害非常大,会中断电力、通信、交通等,会砸坏砸毁房屋车辆,砸伤人员,严重时可危及生命安全。冰雹发生时应在家关闭好门窗,切勿随意外出;路遇冰雹来袭,立即用随身物品或手臂保护头部和颈部,尽快跑到楼宇、房屋等安全建筑物内躲避,以防被砸伤;如附近没有可以利用的物体或地形,应该采取野外安全自我保护姿势,即半蹲在地,双手抱头,全力保护头部、颈部、胸部与腹部不受到袭击;紧急情况下,叠厚的衣服、鞋子、大石、大砖都可以用来保护头颈部,起到缓冲作用。

【典型案例 10.10】

2019 年 4 月 24 日下午,浙江省温州市某学院举行 2019 届毕业生毕业设计作品展暨就业推荐会。下午 3 点 5 分左右,天气突发异常,狂风骤雨、冰雹急落,造成约 20 名学生和参会的企业人员受伤,其中 5 名学生伤势较重。

图 10.11 冰雹灾害

七、地震

地震灾害是指地壳快速释放能量过程中造成强烈地面振动及伴生的地面裂缝和变形,对人类生命安全、建(构)筑物和基础设施等财产、社会功能和生态环境等造成巨大损失的自然灾害。(图 10.12)

图 10.12 地震破坏力十分巨大

(一) 地震危害

(1) 造成大量人员受伤或压埋致死。

(2)造成严重的建筑物坍塌,造成地面倾斜、升降和变形,大量基础设施被毁。

(3)易引发火灾、水灾和细菌、放射性物质扩散、毒气泄漏污染,以及山崩、滑坡和灾后的瘟疫、饥荒等次生灾害,还会造成人们无家可归、失去亲人、身体残疾、暂时失业等心理或社会问题。

【典型案例10.11】

发生在2008年5月12日的"5·12汶川地震"严重破坏地区超过10万平方千米,其中,极重灾区共10个县(市),较重灾区共41个县(市),一般灾区共186个县(市)。截至2008年9月18日12时,"5·12汶川地震"共造成69227人死亡,374643人受伤,17923人失踪,是中华人民共和国成立以来破坏力最大的地震,也是唐山大地震后伤亡最严重的一次地震。

(二)地震发生前的征兆

(1)地下水异常。大震前,地下水位上升或下降,出现流量增减、水温突变、发浑发响、变色变味、打旋冒泡、漂油花等。

(2)动物异常。一般较强地震发生之前,近百种动物会有不同程度的异常反应,例如:牛羊骡马不进圈,老鼠搬家往外逃,鸡飞上树猪拱圈,鸭不下水狗狂叫,蜜蜂群鸟迁家忙,大猫叼着小猫跑,冬天蛇蛙早出洞,鸽子惊飞不回巢,兔子竖耳蹦又撞,鱼儿惊慌水面跳。(图10.13)

图10.13 地震前动物异常

(3)地光和地声。地光和地声是地震前夕或地震时,从地下或地面发出的光亮及声音,一般在震前几分钟至几秒钟出现。地声有的如飞机的"嗡嗡"声,有的似狂风呼啸,有的像汽车驶过,有的宛如远处闷雷,有的恰似开山放炮。地震前的地声特点是:"大震声发沉,小震声发尖;响的声音长,地震在远方;响的声音短,地震在近旁。"

(三)地震发生的防范与应对

1. 室内避震

(1)不能在室内乱跑或争抢外出。

(2)远离玻璃制品、建筑物外墙、门窗、周围没有支撑物的地板或床、可能有坠落物体的地方。

(3)正在上课时,要在教师指挥下迅速抱头或用书包护住头部、眼,躲在各自的课桌旁边。在宿舍可以躲避在坚固的家具旁边,紧贴内部承重墙的地方,或者卫生间等空间小,有管道支撑的地方和能形成三角空间的地方。地点选择时注意近水不近火,靠外不靠内。

（4）避震时身体的正确姿势：蹲下或趴下，尽量蜷曲身体；抓住桌腿等牢固的物体；保护头颈、眼睛，掩住口鼻；避开人流，不要乱挤乱拥，不要随便点明火。

（5）初震后应当有组织地撤离，不要因寻找衣服、财物耽误逃生时间。撤离时千万不要拥挤，不要进电梯，不要跳楼！

（6）在人员密集的公共场所，不要混乱，不要拥挤，听从现场工作人员的指挥，有序撤离到指定地点，避免被挤到墙壁或栅栏处。

（7）万一在搭乘电梯时遇到地震，将操作盘上各楼层的按钮全部按下，一旦停下，迅速离开电梯，确认安全后避难。万一被困在电梯内，可通过电话向外求助。（图10.14）

图10.14　地震防护演练

2. 室外避震

（1）注意观察周围地形，选择空旷处作为躲避地点。

（2）尽可能远离楼房、高烟囱、过街天桥、立交桥、高墙、雨棚、水塔等建（构）筑物，避开树木、篮球架、路灯、变压器、电线杆、广告牌等危险物或悬挂物，也不要在狭窄的街道附近逗留。如在桥上遇到地震，应迅速离开桥身。

（3）为避免失去平衡，应蹲下或趴下。

（4）要注意用双手或随身物品保护头部。

（5）在行驶的车辆内要抓牢扶手，降低重心，躲在座位附近，以免摔倒或碰伤，地震过去后再下车。驾驶车辆时，应迅速躲避开立交桥、陡崖、电线杆等，驾驶员尽快将车停于空旷处。

（6）地震突发时，如若正在海边游玩，应迅速远离，以防地震引发海啸。

（四）地震被困的自救措施

（1）要尽量用湿毛巾捂住口、鼻，防止因灰尘呛闷发生窒息。

（2）如果被埋压，尽量活动手、脚，清除脸上的尘土和压在身上的物件。

（3）如果一时无法脱险，不要惊慌害怕，注意保存体力，等待救援；不要盲目大声呼救，要听到外面有人活动时再大声呼救或敲击物体。

（4）如果被埋在废墟下的时间比较长，救援人员未到，或者没有听到搜救信号，就要想办法维持自己的生命，防震包的水和食品一定要节约，尽量寻找食品和饮用水，必要时自己的尿液也能起到关键作用。

八、滑坡与泥石流

滑坡是大量的岩体和土体在重力作用下,沿一定的滑面做整体下滑的现象。泥石流是常与滑坡同时发生的地质灾害,多数由暴雨或水库、池塘溃坝或冰雪融化形成强大的水流,与山坡上散乱的大小块石、泥土、树枝等一起相互充分作用后,在沟谷内或斜坡上快速运动的特殊流体,泥石流兼有崩塌、滑坡和洪水破坏的多重威力,其危害程度往往比单一的滑坡、崩塌和洪水的危害更为广泛和严重。滑坡与泥石流暴发突然,历时短暂,来势凶猛,具有较大的破坏力。

滑坡、泥石流的防范与应对措施:

(1) 当发现有滑坡或泥石流前兆时,应立即报告当地政府或有关部门,同时通知其他受威胁的人群,提高警惕,密切注意观察,做好撤离准备。

(2) 不进入或通过有警示标志的滑坡、坍塌危险区。

(3) 当遭遇滑坡、泥石流时,保持冷静,果断判断坡体的滑行方向,然后迅速向垂直于坡体方向的两侧跑动躲避,越快越好,千万不要顺着滑体方向向上或向下跑,非常危险。

(4) 躲避时,抛弃所有影响奔跑速度的物品;避开危险区的人,不要着急返回,防止二次滑坡。

(5) 如果滑坡、泥石流发生时,不能及时撤离,千万不要惊慌,遵循以下原则:躲避在坚实的障碍物下;躲避在障碍物密集的地方,如树林中;迅速抱住身边的固定物体,降低被泥石流冲走的可能性;注意保护好头部,可利用身边的衣物等裹住头部,留出呼吸空间;尽快与有关部门取得联系,报告自己的方位和险情,积极寻求救援。(图10.15)

图 10.15 滑坡与泥石流防护

九、森林火灾

森林火灾是指由于雷电、自然或在一定有利于起火的自然背景条件下或由人为原因导致的,发生于森林,对人类生命财产、生态环境等造成损害的火灾。

1. 森林火灾危害

森林火灾一旦发生,往往火场面积大,火势凶猛,难以扑救(图10.16),人员伤亡和财产损失巨大,可毁灭森林动植物资源,破坏森林生态系统,严重威胁当地居民人身、财产、交通安全,直接影响社会稳定。

图 10.16　森林火灾扑救困难

2. 森林火灾防范与应对

(1) 森林防火期,不得进入林区吸烟、烧烤、上坟烧纸、点燃篝火、燃放鞭炮等。

(2) 发现森林火灾应及时报警,准确报告起火方位、火场面积以及燃烧的植被种类,森林火险专用报警电话"12119"。

(3) 发现火灾肇事者,应及时向森林公安或有关部门报告,提供相关线索,协助控制、抓获嫌疑人。

森林火灾逃生自救,请参阅学习第七章消防安全相关内容。

思考题

1. 如何避免高处坠物伤亡事件?
2. 如何识别校外场所存在的安全隐患并有效防护?
3. 暴雨天气,如何应对暴雨洪涝灾害?
4. 遇到雷电天气时怎么预防雷击?
5. 地震灾害时来不及逃跑,该如何做?

第十一章
其他安全常识

其他安全是指除公共安全、消防安全、交通安全等常见安全以外，一些不太常见但又十分重要的安全问题。本章着重从民族团结、出入境安全、核安全及边境安全等方面介绍相关的安全知识，强调以人为本的安全理念，学习身边的安全知识，掌握应对处置的安全技能。

第一节　各民族互相尊重

一、风俗习惯

（一）学生风俗习惯的差异性

风俗习惯是个人或集体的传统风尚、礼节、习性。由于学生来自全国各地，各地的风俗习惯存在着很大的差异性，在给大家带来新鲜感与风俗知识的同时，也会存在意外冲突。我国宪法规定，各民族"都有保持或者改革自己的风俗习惯的自由"。在生活中，能否正确处理和尊重各自的习惯，直接影响到学生的生活和学习。对于少数民族，由于风俗习惯在一定程度上反映了少数民族的心理感情，他们往往把其他民族对本民族风俗习惯的尊重，看作是对本民族的尊重，把对本民族风俗习惯的轻视，看作是对本民族的歧视。因此，任何不尊重少数民族风俗习惯的言行，哪怕是出于开玩笑，都容易刺激以致伤害民族感情，不利于民族团结。所以，学生一定要从民族团结的大局和原则出发，尊重各地学生的风俗习惯，不能予以歧视、侮辱。

（二）互相尊重风俗习惯

（1）自觉履行维护民族团结义务，尊重各民族宗教信仰，尊重各民族的风俗习惯，尊重各民族的语言文字；增强民族团结意识，积极拥护宣传党的民族政策，坚决同破坏民族团结的言行做斗争。落后的陈规陋习，不利于民族的繁荣发展，甚至会阻碍社会进步。因此，必须具体分析，区别对待。

（2）新中国成立以后，国家不但在宪法和有关法律中做出了尊重少数民族风俗习惯的规定，而且各级政府还制定了许多具体规定，采取了一系列具体措施，主要有民族节日放假、食品加工与供应、伙食和副食补贴、丧葬、少数民族生产生活特需用品的生产和供应等方面的规定，为尊重少数民族风俗习惯提供物质保障。

（3）了解民风民俗、加强相关知识的学习。尊重同学的生活习惯，以学习、敬让、谅解的态度对待身边同学，尽量避免冲突。

(三）部分民族风俗习惯

（1）回族。历史上，回族人民各方面均受伊斯兰教的影响。特别在饮食习惯上，回民忌吃猪肉，普遍吃牛、羊、驼等反刍类偶蹄食草动物，不吃马、驴、骡、猪、狗肉，不吃一切动物的血和自死的动物。回族很讲究饮食卫生，注意淋浴和洗涤。回族有两大节日即开斋节和古尔邦节，均来源于伊斯兰教。

（2）藏族。主要聚居在西藏自治区及青海海北、黄南、果洛、玉树等藏族自治州等，信奉喇嘛教，即藏传佛教。藏族人民身穿长袖短裤，外套宽肥的长袍，右襟系带，脚穿牛皮长靴。忌食马、狗、猫等。哈达是藏族人民作为礼仪用的丝线和纤维织品，类似于汉族的礼帛。迎请和送往也有约定俗成的习惯，注重远迎近送。有客临门，须出门迎接，看狗护客，主前宾后迎接入内。待人言语须礼貌，尊老爱幼，无论在家庭内还是在村寨集会场所，老辈和年长者倍受敬重。

第二节 外籍教师与外国留学生

一、外籍教师管理

（一）融洽与外教相处

随着教育多元化趋势的发展和国际交流的日益深化，聘请外籍教师成为我国"引智"的一项重要工作，是对我国教育事业的一种有益补充。聘请优秀的外籍教师是提高外语和部分专业教学水平、培养国际化人才的有效途径，也是高校国际化的一个标志。外教是学校聘请的以教授外国语言文化、专业知识等为职业的外籍教师。学生应该尊重外教，善于学习外教的专业知识，将与外教交流作为增长知识的机会。(图 11.1)

图 11.1　与外教融洽相处

（二）与外教互相尊重

（1）认可外教为我国教育事业做出的积极贡献，尊重外教的人格、宗教信仰和国家尊严，以平等、平和、宽容的心态对待相互之间的文化差异和制度差异。在国际关系发生动荡的特殊阶段，不歧视、伤害、威胁包括外教在内的外国公民，不在日常交往中互相发泄国家之间的政治不满。

（2）为外教提供良好教学氛围，引导外教遵守有关教学管理规定，认真教学。在外教来校初，外事部门要对其进行中华人民共和国有关法律、法规和校纪校规以及安全保卫制度的教育。外教到校后，外事部门要及时同当地公安部门取得联系，办理好相应手续。

（3）提倡尊重外教的文化习俗和生活方式，鼓励外教与师生的正常交往。但当发现个别外教对我国文化和传统不尊重，行为不端有伤风化时，应报告学校外事部门予以阻止。外教与本地的生活习惯、习俗等方面可能存在很多差异，尊重外教，主动帮助外教解决生活中遇到的问题，协助外教排除安全隐患。

（4）向外教宣传介绍我国的传统文化和风土人情，帮助外教适应校内外教学和生活环境。

（5）与外教有冲突时，应主动请外事部门给予协调处理，保持冷静，不可简单按一般师生间矛盾冲突处理，不可单方采取激烈措施伤害外教，更不可扩大矛盾，煽动闹事。

二、外国留学生管理

留学生安全管理是高校安全管理的重要组成部分。

来华留学生在学习期间的活动范围广泛而分散，他们从学习到生活，与周围的群体发生着千丝万缕的联系。这些具有不同文化背景、不同价值观念和生活习惯的年轻人，在新的环境里，很容易发生各类安全稳定事件。

（一）强化法规校纪教育

持续做好常规的留学生管理规范教育和安全措施普及。在春季学期和秋季学期新生入学后，高校相关的职能部门和学院应针对性地进行法制教育，向留学生新生做出"出入境法规"和其他相关安全教育。

（二）安全检查常态化

采取常规检查和针对性检查相结合的方式，对外国留学生学习、生活区域的消防、食品安全、卫生防疫和重点部位做定期安全大检查，努力防止留学生违章用火、用电，把隐患消灭在萌芽中，大大减少各类突发事件。针对出现的问题，认真对待，积极解决。

【典型案例11.1】

1988年出生的ZT（化名）于2015年9月从埃塞俄比亚来到沈阳，等待攻读某大学2016级软件工程专业的硕士研究生课程。2016年3月，ZT的朋友J通过社交软件"脸书"与ZT联系，商定从埃塞俄比亚邮寄恰特草到中国，再由ZT转寄到加拿大，之后ZT将收件地址等信息提供给J，J寄出邮包后将邮单号发给ZT。同年5月6日，邮包到达沈阳市，沈阳海关在邮包内发现疑似毒品物质，侦查人员用其他物品替换后将该邮包按邮单地址送到沈阳市邮政局某大学邮政所。10天后，ZT到某大学邮政所取到邮包，当场被等待的侦查人员抓获。经鉴定，邮包内绿色干植物为恰特草（巧茶，CathaedulisForssk），净重7.634千克。沈阳市中级人民法院一审认定被告人ZT犯走私毒品罪，判处拘役六个月，缓刑七个月，并处罚金人民币5000元。

案例分析： 虽然在埃塞俄比亚买卖、咀嚼或饮用恰特草都是合法的，但是在国际上大多数国家都是违法的。世界卫生组织将恰特草归类为Ⅱ类软性毒品。2014年，恰特草已列入《精神药品品种目录（2013版）》，与冰毒、氯胺酮等一同成为第一类精神药品，属于我国毒品打击范围。凡种植、持有、贩卖、走私、服食恰特草均属违法犯罪行为。由此可见，对外国留学生进行我国法律法规教育十分必要。

第三节　出境安全常识

改革开放以来,随着我国综合实力增强,居民生活水平提高,出境旅游快速发展。根据世界旅游组织预测,到 2030 年,世界出境游客人数将达 18 亿,中国出境游客人数将达 3.9 亿,未来 10 年中国出境游客人数增长将占世界出境游人数增长的一半。由此可以看出,我国出境旅游市场增长迅速、潜力巨大。2007 年,国家开始实施启动了"国家建设高水平大学公派研究生项目",从此,国家公派留学人员数量大幅度增加,国家留学基金委在 2008 年出台了《关于加强国家公派留学人员出国前安全教育和培训的通知》,可以看出国家非常重视出国留学人员的安全。

一、出境旅游

国家法律法规关于出境的要求:

(1) 出境人员必须遵守中华人民共和国的法律法规。如《中华人民共和国公民出境入境管理法》《中国公民出国旅游管理办法》《关于自费出国留学的暂行规定》《关于出国留学旅游管理办法暂行规定》《中国公民往来台湾地区管理办法》等。

(2) 交通运输工具离口岸时,必须接受边防检查。

(3) 出境人员必须按照规定填写出境登记卡,向边防检查站交验本人的有效护照或者其他出境证件,经查验核准后,方可出境。

(4) 任何组织和个人不得妨碍边防检查人员依法执行公务。

二、出国留学

强调留学人员在外期间注意自身安全为第一要务,自身安全是基础是前提,在自身安全的条件下,完成好国家和学校交给的学习、科研任务。

(1) 自身安全包括多方面,主要有交通安全、财产安全、饮食安全、居住安全等,在这里特别提出一定要注意交通安全,不管你是开车还是步行都要遵守当地交通规则,坐车无论在前排还是后排都必须系好安全带。

(2) 护照是留学人员在境外的身份证明,一定要妥善保管,一般不要天天随身携带,复印一份带在身上就行,如果遇见必须查验护照原件的,可以另外约定时间送检。出境上飞机前一定要检查自己的护照、机票是否带齐,并要随身携带,放在既安全又可以随时出示的地方,另外建议复印一份入学通知书或者邀请函随身携带,以备出境入境时查验。

(3) 一旦发生护照丢失被盗等情况,请第一时间报告使领馆、请求帮助、申请补发换发等。在外发生意外情况,都要在第一时间报告使领馆,请他们答疑解惑,驻外使领馆就是留学人员在外的家。

(4) 关于科技安全、科技保密问题。如果有涉密研究生,须单独汇报,有些手续需特殊办理,即使不是涉密研究生,也要注意科技保密。

【典型案例 11.2】

2019 年 9 月 3 日凌晨,加拿大卑诗省本拿比市(Burnaby)17 岁的中国男留学生李某某失踪。尽管当地警方发布了寻人启事,但仍未有李的消息,其家人已于两个月后赴当地寻找。9 月 17 日,多伦多警方也发布寻人启事,一名叫刘某某的 25 岁中国女留学生失踪,她最后一次被看见是在 9 月 14 日晚 10 点。

案例分析：在国外应避免单独行动,避免天黑后外出,不去治安较差的街区,并与家人随时保持联系,告知亲朋好友自己的行程。

【典型案例 11.3】

2018 年 3 月,南方某城市大三学生王某某赴美国旅游回国途中,抵达国内后办理入境通关手续时,随身携带背包中,被安全检查人员发现携带毒品,被警方依法追究刑事责任。但据警方调查了解,王某某对于所夹带毒品并不知情,判断为其他违法犯罪分子蓄意偷放投放。

案例分析：在出国旅游或留学时,不仅要看管好自身财物不受损害,还要防止犯罪分子的违法栽赃陷害或转移违法责任代其夹带。

第四节 核安全与边境安全

一、核安全

(一) 核安全概念界定

核安全可以界定为"为了防范或应对破坏核设施或盗窃核材料、核武器的蓄意行为而采取的各种措施",通常涉及民用核技术、核材料和核工程人员的安全问题。日本福岛核事故,给全世界政府和企业都上了一课,核事故对生命的危害不可估量。学生应学习核安全知识,加深对预防核事故的了解。

(二) 核安全注意事项

(1) 学习核安全知识,如《中华人民共和国放射性污染法》《中华人民共和国民用核设施安全监督管理条例》等相关法律法规和书籍,参加核安全科普宣传讲座,关心核安全时事,参加核安全相关活动。

(2) 遇到妨碍核安全管理事件,积极举报、制止。远离核电站、核工厂等危险区,如遇核事故,不要惊慌,采取防范措施,或向工作人员求助。

(3) 如实验室有相关实验品,应在教师指导下操作,不得擅自使用、挪动。

二、边境安全及海上安全

边境安全在很大程度上影响总体国家安全。

特殊的地理环境,让我国成为当今世界上邻国最多的国家,我国与周边国家在领土、领海等权益上存在诸多争论。我国疆域辽阔,东临太平洋,西接亚洲腹地,四周分别与东北亚、东南亚、南亚、中亚相邻。亚洲几乎所有的习惯性分界,中国都与之相关,所以亚洲所有地区的形势的变动,都和我国息息相关。

目前,影响我国周边安全的主要因素:恐怖主义、宗教极端势力、民族分裂势力、领土纠纷、霸权主义和强权政治。中国与周边国家的安全问题就像一条 V 形热点线,呈放射状特点,在北部、西部、南部、东部和东南部都存在着不确定因素。V 形线的左端是一条西北东南走向的大陆线,有中亚五国问题、阿富汗冲突、印巴冲突、印中争端等;V 形线右端是一条东北西南走向的海洋线,有日俄北方四岛之争、日韩竹岛(独岛)之争、朝鲜半岛之争、中朝黄海大陆架之争、中日东海大陆架和钓鱼岛之争以及南海之争等。

近年来，边境地区发展迅猛，边境旅游活动欣欣向荣，对促进边境经济贸易发展、维护边境稳定、发展入境旅游起到重要作用。由于边境地理位置的特殊性，旅游安全问题尤为重要。大学生在旅游时应避免选择安全问题频发的地区，并尽量结伴而行。坚决与分裂国家、危害国家安全的行为做斗争。

 思考题

1. 你所在的学校还有哪些安全问题，如何防范？
2. 少数民族风俗习惯还有哪些？

附录一
疏散逃生应急演练实践课指导书

为更好地组织开展应急疏散逃生演练,促使广大学生熟悉疏散通道、路线,掌握正确的疏散逃生方法,提高紧急避险、自救自护和快速反应能力,在组织应急疏散逃生演练时,应参照以下要点:

一、编制演练方案

演练前要结合本单位的特点,编制包含演练时间、地点、内容(地震逃生、火灾逃生)、形式(疏散逃生、火灾应急、受伤人员救护)、组织机构、人员分工、演练程序、纪律要求、改进措施等为内容的应急疏散逃生演练方案。

二、演练组织

演练组织机构一般应设有指挥领导组、宣传教育组、疏散引导组、后勤保障组等,每个小组要有明确的工作职责,小组中的每个成员要有职责分工。如:

(1) 指挥领导组。负责演练的组织协调、指令下达、演练效果评估等。
(2) 宣传教育组。负责演练内容、疏散逃生方法的宣传教育、集合地点人员清点等。
(3) 疏散引导组。负责演练过程中的疏散引导、错误动作纠正、突发事件的紧急处置等。
(4) 后勤保障组。负责演练所需的设备、器材、道具的准备,演练现场的布置、检查与氛围营造。

为贴近实际与"实战",疏散引导组的成员要以所在建筑物内的学生为主,在每个楼梯口、转角处、楼门出口各布置2人,在演练和突发事件发生时履行人员疏散引导职责。

为掌握应急疏散逃生演练效果,在演练重点节点场所应布置演练效果观察员,如实记录演练过程。

三、演练准备

(1) 演练前要对所有参演学生进行宣传动员,教育学生端正演练的态度,明确演练的目的、时间、地点、疏散路线、疏散方法、演练程序、室外集结地点、纪律要求等。
(2) 对承担演练任务的工作人员进行教育培训,使其熟知工作任务、工作方法、工作要求、注意事项等。
(3) 准备演练所需的设备、器材、道具等,检查演练现场,清理楼道、楼梯、楼门出口处一切有碍人员安全的杂物,确保疏散通道畅通。

(4) 集结地点要选择在远离建筑物、树木、围墙、电线杆、广告牌等的空旷地带。

(5) 提前向有关部门及周边单位、人员通报演练的时间、地点等信息。

四、演练程序

(1) 按照演练的内容不同,由指定人员在指定的时间发出火灾、地震等突发事件发生的报警信息、疏散信号(大声呼叫或其它信号),以及向有关部门和领导报告突发事件发生的情况。

(2) 如为地震应急疏散演练,发出报警信号后,楼内学生应先关闭电源、火源,开启房门,在室内寻找靠墙的三角地带抱头下蹲,或钻入课桌、床铺下躲避。约一分钟后,由指定人员再次发出疏散信号,学生开始向外疏散。

如为火灾应急疏散演练,发出报警信号后,楼内学生按"先着火层、再着火层上层、后其它楼层"的顺序和提前设定的疏散路线,向楼下指定地点快速疏散。

(3) 听到疏散信号后,疏散引导组工作人员要迅速就位,组织、引导学生开始疏散。疏散要求:

① 地震。从就近的楼梯靠墙、低头弯腰、由近到远疏散,用书包、枕头等保护头部。

② 火灾。用湿毛巾捂住口鼻,从就近的楼梯、低头弯腰低姿,按两路纵队靠右侧行进。

(4) 公寓、教室等演练场所的管理人员要配合参与。在接到突发事件信息后,要立即关闭宿舍、教室内的电源总开关,开启楼内所有安全出口,在主要出口引导学生向指定的集结地点疏散。

(5) 清点人员。楼内学生基本到达指定的疏散集合地点后,演练宣传教育组工作人员要按班清点人员,确定人员到场情况及未到场人数、姓名、楼层、宿舍号等,并向指挥组上报。

(6) 演练效果评估。对演练开展情况、取得的经验进行总结,对出现的问题、未达到预期目标的不足之处提出持续改进的方法。

(7) 宣布演练结束,各班学生和工作人员有序撤离。

五、总体要求

(1) 演练前,要规划好各宿舍、教室的就近疏散路线,以及就近疏散通道意外受阻后的第二疏散路线,并告知于每个学生。

(2) 教育学生正确对待演练,在演练过程中要有突发事件时应有的紧张气氛,演练过程中不惊慌失措、不嬉戏起哄、不冲撞拥挤。疏散时快慢结合(楼道疏散快,楼梯、拐弯处慢)、有序就近、确保安全。

(3) 演练时,不准穿拖鞋、高跟鞋,不携带个人物品,随身物品掉落时不能弯腰捡拾。一旦发现有人摔倒,后续人员要立即避让,并呼喊阻止人流,迅速扶起摔倒人员。

(4) 各楼层、出口引导人员要注意维持疏散秩序,发出稳定学生情绪的话语,纠正学生不正确的疏散动作。遇有人员受伤等意外情况时,要及时排险救护。

附录二
公寓火灾应急演练实践课指导书

为促使广大学生熟悉所住宿公寓的紧急疏散通道、路线,掌握火灾应急疏散逃生的正确方法,提高紧急避险、自救自护和应急反应能力,在火灾应急疏散演练的组织中,应参照以下要点:

一、演练内容

1. 火灾报警
(1) 电话报警。
(2) 向周围人员报警。
(3) 初起火灾扑救。
2. 火灾发生时的疏散逃生
(1) 从楼梯疏散逃生。
(2) 从二层窗户结绳逃生。

二、演练组织

可成立相应的演练组织机构。
(1) 演练指挥领导组。负责演练的组织协调、指令下达、演练效果评估等。
(2) 演练宣传教育组。负责演练内容、疏散逃生方法、应急处置要领的宣传教育等。
(3) 演练引导组。负责演练过程中的疏散引导、错误动作纠正、突发事件的紧急处置等。
(4) 后勤保障组。负责演练所需的设备、器材、道具的准备,演练现场的布置、检查与氛围营造。

三、演练程序

(1) 做好应急演练的宣传动员、疏散方法和应急处置教育、集合地点选择、参与人员职责分工等组织准备工作,在每层楼梯口布置2名疏散引导员,在演练重点节点场所布置演练效果观察员。
(2) 假定火灾内容(起火地点、着火物质、火灾蔓延区域、需要疏散的人员范围),模拟火灾发生。
(3) 选定报警人、接警人(老师或保卫处工作人员),在指定的时间开始报警。
① 电话报警(模拟向保卫处值班室或119指挥中心报警)。报警内容:报警人姓名、着火建筑物、着火楼层、着火宿舍编号、着火物品、着火的范围、目前火势情况、有无人员被困、已采取的

应急措施等。接警人要向报警人详细询问火灾发生的具体情况。

②向周围人员报警。大声呼喊、敲击物品,最大限度地将起火楼层、着火物品等火灾情况和疏散逃生信息传达给公寓值班人员和公寓楼内的其它人员。

(4)对初起火灾进行扑救。指定着火现场的1至2人,在火灾报警的同时,利用灭火器、水等简易灭火工具进行初起火灾的模拟扑救。

(5)开放疏散通道。公寓值班人员听到火灾报警信息后,立即关闭着火层电源,随后开启一层所有楼门和安全出口,引导学生向外疏散。同时,要向部门领导电话报告火灾情况。

(6)向楼外疏散逃生。

①着火层及着火层以上住宿学生听到着火信息后,按就近、未被烟火封堵的楼梯向楼下指定地点快速疏散。疏散时,要采取必要的防烟保护措施和正确逃生方法,最后离开宿舍者,要随手关闭电源、门窗。

②着火层以下各层住宿学生听到着火信息后,要按疏散要求从楼梯快速疏散,但在楼梯口要避让上层优先疏散的人员。

(7)被困人员结绳逃生。假定二层有学生被困,选定被困人员从二层某一窗口结绳逃生,但要做好保护措施。

(8)人员清点。楼内学生基本到达指定的疏散集合地点后,由指定人员按班级或宿舍进行人员清点,确定人员到场情况及未到场人数、姓名、楼层、宿舍号等,并向指挥组上报。

(9)演练效果评估及讲评。演练组织者、引导员对演练方案、程序设置、各程序执行、疏散用时、疏散逃生方法运用进行评估,对演练情况和获得的经验进行总结,对出现的问题、未达到预期目标的不足之处进行讲评。

(10)宣布演练结束。有序引导集合地点的学生安全撤离。

四、演练要点

(1)做好参演学生的动员,使学生能正确对待演练,在演练过程中要有突发火灾时的紧张气氛,不嬉戏、打闹,按逃生自救方法"实战",提高演练实效。

(2)报警时,要求报警学生选择合适的报警地点,如着火宿舍外、楼道确保自身安全的地点。且信息传递要口齿清晰、语速适中、准确完整。

(3)疏散时,要采取模拟防烟措施,利用拧干的湿毛巾、衣物或口罩捂住口鼻,低头弯腰,按两路纵队靠右侧行进。如模拟较大火势,部分学生采取用水浇湿衣服、身披湿棉被的方式疏散。

(4)教育学生。在疏散过程要快慢结合(楼道疏散快,楼梯、拐弯处慢)、有序就近、确保安全,避免出现冲撞、拥挤等现象。

(5)演练时,学生不准穿拖鞋、高跟鞋,不携带个人物品,随身物品掉落时不能弯腰捡拾。一旦发现有人摔倒,后续人员要立即避让,并呼喊阻止人流,迅速扶起摔倒人员。

(6)各楼层引导人员要注意维持疏散秩序,纠正学生不正确的疏散动作。遇有人员受伤等意外情况时,要及时排险救护。

(7)疏散集合地点的人员清点、上报要及时快速,并模拟向消防队等救援人员报告人员被困情况。

(8)演练评估与讲评应准确、客观、全面,注重分析各程序的衔接、演练学生的表现、演练整体效果是否达到演练预期目标,客观地指出演练过程中暴露的问题与不足,并提出演练的改进意见。

附录三
现场急救应急演练实践课指导书

为更好地组织开展事故现场急救演练，进一步提高在校大学生的安全防范意识，指导大学生掌握最基本的急救互救实践操作技能，在现场急救应急演练中，应具体做好如下要点：

一、编制教案

现场急救专业性较强，演练前要针对具体演练项目，编制现场急救培训教案，主要内容：
（1）心脏骤停的定义、心脏骤停的临床表现、心脏骤停的识别、早期心肺复苏术操作流程及要点。
（2）急性创伤救护的原则、分类、目的、方法等。

二、组织机构

为使实践课规范有序开展，确保教学实践取得预期效果，应成立演练领导组和相关工作小组。
（1）指挥领导组：校医院院长或基层学院领导担任组长，负责演练的组织协调、指令下达、演练效果评估等。
（2）专家指导组：由医疗专业技术人员组成，负责教案编制、要点讲解、过程指导及监控、演练点评等。
（3）组织工作组：由学生管理工作人员组成，负责演练时间、学生召集、人员分工、演练纪律等。
（4）后勤保障组：由校医院和基层学院工作人员组成，负责演练场地、相关设备、器材、道具的准备和布置等。

三、准备工作

（1）参与授课的教师要提前备课，制作 PPT 课件，熟悉授课内容，反复推演教学培训流程和注意事项。
（2）领导组要对演练的内容和教案，进行审定和补充完善。
（3）组织组与校医院联系沟通，确定联络人，确定演练时间、地点、授课老师、受训人数等安排和计划。
（4）做好消毒物品、三角巾、小夹板、纱布、绷带、木板或担架等设备器材的准备和布置工作。

四、演练程序

(1) 教师示范。教师首先做示范讲解,为学生讲解心肺复苏术和创伤救护的基本知识、操作方法,可以安排一名学生模拟伤员配合教师完成具体演示过程。

(2) 学生操作。可以分组进行,学生两人一组,同时安排两组进行,一人模拟伤员,一人模拟医生或救护人员,按照教师要求的操作步骤或流程交替操作演示。

(3) 过程指导。学生操作的过程中,每完成一组,教师都要进行简明扼要的点评,使接下来的演练逐渐熟练规范。

(4) 总结点评。全部演练完毕,领导组进行整体评估总结,专家组进行最后点评,对操作要领再次强调,对普遍存在的问题进行再讲解或纠正。

(5) 宣布演练结束,学生及工作人员解散。

五、点评要点

(1) 是否首先对伤员的病情进行了识别和判断,尤其对"意识"的判断要重点强调。

(2) 心肺复苏的按压幅度和按压频率是否正确。

(3) 心肺复苏操作实施的部位是否准确。

(4) 实施心肺复苏术后的效果是否进行了判断。

(5) 止血包扎和搬运时动作是否做到"准、快、柔"的原则,是否做到了"先救命后治伤"的原则。

(6) 伤员的体位摆放是否合适。

(7) 各部位的指压止血点是否准确。

(8) 绷带包扎方法是否正确。

附录四
大学生常用法律法规目录

中华人民共和国宪法
中华人民共和国国家安全法
中华人民共和国民法典
中华人民共和国刑法
中华人民共和国治安处罚法
中华人民共和国消防法
中华人民共和国道路交通安全法
中华人民共和国食品安全法
中华人民共和国集会游行示威法
中华人民共和国反间谍法
中华人民共和国反恐怖主义法
中华人民共和国网络安全法
中华人民共和国环境保护法
中华人民共和国传染病防治法
中华人民共和国婚姻法
中华人民共和国劳动法
中华人民共和国合同法
中华人民共和国公民出境入境管理法
中华人民共和国教育法
中华人民共和国高等教育法
高等学校学生行为准则
普通高等学校学生管理规定
高等学校消防安全管理规定
国家教育考试违规处理办法
高等学校校园秩序管理若干规定
普通高等学校学生安全教育及管理暂行规定
关于加强大中小学国家安全教育的实施意见
学生伤害事故处理办法
教育部关于加强高校实验室安全工作的意见

参考文献

[1] 《安全教育》编写组.安全教育(高中一年级)[M].北京:地质出版社,2009.
[2] 《居民生活基本常识》编委会.居民生活基本常识[M].青岛:青岛出版社,2008.
[3] 《中小学公共安全与生命教育》编写组.中小学公共安全与生命教育[M].北京:地质出版社,2008.
[4] 《走进小康丛书》编委会.安全与自救[M].银川:宁夏人民出版社,2009.
[5] 艾海涛.大学生安全教育[M].南京:东南大学出版社,2016.
[6] 曾亮.自然灾害对人类的影响[M].北京:光明日报出版社,2013.
[7] 陈坤.公共卫生安全[M].杭州:浙江大学出版社,2007.
[8] 高开华.当代大学生安全知识读本[M].合肥:中国科学技术大学出版社,2009.
[9] 关月玲.安全教育书系 校园安全教育[M].咸阳:西北农林科技大学出版社,2013.
[10] 关中印,于亮.大学生安全教育[M].西安:陕西师范大学出版总社,2018.
[11] 国家森林防火指挥部办公室.扑救森林火灾典型案例2006-2015年[M].北京:中国林业出版社,2018.
[12] 洪毅.中国应急管理报告[M].北京:国家行政学院出版社,2015.
[13] 胡立波.大学生安全教育读本[M].镇江:江苏大学出版社,2013.
[14] 蒋丽芬.大学生安全教育[M].北京:高等教育出版社,2017.
[15] 焦雨梅,穆长征.大学生安全教育[M].北京:航空工业出版社,2018.
[16] 李国辉,黄丽娟.大学生安全教育读本[M].苏州:苏州大学出版社,2018.
[17] 李建宇.大学生安全教育读本[M].昆明:云南大学出版社,2017.
[18] 李晋东.大学生安全教育读本[M].西安:陕西师范大学出版社,2007.
[19] 李澍晔.灾害发生怎么办[M].北京:军事医学科学出版社,2011.
[20] 李振涛.大学生安全教育读本[M].北京:中国铁道出版社,2013.
[21] 刘长青.大学生安全教育读本[M].苏州:苏州大学出版社,2018.
[22] 刘志军,张宝运.大学生安全教育图鉴[M].济南:山东人民出版社,2015.
[23] 马纪岗.大学生入学教育[M].北京:北京理工大学出版社,2018.
[24] 马显才.大学生成人与成功[M].沈阳:辽宁科学技术出版社,2009.
[25] 毛应华,杨龙,郑亦军.灾难危机全民应对手册[M].上海:文汇出版社,2012.
[26] 宁波市高等学校保卫工作研究会.安全教育读本(大学生身边的故事)[M].宁波:宁波出版社,2018.
[27] 庞若通.大学生安全教育[M].上海:同济大学出版社,2017.
[28] 彭泽立.大学生安全防范教育[M].长沙:中南大学出版社,2018.
[29] 全国干部培训教材编审指导委员会.全面践行总体国家安全观[M].北京:党建读物出版社,人民出版社,2019.
[30] 山西省教育厅,山西省高教保卫学会组.大学生安全知识[M].太原:山西人民出版社,2007.
[31] 上海市教育委员会学校后勤保卫处,上海市高等教育学会保卫学专业委员会.大学生安全教育[M].上海:同济大学出版社,2014.
[32] 邵超,张黎萌.大学生安全教育[M].镇江:江苏大学出版社,2018.
[33] 宋建华.大自然的怒吼[M].武汉:武汉大学出版社,2013.
[34] 苏易.火灾防范与自救[M].石家庄:河北科学技术出版社,2013.
[35] 孙柏枫,刘佳男.大学生安全教育[M].北京:高等教育出版社,2008.
[36] 汪大海.学生安全防范知识读本[M].北京:北京师范大学出版社,2005.

[37] 汪永高.大学生学习生活指南[M].北京:煤炭工业出版社,2002.
[38] 王崧.社区突发事件应对指南[M].重庆:西南师范大学出版社,2013.
[39] 王秀章.大学生安全知识指南[M].北京:中央编译出版社,2011.
[40] 王永西.自然灾害避险与救助[M].北京:中国环境科学出版社.2013.
[41] 温学军.消防法规消防安全管理简明教程[M].太原:山西出版集团·希望出版社,2012.
[42] 吴志功,李雪莲.大学生危机自救手册[M].北京:高等教育出版社,2006.
[43] 项平.公共网络舆情事件研究[M].北京:人民出版社,2012.
[44] 徐士政.大学生安全知识读本[M].杭州:浙江科学技术出版社,2009.
[45] 薛成斌.大学生安全教育读本[M].上海:同济大学出版社,2011.
[46] 尹彤.大学生安全教育读本[M].武汉:华中科技大学出版社,2018.
[47] 张登沥.大学生公共安全教育[M].上海:上海交通大学出版社,2018.
[48] 张国庆,金辉.大学生安全教育[M].成都:电子科技大学出版社,2015.
[49] 赵民胜,李梅丽,谷珍丽.当前的国际形势与中国国家安全[M].北京:中国人民大学出版社,2014.
[50] 赵鹏.灭火员——消防抢险救援员知识[M].太原:山西出版集团·山西科学技术出版社,2010.
[51] 赵升文.大学生安全教育[M].北京:中国人民大学出版社,2010.
[52] 浙江省职业技能教学研究所.学会生存——自我防护与救助[M].杭州:浙江科学技术出版社,2006.
[53] 中国高等教育学会保卫学专业委员会.大学生安全教程[M].武汉:武汉大学出版社,2015.
[54] 中国消防协会.消防安全技术实务[M].北京:中国人事出版社,2019.
[55] 邹礼均.大学生安全教育与管理[M].重庆:重庆大学出版社,2018.
[56] 安鹏飞,王建新,王洪沙.浅析我国恐怖主义犯罪的现状、特点及防控机制建设[J].湖南警察学院学报,2018(2).
[57] 曹辉.不良校园网贷的运作机理、侵权类型与分类治理[J].深圳大学学报(人文社会科学版),2020(01).
[58] 陈孔祥,王磊.全覆盖理论下的高校学生安全教育[J].高校辅导员学刊,2009(3).
[59] 陈路曦,大学生安全教育课程体系建设[J].教育文库,2017(8).
[60] 陈伟,王晴等.我国新型冠状病毒肺炎疫情早期围堵策略概述[J].中华预防医学杂志,2020(2).
[61] 程炜.解读总体国家安全观[J].政工导刊,2019(12).
[62] 豆润梅.杨建龙.校园欺凌中受欺凌学生的心理干预策略[J].课程教育研究,2019(41).
[63] 樊惠榕,唐芒果.大众户外运动安全事故的现状及预防[J].体育成人教育学刊,2017(2).
[64] 方正.总体国家安全观研究述评[J].重庆三峡学院学报,2019(5).
[65] 高连隆,高芳荟,徐治鹏.基于FAHP的大学生安全素质评价分析[J].当代教育实践与教学研究,2018(07).
[66] 顾品强.龙卷风的危害及预防救援措施[J].职业卫生与应急救援,2010(1).
[67] 郭开明.基于GTD数据库的国内恐怖活动现状及防控对策研究[J].江西警察学院学报,2018(2).
[68] 韩承鹏.习近平总体国家安全观的新发展[J].桂海论丛,2018(4).
[69] 黄汉川,王京婕.App违法违规收集使用个人信息的分析与解读[J].中国信息安全,2019(03).
[70] 李超民,何宛怿.网络舆情与网络舆论的概念区分、转化机制及引导策略[J].思想政治工作研究,2017(12).
[71] 李恒.当前中国面临的恐怖主义态势、特点与应对策略[J].山东警察学院学报,2014(6).
[72] 李卉.高校"校园贷"风险防范研究[J].学校党建与思想教育,2019(22).
[73] 李睿,阎小芹.浅谈高校大学生主动安全意识的培养[J].营销教学,2016(7).
[74] 李思.校园欺凌概念的法治界定——兼论校园欺凌、校园霸凌、校园暴力的关系[J].大连海事大学学报(社会科学版),2019(06).
[75] 李文华,马晓雪,陈海泉,等.基于事故统计分析的水上交通安全管理研究[J].安全与环境工程,2013(1).
[76] 李文辉.最熟悉的陌生人:大学生宿舍人际冲突个案研究[J].黑龙江高教研究,2018(03).
[77] 李玉辉.大学生体育运动中常见运动损伤原因及预防研究[J].宿州教育学院学报,2017(8).
[78] 梁晓瑜,谢正文,袁昌明.大学生安全素质教育模式的探索与实践[J].宿州学院学报,2009(1).
[79] 廖罗德,罗卫东.暴力恐怖活动的特点及应对策略[J].江西警察学院院报,2014(5).
[80] 刘清,年录发.城市道路行人交通安全文化量表研制及实证[J].中国安全科学学报,2019(6).
[81] 骆懿玲.大学生网络安全意识现状调查及对策[J].中山大学学报论丛,2006(12).
[82] 马愿.2018年全球恐怖主义指数报告解读[J].国际研究参考,2019(2).

[83] 彭瑞良.大学生网络素养教育培养探析[J].价值工程,2011(20).

[84] 祁慧,谢丽坤,祁锋,等.延边地区沙尘与雾霾天气的危害及对策[J].现代农业科技,2015(2).

[85] 邵辉,王凯全.校园安全文化对大学生安全素质教育的影响与作用[J].江苏工业学院学报,2004(2).

[86] 邵明英,王艺澄,李香宁.手机媒体对大学生网络社交影响分析[J].思想教育研究,2018(05).

[87] 孙峰华,陆大道,代合治,等.渤海海峡跨海通道建设与中国的地缘政治战略[J].地理科学,2017(1).

[88] 孙佳剑,等.大众滑雪安全与体育休闲旅游的协调发展[J].冰雪运动,2014(3).

[89] 王敏.电信诈骗犯罪的治理难点及对策[J].人民论坛,2019(14).

[90] 吴照美,曹海洋,刘鑫,等.电信网络诈骗案件的常见类型与证据标准研究[J].广州市公安管理干部学院学报,2019(04).

[91] 夏军,王惠筠,甘瑶瑶,等.中国暴雨洪涝预报方法的研究进展[J].暴雨灾害,2019(5).

[92] 银白云,马光焱.公共舆论的形成及其引导机制研究[J].戏剧之家,2018(5).

[93] 余金龙,李少翔,周成刚,等.大学生户外运动安全现状调查与对策分析[J].公共安全,2011(4).

[94] 翟云秋.高校大学生就业安全及对策研究[J].湖南业职业技术学院学报,2018(10).

[95] 詹文韵,邓赟贞,封佳宁,等.中学生应对方式与校园欺凌、被欺凌之间的关系[J].南昌大学学报(医学版),2019(05).

[96] 张彩霞.基于大学生宿舍人际关系特点的高校学生管理模式创新[J].教育与职业,2016(07).

[97] 张迪.我国恐怖活动犯罪的发展趋势及防控机制[J].法制与社会,2016(4).

[98] 张继虎.坚持总体国家安全观 打赢新时代保密战[J].保密工作,2019(5).

[99] 张润平.高校游泳教学中对学生水上自救救助技能培养的方法与必要性分析[J].教育教学论坛,2018(19).

[100] 张若愚,李东方,陈景云.当代大学生使用网络情况调查研究——以长安区大学城为例[J].西部教育,2018(06).

[101] 张文娟,罗文成.边疆高校"校园贷"问题调查及对策——以大理大学为例[J].大理大学学报,2019(11).

[102] 赵保国,张雅琼.大学生互联网校园分期产品使用意愿影响因素研究[J].北京邮电大学学报(社会科学版),2019(05).

[103] 郑萍,薛冰.网络公共舆论的形成机理及其影响政策制定的途径[J].中国行政管理,2019(1).

[104] 郑向敏,范向丽,肖蓓.大学生户外运动与休闲安全认知分析[J].北京体育大学学报,2010(2).

[105] 周定平.公安院校学生公共安全素质拓展的思考——以公共安全课程的教与学为视角[J].中国科教创新导刊,2008(2).

[106] 周静.论全媒体时代人际交往的新表征[J].新疆社会科学,2019(02).

[107] 邹永广.旅游安全学课程教学改革和创新模式研究[J].安全,2019(12).

[108] 程诗敏.风险社会视域下大学生安全素质提升研究[D].北京:首都师范大学,2014.

[109] 崇银凤.全媒体时代下的公共舆论引导研究[D].苏州:苏州大学,2013.

[110] 石新宇.当代大学生网络舆情分析及对策研究[D].沈阳:辽宁大学,2015.

[111] 薛金侠.大学生安全意识及其培养路径探析[D].石家庄:河北师范大学,2013.

[112] 杨绪娟.大学生网络舆情引导研究[D].哈尔滨:东北农业大学,2019.

[113] 张雨铭.自媒体时代高校网络舆情传播应对机制研究[D].郑州:郑州大学,2019.

[114] 蔡之青.学校安全事故有何显著特征[N].中国教育报,2014-07-14(3).

[115] 温红彦,张毅,廖文根,等.引领网信事业发展的思想指南——习近平总书记关于网络安全和信息化工作重要论述综述[N].人民日报,2018-11-5(05).

[116] 周爱民.共筑网络安全防线的四重路径[N].光明日报,2019-11-16(6).

[117] 中华人民共和国国家质量监督检验检疫总局,中国国家标准化管理委员会.中华人民共和国国家标准自然灾害与代码[S].北京:中国标准出版社出版,2012.

通用禁令标志

 禁止停留
 禁止通行
 禁止靠近
 禁止触摸
 禁止启动

 禁止戴手套
 禁止跨越
 禁止攀登
 禁止跳下
 禁止合闸

 禁止转动
 禁止抛物
 禁止饮用
 禁止伸出窗外
 禁止向外扔东西

通用警告标志

 注意安全
 当心触电
 当心烫伤
 当心中毒
 当心腐蚀

 当心电离辐射
 当心坠落
 当心滑跌
 当心绊倒
 当心伤手

 当心扎脚
 当心落物
 当心车辆
 当心火车
 当心坑洞

通用指令标志

必须戴安全帽　必须戴防毒面具　必须戴防护眼镜　必须戴防护帽　必须戴防护手套

必须穿防护鞋　必须系安全带　必须穿救生衣　必须穿防护服　必须戴防尘口罩

消防禁令标志

禁止烟火　禁止锁闭　禁止吸烟　禁止放易燃物　禁止燃放鞭炮　禁止用水灭火

消防警告标志

当心氧化物　当心易燃物　当心爆炸物

消防指示标志

消防按钮　发声警报器　火警电话　地下消火栓　地上消火栓　消防水泵接合器

灭火设备　手提式灭火器　消防水带　消防梯位置　灭火或报警装置的方位　灭火或报警装置的方位

安全出口　疏散方向　滑动开门　拉开　推开　击碎面板

交通禁令标志

禁止通行标志 | 禁止驶入标志 | 禁止机动车通行标志 | 禁止行人通行标志 | 禁止非机动车通行 | 禁止某两种车通行 | 禁止直行标志

禁止向左转弯标志 | 禁止向右转弯标志 | 禁止掉头标志 | 禁止超车标志 | 会车让行标志 | 停车让行标志 | 减速让行标志

禁止鸣喇叭标志 | 禁止车辆临时停放 | 禁止车辆长时停放 | 停车检查标志 | 限制速度标志 | 限制宽度标志 | 限制高度标志

交通警告标志

注意行人标志 | 注意儿童标志 | 注意牲畜 | 环形交叉路口标志 | 上陡坡标志 | 下陡坡标志 | 向左急弯路标志

连续弯路标志 | 两侧变窄标志 | 右侧变窄标志 | 左侧变窄标志 | 注意落石标志 | 注意横风标志 | 易滑标志

事故易发路段标志 | 村庄标志 | 堤坝路标志 | 傍山险路标志 | 注意信号灯标志 | 注意非机动车标志 | 施工标志

十字交叉路口标志 | T形交叉路口标志 | Y形交叉路口标志 | 反向弯路标志 | 注意危险标志 | 慢行标志

交通指示标志

| 直行标志 | 向左转弯标志 | 向右转弯标志 | 单行路(直行)标志 | 靠右侧道路行驶标志 | 靠左侧道路行驶标志 | 立交直行和左转弯 |

| 立交直行和右转弯 | 环岛行驶标志 | 非机动车车道标志 | 机动车车道标志 | 公交线路专用车道 | 机动车行驶标志 | 干路先行标志 |

| 会车先行标志 | 人行横道标志 | 步行标志 | 非机动车行驶标志 | 最低限速标志 | 允许掉头标志 | 鸣喇叭标志 |

食品安全标志

| 质量安全标志 | 绿色食品标志 | 国际标准标志 | 无公害农产品标志 |

| 免检产品标志 | 中国名牌标志 | 保健食品标志 | 有机食品标志 | 原产地产品标志 |

危险货物包装标志